Aurel Kecskeméthy

Ein Jahr aus der Geschichte Ungarns

Aurel Kecskeméthy

Ein Jahr aus der Geschichte Ungarns

ISBN/EAN: 9783743329560

Hergestellt in Europa, USA, Kanada, Australien, Japan

Cover: Foto ©ninafisch / pixelio.de

Manufactured and distributed by brebook publishing software
(www.brebook.com)

Aurel Kecskeméthy

Ein Jahr aus der Geschichte Ungarns

Ein Jahr

aus der

Geschichte Ungarns.

Vom 20. October 1860 bis zur Einführung des Provisoriums.

Von

Aurel von Kecskeméthy.

Wien.

Druck und Verlag von Carl Gerold's Sohn.

1862.

Vorrede.

Das vorliegende Werk ist ein kritischer Rückblick auf die Entwickelung des öffentlichen Lebens in Ungarn während des kurzen Zeitraumes, welcher mit dem 20. October 1860 begann und eigentlich mit der Auflösung des Landtags endete.

Es enthält seiner Natur nach keine positiven Vorschläge, wie solche von aller Welt begierig erwartet, von aller Welt bereitwilligst geboten werden.

Die positive Seite dieser revue rétrospective besteht nur in der Andeutung dessen, was vermieden und nicht versucht werden sollte, was nicht geschehen soll und nicht ausführbar ist.

Inhalt und Form der Schrift war ursprünglich nur auf Ungarn berechnet. Die Berechtigung, auch in deutscher Sprache zu erscheinen, gibt ihr nur der Wunsch, zur Kenntniß unserer Zustände auch außerhalb Ungarns, namentlich in der westlichen Hälfte des Reiches, beizutragen und hiedurch die Verständigung zu fördern.

Der Verfasser.

Allgemeine Gesichtspunkte.

Das Diplom vom 20. October war erschienen. Seine Folgen haben schon bisher nicht den Erwartungen entsprochen, welche daran geknüpft wurden, zu überblicken werden sie aber noch lange nicht sein. Der 20. October bleibt ein großer Tag in der Geschichte der österreichischen Monarchie, weil er — gleichviel, ob dieß beabsichtigt war oder nicht — den endlichen Bruch mit der seit 1849 befolgten Politik — nicht nur auf dem Papiere sanctionirte, was auch schon früher und wiederholt geschehen ist, sondern zugleich auch verwirklichte, und demgemäß zum Ausgangspunkte eines unabsehbaren neuen Zeitabschnittes wurde.

Jene eilfjährige Politik hatte zwei Hauptmomente: der eine war die Staatseinheit, der andere die unumschränkte bureaukratische Herrschaft.

Die Wendung, welche mit dem 20. October eingetreten war, faßte Ungarn derart auf, daß die Staatseinheits-Politik — d. h. Ungarns Verschwinden und dessen Verschmelzung mit den übrigen Theilen der Monarchie — aufgegeben sei, und hierin lag für Ungarn das Schwergewicht der Bedeutung des October-Ereignisses.

In der Anschauung der Länder jenseits der Leitha liegt die Bedeutung dieser Wendung hauptsächlich darin, daß der Absolutismus dem Constitutionalismus das Feld geräumt habe.

Der Faden dieses schon in der Auffassung und Gesinnung dies- und jenseits der Leitha liegenden Dualismus zieht sich durch die Geschichte des ganzen Jahres hin; wie denn auch die politische Ausgleichung des factischen Dualismus die heutige Aufgabe der ungarischen und österreichischen Staatsmänner bildet.

Hätte ich die Absicht, eine Tendenz-Flugschrift zu schreiben, würde ich mich länger bei dem Ausdrucke Dualismus aufhalten, weil

1

dieſer — obwohl ein ebenſo unverſtändliches Schlagwort wie Perſonal- und Real = Union, Centraliſt und Autonomiſt — doch als der Popanz erſcheint, welcher zahlreiche öſterreichiſche Politiker mit heilloſer Angſt erfüllt — ein Popanz, der aber doch factiſch beſteht und in der unend- lichen Reihe der geiſtigen und materiellen Factoren fühlbar und hand- greiflich iſt.

Ungarn will bleiben, was es 848 Jahre hindurch war: ein keinem anderen Lande unterworfenes Königreich.

Die öſterreichiſchen Länder aber wollen — conſtitutionell regiert werden.

In Ungarn iſt der Conſtitutionalismus etwas Selbſtverſtändliches. Ungarn iſt, ſo bald es beſteht, auch conſtitutionell; anders kann es nicht beſtehen, anders iſt es nicht denkbar, weil alle ſeine Lebensorgane con- ſtitutionell ſind.

Indem daher Ungarn ſeine geſetzliche Selbſtſtändigkeit gegenüber den anderen Theilen der Monarchie reclamirt, erbittet und erwartet es von Oeſterreich keine Conſtitution. Ungarn hat eine Verfaſſung, ſobald es nur beſteht.

Es kann demgemäß an den Bemühungen der übrigen Völker der Monarchie um Erlangung und Befeſtigung des Conſtitutionalismus nur mit ſeinen Glückwünſchen und Aufmunterungen und mit jenem guten Willen theilnehmen, welchen ihm mittelbar das eigene Intereſſe einflößt.

Die öſterreichiſchen Länder befinden ſich in einem ſolchen Proceſſe des Staatslebens, welchen Ungarn ſchon durchgemacht, in welchen es zurückzuziehen poſitiv unmöglich und widernatürlich wäre; denn wie beſtimmt und befriedigend für ſie auch die auf dem Papiere gegebene Conſtitution ſein möge, werden ſie doch bis zu der Verwirklichung und dem Inslebentreten derſelben noch ſchwere Kämpfe zu beſtehen haben, an welchen theilzunehmen Ungarn unfähig iſt.

Dieſe unläugbare, aber vielleicht nicht an der Oberfläche zu fin- dende, nicht von Allen faßliche Wahrheit wird von den leitenden Poli- tikern jenſeits der Leitha nicht gewürdigt, die für die Auffindung jenes Steines der Weiſen, welchen ſie einheitliche Reichsverfaſſung nennen, ebenſo bereit wären werthvolle Opfer zu bringen, wie ſie dem Ideal des letzten Jahrzehends: der Reichseinheit, zu Liebe den Beſtand des Staates ſelbſt gefährdeten, ſeine Lebensfähigkeit auf's Spiel ſetzten.

Hieraus erhellt, wie kindiſch es iſt, die politiſch ungeſchulten Völker jenſeits der Leitha durch die Behauptung gegen uns einzunehmen, daß Ungarn nur für sich eine Constitution erbittet, in den übrigen Län= dern aber den Absolutismus aufrecht erhalten wissen wolle! Ungarn ist, wie gesagt, constitutionell, sobald es besteht, und Un= garn verlangt nur seinen Bestand. Dagegen fürchtet es mit oder ohne Grund in die constitutionellen Kämpfe der übrigen Länder hineingezogen zu werden, in welchen es besten Falles nichts zu gewinnen hat, die eigene Constitution aber gar leicht verlieren könnte.

Der skizzirte factische Dualismus nun sprach sich auch in der Auf= nahme aus, welchen der Staats=Act vom 20. October dies= und jen= seits der Leitha gefunden, ja er sprach sich in dem October=Diplom selbst aus, und das war vielleicht dessen beste Eigenschaft.

Die Staatsmänner, die den 20. October geschaffen, ernteten für ihre unzweifelhaft großen Mühen und Opfer geringen Lohn.

Nicht nur die Genugthuung eines späteren Erfolges blieb ihnen versagt, nicht einmal die Freuden des ersten Debuts waren ihnen be= schieden! Diesseits und jenseits der Leitha stimmte man in dem e i n e n Punkte überein, daß man den 20. October kalt aufnahm.

Die versuchte Illumination kam in Wien nur sehr schwer zu Stande, während sie in Pest nur Zeichen der Unzufriedenheit herauf= beschwor.

Die Ursachen der Kälte waren jedoch sehr verschieden, sie ent= sprachen genau dem factischen Dualismus.

In Wien ärgerte man sich, weil das Diplom zu wenig gab; in Ungarn, weil es im Allgemeinen gab, und nicht zurückgab.

Jenseits der Letiha schätzte man die Gabe gering, das Stände= shstem, die indirecten Wahlen u. s. w. befriedigten nicht. Warum gibt das Diplom keine wirkliche Constitution? fragte man grollend. In Un= garn hätte man überhaupt keine Gabe, sondern das Recht gewünscht, kein Octroy, sondern Wiederherstellung, kein Diplom, sondern die Con= stitution.

Ja, der erwähnte Dualismus, den wir mit den Namen Wien und Pest bezeichnen, geht noch weiter. Dieser Dualismus erstreckt sich auf die Ungarn selbst.

Die in Wien befindlichen und lebenden Ungarn haben den 20. Oc= tober ganz anders aufgefaßt, als man dieß in Pest gethan.

Wer in Wien lebt, und wenn er auch nicht zu den Regierungs= kreisen gehört und auch nie in die Nähe des Hofes gelangt, steht doch immer unter dem Eindrucke der äußeren Erscheinungen einer „Großmacht."

Hier befinden sich die riesigen Motoren der in ihren Spitzen concentrirten Verwaltung: die gassenlang sich hinstreckenden Paläste der Ministerien. Aller Wege begegnen Dir hier die Größen und die Klein-heiten des Beamtenheeres, die hageren Gestalten der Abjuncten und die wohlproportionirten der Hofräthe, und bei hundert Gelegenheiten wirst Du an ihre Macht erinnert.

Es herrscht eine enorme äußere Verehrung gegenüber dem in höherem Rang Bediensteten, und bei diesem wieder tiefe Demuth gegen-über dem Minister; Einer scheint mächtiger als der Andere, und Jeder ist auch von seiner eigenen Macht überzeugt. Und die Gesammtheit dieser vielen Macht hat in der That etwas Imposantes; sie handhabt, ordnet und bewegt jährlich eine halbe Milliarde Gulden und eine halbe Million Soldaten mit einem Federstrich.

Und diese Mächtigen schrecken plötzlich zusammen, wenn sie ein kleines Zettelchen erhalten, das sie zu dem noch mächtigeren a. h. Herrn beordert. Wie sehr schrumpfen sie da zusammen, wie erfüllt von De-muth eilen sie dann über die Stufen der Burg durch die prächtigen Vorzimmer!

In der Burg aber drängt sich ein ganzes Heer von Feldmarschällen, Generalen und in Gold und Silber strahlenden Leibgarden; hohe Geist-liche, Herzoge und Grafen warten demüthig und lispelnd in den Vor-gemächern, während das Volk die reichen Equipagen derselben im Burg-hofe anstaunt; die Soldaten trommeln, die Musik erklingt, und es er-tönt zum hundertmillionsten Male die Volkshymne!

Solchen Merkmalen der Macht ist schwer zu widerstehen; sie sind zu imposant, wenn sie auch die agirenden Personen wie das Publicum leicht Täuschungen aussetzen; man darf aber auch nicht vergessen, daß der Glaube schon an sich eine Kraft, selbst wenn seine Grundlage falsch ist.

Es fühlte auch in Wien Jedermann — Groß und Klein — die moralische Wirkung des italienischen Feldzuges, aber man überschätzte sie nicht. Man sah die in allzugroßem Selbstvertrauen schwelgende Staatsgewalt erschüttert, jedoch nur in dem wohlthätigen Maße, daß sie ihre eigenen Grenzen erkennen mußte, nicht aber bis zu ihrer gänz-lichen Entkräftung.

Es ist daher natürlich, daß die Aufgeklärteren unter den in Wien wohnenden Ungarn, wenn sie auch an dem Zustandekommen des 20. Oc-tobers gar keinen Antheil hatten, in der Beurtheilung desselben sammt den Wienern von einem anderen Gesichtspunkte, man könnte sagen aus einer anderen Stimmung ausgegangen sind. Und darum erkannten sie den schweren Kampf, und würdigten den moralischen Erfolg, welchen der „verstärkte Reichsrath" gekämpft und erkämpft hatte.

Sie hielten den 20. October für eine große Errungenschaft, deren Vermittler sich um den Dank des Landes verdient gemacht haben.

Die eigentliche Masse der ungarischen Nation jedoch, welche in die Existenz = Geheimnisse der Staaten nicht eingeweiht sein kann, dem Mittelpunkte der Regierung fern steht, die Staatsgewalt nur in ihren oft lächerlichen und niedrigen unteren Werkzeugen, gleichsam in den schwachen Endausläufen ihres Wurzelwerkes kennt, und schon längst das ganze verhaßte System moralisch erlahmen fühlte — die Masse der ungarischen Nation überschätzte den physischen Einfluß des italienischen Feldzuges auf die Kraft Oesterreichs, — blickte gleichsam mit mitleidiger Gleichgiltigkeit auf die Bemühungen der ungarischen Mitglieder des ver= stärkten Reichsrathes, und würdigte daher die October = Errungenschaft nicht nur nicht, sondern beachtete sie kaum.

Man kann nicht sagen, daß die Nation mit klarem Bewußtsein die in den 1848er Gesetzen formulirte Constitution gewünscht habe, man kann nicht sagen, daß sie mit der gänzlichen Restitution im Sinne des 10. Art. vom Jahre 1790 sich begnügt hätte, man kann nicht sagen, daß der 20. October als „Angeld" nicht mit Freuden ange= nommen worden wäre; aber Thatsache ist es, daß die October = Er= rungenschaft von der Gesammtheit wie von Einzelnen gering geschätzt wurde, — und somit das Urtheil über dieselbe vom ersten Tage an gesprochen war.

II.

Was hat das October-Diplom gegeben, und was hat es genommen?

Es steht außer Zweifel, daß Viele die October=Documente gelesen, aber Wenige studirt haben, und es ist gewiß, daß sich heute schon kaum Jemand findet, der ihren Inhalt mehr als höchst oberflächlich kennt.

Im Allgemeinen betrachtet, ist das größte in dem Diplome ent= haltene Factum: die Lossagung vom Absolutismus für die ganze Monarchie;

die Folge davon: daß die gemeinschaftlichen Reichsangelegenheiten, deren Existenz selbst unsere 1848ger Gesetze constatiren, constitutionell verwaltet werden sollen.

Die Sache ist die natürlichste von der Welt und sehr leicht gesagt; aber die fertige Form für diese constitutionelle Action zu finden, ist eine Aufgabe, der kein menschlicher Geist gewachsen ist, weil sie sich nur im Getriebe der Zeit entwickeln kann.

Die Unbestimmtheit, welche in dieser Hinsicht in dem October-Diplome herrscht, ist deßhalb ein ausgesprochener Vorzug desselben. Auf die Feststellung des Principes ist das Gewicht zu legen, und darin besteht der große Fortschritt gegen 1847 und 1848. Denn so wie die Verfassung Ungarn's in ihren wesentlichsten Punkten nicht zur Wahrheit werden konnte, so lange die Staatsgewalt in den wichtigsten Angelegenheiten des Reiches absolut verfügte, so ist auch anderseits kein Staat mit zwei selbstständigen constitutionellen Reichskörpern denkbar, ohne daß man deren gemeinschaftliche Angelegenheiten und die Nothwendigkeit eines gemeinschaftlichen Organs zur Erledigung derselben anerkenne.

Dieses große Factum — der Constitutionalismus der Länder jenseits der Leitha — verändert die Bedingungen der ungarischen Frage gänzlich, und falls man dieses Factum nicht in Rechnung zieht, so ist es unmöglich aus diesem Circulus vitiosus zu entkommen.

Aus dieser großen Thatsache folgt unabweislich, daß sich die Frage nicht mehr ausschließlich zwischen dem Throne und der Nation bewegt, weil der Thron nicht mehr mit dem ungarischen Landtage pactiren kann, ohne die den übrigen Ländern gegenüber feierlich eingegangenen Verpflichtungen im Auge zu behalten.

Nicht als ob Seine Majestät seine souveraine Macht mit jenen größeren oder kleineren Herren, welche im Wiener Reichsrathe sitzen, getheilt hätte; nicht als ob die Brünner und Troppauer Advocaten und die ruthenischen Bauern Galizien's jetzt schon sagen könnten: Nicht du, königlicher Herr, sondern wir sind berufen mit Ungarn zu pactiren; — nicht diese triviale Auffassung kennzeichnet die neue Situation: sondern das von Sr. Majestät anerkannte Factum, und das Gewicht, welches demselben der Zeitgeist und das Rechtsgefühl der Völker gibt, das laut nach constitutioneller Regierung verlangt. Die ungarische Politik darf aber nie gegen die constitutionellen Bestrebungen welches Volkes immer gerichtet sein.

Vorausgesetzt nun, daß wir es mit einem vernünftigen Menschen, das heißt mit einem solchen zu thun haben, welcher mit Rücksicht auf das bestehende europäische Staatssystem Ungarn's bessere Zukunft in dem fortdauernden Staatsverbande mit Oesterreich sucht, so ist es klar, daß wir für ein Organ, welches — und für eine Form Sorge tragen müssen, in welcher dasselbe die gemeinschaftlichen Angelegenheiten dieses Staatsverbandes auf constitutionellem Wege erledigen könne. Unsere frühere Gesetzgebung erwähnt dieser gemeinschaftlichen Angelegenheiten nicht; daß der ungarische Landtag von 1848 ihrer gedachte, zeigt, welchen Grad legislatorischer Besonnenheit trotz der damaligen Aufregung in dieser Körperschaft herrschte und rechtfertigt die Schöpfer der 1848ger Gesetze glänzend gegen die Anklage, als ob sie einen Bruch prämeditirt hätten.

Es ist der Glanzpunkt der 1848ger Gesetze, daß sie gemeinschaft=liche Reichsangelegenheiten anerkannten. Dagegen spricht sich der Charakter der Uebereilung derselben hauptsächlich in den Verfügungen über die Art der Erledigung dieser Angelegenheiten aus. In den Gesetzen von 1848 entzog man die ersten Lebensfragen des Landes der unmittelbaren Ein=flußnahme des Landtages und legte sie in die Hände eines Ministers, der von der Nation entfernt, unter den Einfluß der Regierung gestellt ist. Nominal ist dieser Minister allerdings verantwortlich; aber das Wem? Wie? und Worin? dieser Verantwortlichkeit wurde ebensowenig definirt, wie sein Vorgehen und sein Wirkungskreis überhaupt.

Es ist allerdings schwer die Art der Behandlung dieser gemein=schaftlichen Angelegenheiten so festzustellen, daß die Rechte des Landes unverletzt, der Bestand der Monarchie ungefährdet bleibe; aber die' da=malige Verfügung war so leichtsinnig, als wenn Jemand, weil er in der Schnelligkeit nicht weiß, wie sein Kapital sicher anzulegen, es beim Fenster hinauswürfe.

Ein weiterer Vorzug des October=Diplomes war der, daß es dem Reichsrathe, als dem gemeinsamen Organe, eine Gestalt zu geben wußte, welche nicht a priori unmöglich war, noch eine weitere Entwickelung ausschloß.

Die Verfügung, wonach der Reichsrath nur aus hundert Mit=gliedern zu bestehen habe, und diese nicht durch die Wahlbezirke, sondern durch die Landtage zu wählen seien, verleiht dem Reichsrath den Cha=rakter eines Comités, nicht aber den einer gemeinschaftlichen Volksvertretung, und schont somit die Empfindlichkeit der einzelnen Länder, namentlich Ungarn's, das auf seine Selbstständigkeit so eifersüchtig ist. Weiters wird der besprochene natürliche Dualismus im III. Punkt vernünftigerweise anerkannt durch die Bestellung eines e n g e r e n Rathes aus den Vertretern der nicht-ungarischen Kronländer, gegen welche Verfügung der Nationalitäten-Separatismus jenseits der Leitha vergebens ankämpfen würde, nachdem in diesen Ländern die Gesetzgebung, die Verwaltungs-Einrichtungen, die socialen Elemente, auf welchen diese Institutionen beruhen, seit Jahrhunderten gemeinschaftlich und identisch sind.

* * *

Nichtsdestoweniger ist an dem October-Werke, wenn man es in seiner Gesammtheit betrachtet, die Uebereilung und der Stempel der heterogensten Einflüsse augenfällig.

Augenfällig sind die zwischen dem Diplom und den a. h. Hand-schreiben an den Hofkanzler Vah bestehenden Abweichungen.

Die Ursachen und Verhältnisse, welche dieß veranlaßten, dürfen wir ihrer heiklichen Natur wegen hier nicht näher berühren, und es bleibt den Geschichtschreibern späterer Zeiten vorbehalten dieselben auf-zudecken: So viel ist jedoch allgemein bekannt, daß es Ungerechtigkeit oder Verleumdung wäre, für das October-Werk ausschließlich jene und besonders jene u n g a r i s c h e n Staatsmänner verantwortlich zu machen, die ihre Namen daran geknüpft und die ungleich mehr dem Interesse des Vaterlandes und des Thrones geweihte Opfer, als etwa die unum-schränkten Herren der Situation waren.

Schon in dem an den Hofkanzler ergangenen a. h. Handschreiben sind augenfällige principielle Widersprüche und halbverständliche oder zweideutige Ausdrücke enthalten, welche die erwähnten heterogenen Ein-flüsse charakterisiren.

Eine Stelle dieses a. h. Handschreibens lautet zum Beispiel:

„Indem Ich im Sinne Meines heute erlassenen Diplomes zur Regelung der inneren staatsrechtlichen Verhältnisse der Monarchie die verfassungsmäßigen Institutionen Meines Königreiches Ungarn wieder in's Leben rufe, haben Sie Mir über den Zeitpunkt der Einberufung des Landtages, den Ich möglichst beschleunigt wissen will, Ihre Anträge zu stellen, da es Meine Absicht ist, die definitive Regelung der staats-rechtlichen Verhältnisse Meines Königreiches Ungarn je eher im Sinne der Gesetze durch Erlassung eines Diplomes und durch Meine Krönung zu besiegeln."

„Es hat für die Zukunft der althergebrachte Grundsatz des ungarischen Staatsrechtes, daß die gesetzgebende Gewalt, b. i. das Recht Gesetze zu geben, abzuändern, auszulegen oder aufzuheben, nur von dem gesetzlichen Landesfürsten in Gemeinschaft mit dem Landtage ausgeübt, und außerhalb desselben nicht zur Geltung gebracht werden soll, in Meinem Königreiche Ungarn rücksichtlich der Competenz des ungarischen Landtages mit alleiniger Ausnahme jener Gegenstände wieder in Wirksamkeit zu treten, über deren Behandlung durch den Reichsrath Mein heute veröffentlichtes Diplom die bezüglichen Bestimmungen enthält."

Während also das Diplom selbst sich auf die pragmatische Sanction beruft, wird zugleich die „Machtvollkommenheit" auch Ungarn gegenüber zum Ausgangspunkt genommen.

Während das Diplom die Gewährleistung für die „Machtstellung der Monarchie" nur in solchen Rechtszuständen sucht, „welche dem historischen Rechtsbewußtsein und den bestehenden Verschiedenheiten der verschiedenen Königreiche und Länder entsprechen," wird zugleich die centralisirte Verwaltung der höchsten Staatsaufgaben mit Berufung auf die in ganz Europa bestehende Centralisation angeordnet.

Während in dem an Baron Vay gerichteten Schreiben gesagt wird, „die verfassungsmäßigen Institutionen Meines Königreiches Ungarn wieder in's Leben rufe," wird in dem zweiten Punkte angeordnet: „daß die Competenz des ungarischen Landtages mit alleiniger Ausnahme jener Gegenstände wieder in Wirksamkeit treten wird, welche ꝛc."

Während die Gesetzartikel 8, 9, 10, 13 vom Jahre 1848 neuerdings anerkannt und bekräftigt werden, wird anderseits die Ueberprüfung und Annullirung der übrigen vorbehalten; obwohl, wenn die neuerliche Anerkennung jener nothwendig war, die Annullirung dieser überflüssig erscheint.

Mit einem Worte: der Geist des Diplomes ist mit seinen Worten in Widerspruch. Seinem Geiste nach hört in Ungarn der Absolutismus auf, und ersteht wieder die alte Constitution; hört die Eroberung auf, und ersteht die pragmatische Sanction wieder; seine Worte aber lauten: Ich gebe so viel, und bis hieher. In seinem Geiste liegt die Anerkennung des Rechtes; in seinem Buchstaben aber die einseitige Beschränkung des Rechtes. Somit eine totale Vermengung des Rechtes und der Gnade, der Pflicht und der Willkür.

Das zweite an Baron Vay gerichtete Handschreiben restituirt den königl. ungarischen Statthaltereirath mit Rücksichtnahme auf die in dem Gesetzartikel 97, 98, 101 und 102 vom Jahre 1723 begründete und durch den 5. Gesetzartikel vom Jahre 1843/4 auf alle Classen der Bewohner des Landes ausgedehnte Amtsfähigkeit.

Es werden daher die im ersten Handschreiben anerkannten und nicht anerkannten, aber einseitig nicht gestrichenen, sondern dem Landtage zur Ueberprüfung und Annullirung vorbehaltenen 48er Gesetze in dem zweiten Handschreiben factisch annullirt und als gar nicht bestehend betrachtet, insofern nämlich als die Errichtung des Ministeriums an die Stelle der Statthalterei (1848, III. Gesetzartikel) gänzlich ignorirt wird.

Mit diesem a. h. Handschreiben steht das auf die Wiederherstellung der Comitate bezügliche in Verbindung, in welchem die schließliche Organisirung und Regelung der Comitate der Verhandlung mit dem nächsten Landtage vorbehalten wird. Bis dahin jedoch wird eine interimistische Verfügung getroffen: die Obergespäne haben zur Erledigung der administrativen Angelegenheiten aus den Bewohnern des Comitates eine Commission und den Comitatsbeamten-Körper zusammen zu stellen, welche bis zur Organisirung der Comitate im Gesetzeswege durch den Landtag, provisorisch das Comitat repräsentiren und verwalten sollen.

Dieses a. h. Handschreiben war die nothwendige Folge der Beseitigung der 1848er Gesetze.

Unantastbar ist die Verfügung desselben, daß die schließliche Organisirung der Comitate dem Landtage vorbehalten bleibe; unläugbar ist es auch, daß ein Provisorium nothwendig war, denn das Comitat gemäß der 48er Gesetze war gleichfalls provisorisch; aber es war nur eine Fortsetzung der gänzlichen Vermengung der Principien und Ausgangspunkte, daß als Grundlage des neuen Comitats-Provisoriums nicht das 48er Gesetz aufgestellt wurde.

Dieses Hand in Hand Gehen des Rechtes mit der Rechts-Ungiltigkeit, die Beseitigung der 48er Gesetze ohne die gänzliche Wiederherstellung der 47er, spricht sich auch in den auf die Wiedereinverleibung Siebenbürgens und Croatiens sowie der Wojwodina bezüglichen Verfügungen aus.

Diese drei Fragen, so verschieden sonst in ihrem Wesen, hatten doch Eines gemeinschaftlich, daß sie nämlich in den ungarischen staatsrechtlichen Gesetzen bereits ihre Lösung fanden. Wenn Se. Majestät die Constitution, die 48er Gesetze mitinbegriffen, im Sinne der pragmatischen Sanction anerkennt und wieder herstellt, so war das Verhältniß Croatiens zur ungarischen Krone unzweifelhaft, die Wojwodina einverleibt und die Union mit Siebenbürgen ausgesprochen.

Wir wissen nicht, von welchem Gesichtspunkte die ungarischen Octobermänner in dieser Angelegenheit ausgegangen sind.

Wir könnten es begreifen, wenn sie „unüberwindlicher Hindernisse" wegen den Gesichtspunkt des Rechtes und Gesetzes fallen gelassen und den politischen gewählt hätten, welcher in Rücksicht auf die gegenseitige Ausgleichung es gerathen erscheinen ließ, diese Fragen nur unter Einvernehmung der betreffenden Länder und Nationen zu lösen.

Der damaligen Stimmung und der Natur der Verhältnisse nach schien zwar die Lösung jener Fragen am leichtesten im strengen Sinne des Gesetzes zu bewerkstelligen, und der ungarische Landtag berufen die Nationen am sichersten zu befriedigen; uns aber scheint es, daß ihre derartige Lösung der Reaction, welche sich der Nationalitäten bedient, eben so viel Macht und Spielraum gewährt hätte, als sie dadurch gewann, daß man jene Fragen in der Schwebe belassen.

So viel ist gewiß, daß die Verweisung dieser drei Punkte an die unbestimmte Zukunft zu den wesentlichsten Ursachen der kalten Aufnahme des 20. October=Actes zählt, weil er dem Mißtrauen und etwaigen Hintergedanken zugeschrieben wurde. Am wenigsten zweideutig, und die bestimmteste Entscheidung war die über die Amts= und Schulsprache. Das dießbezügliche Handschreiben hielt nur die Gesetze aufrecht, indem es das Princip aussprach, daß die Amtssprache des Landes die ungarische sei.

„Doch wenn auch das nur eine Falle wäre?" sagte man, „denn wenn die nicht=ungarischen Nationen hierüber murren und mit uns zanken werden, so dürfte das der Wiener Regierung nur angenehm sein."

Meiner Ansicht nach steht die Sache umgekehrt, und wenigstens in diesem Punkte blieb der gute Glaube des Monarchen von fremden Beeinflussungen unberührt. Der Vortheil der durch das a. h. Handschreiben eingeräumten Stellung war der, daß der Landtag ohne Verletzung der Krone des h. Stefan den Nationen eine noch günstigere einräumen, und zeigen konnte, daß er nicht nach Privilegien hascht, und in der die Sprache betreffenden Legislation nicht engherzig ist.

Die auf die Regelung des Gerichtswesens und die interimistische Aufrechthaltung der k. k. Behörden bezüglichen a. h. Handschreiben werden wir im weiteren Verlaufe der Geschichte berühren.

Dieß waren die Hauptzüge des October-Werkes, das auf den ersten Blick als mit sich selbst nicht ganz übereinstimmend erschien, und auch in seinem Gesammteindruck nicht befriedigen konnte.

Der Anschein hatte einige Berechtigung; der 20. October versetzte die Nation in eine wahrhaft kritische und gefährliche Lage. Die Annahme sowie die Zurückweisung derselben war gleich bedenklich.

Die Nation verlor durch die Ablehnung nach einem Jahre den Genuß der October-Errungenschaften. Das ist wahr.

Aber hatte, wenn man die Sache genauer betrachtet, die Annahme nicht auch ihre Gefahren?

Der 20. October verlegt den Schwerpunkt unserer Constitution: die Votirung der Steuern und Recruten, in den Reichsrath.

Er konnte Partheiungen veranlassen, konnte die nationale Eintracht vernichten, konnte die nicht ungarischen Nationen gegen uns aufreizen und unserer bisherigen Solidarität ein Ende machen.

Die Comitate wurden durch die October-Acte zu Executoren unliebsamer höherer Verordnungen und zu Werkzeugen der nicht einmal durch den Landtag votirten Steuer- und Recruten-Einhebungen; dadurch mußte die Nationalregierung bei der großen Menge des Volkes nicht nur in ihrem Werthe sinken, sondern selbst verhaßt werden, und dieß konnte Reibungen zwischen den einzelnen Classen der Gesellschaft hervorrufen.

Bei den Völkern jenseits der Leitha, welche in ihrer politischen Unwissenheit glaubten, Ungarn habe Alles bekommen, indeß sie nichts erhielten, erweckte dieses Diplom ein Gefühl des Neides.

Alle diese Besorgnisse wurden durch jenes unbestimmte unklare Mißtrauen erzeugt, welches die verspätete Annäherung und die verzögerten Friedensanträge nicht für aufrichtig hielt.

Diese Auffassung aber war unpolitisch.

Dem denkenden Politiker war es klar, daß, wie bestimmt auch das Diplom lauten mochte, es doch nicht das letzte Wort von Oben sein konnte. Die October-Urkunden überließen so Vieles freiwillig einer freien Entwickelung; enthalten eben so viel, ja noch mehr, was sie der Zeit nicht entsprechend lösen wollten; die unerbittlichen Verhältnisse wiesen so Vielem, das man gelöst zu haben meinte, eine ganz andere Richtung, eine ganz andere Entwickelung an: daß das October-Operat nur als ein Uebergang zu betrachten war, von dem man allerdings soviel mit Bestimmtheit wissen konnte, daß er vor den bisher ignorirten und verdrängten Factoren des politischen Lebens der Monarchie plötzlich das Feld der Thätigkeit öffnete. Niemand konnte jedoch auch nur annäherungsweise sagen, welchen Gang die Entwickelung des Diplomes nehmen, welches Ergebniß sich schließlich herausbilden werde.

Der 20. October war ein Ausgangspunkt, welcher die freiere Bewegung der socialen und staatlichen Elemente möglich machte, und es war vorauszusehen, daß die weitere Gestaltung die am 20. October festgesetzten Grenzen gar schnell überflügeln werde.

Nicht in den Worten der October-Urkunden war die Wichtigkeit und der Sinn derselben zu suchen, sondern in der großen Thatsache, welche diese aussprachen, und wornach von nun an kein den Ländern und Völkern der Monarchie aufgedrungenes, sondern ein solches Regierungssystem befolgt werden solle, bei dessen Feststellung sie selbst Theil und Einfluß haben werden.

Die Aufgabe der ungarischen Nation war daher: das eingeräumte Feld der Thätigkeit derart zu benützen, daß sie ihren Einfluß geltend mache und möglicher Weise noch steigere.

Und doch — wie wahr es auch ist, daß die Monarchie durch ihre seit dem Jahre 1815 verfolgte schiefe Politik, durch das seit 1848 an= gewendete selbstmörderische Abministrationssystem, durch ihre finanzielle Verwirrung, ihre materielle Entkräftung, ihren unglücklichen Krieg, und durch die Demoralisation in jeder Richtung in einen Krankheitszustand verfiel, dessen Symptome — sterbende Staaten characterisiren: so ist Oesterreich doch noch nicht todt; im Gegentheile, seine Lebenskräfte sind noch bedeutend und versprechen ihm ein langes Leben.

Und wenn sich auch diese Lebenskräfte erst in der Zukunft werden bewähren können, nachdem sie nämlich eine Zeit hindurch vernünftig ge= pflegt worden, während sie jetzt wirkungslos sind, und für den Staat kaum geltend gemacht werden können: so ist dagegen nicht zu ver= gessen, daß der Reichsregierung auch in diesem Augenblicke noch unge= heure materielle Mittel zur Verfügung stehen.

Wenn die Reichsregierung nicht von der Ueberzeugung geleitet wäre, daß das Interesse der Dynastie und der Völker ein Regierungssystem fordert, mit dem sich Alle bereitwillig zufrieden geben können; so könnte sie allen politischen und finanziellen Wirren zum Trotz noch ein, zwei

Jahrzehende ein Syſtem fortſetzen, das mit den gerechten Wünſchen der ungariſchen Nation gänzlich im Widerſpruche ſtünde.

Was die endlichen Folgen eines ſo falſchen Regierungsſyſtemes wären, unterliegt wohl keiner Frage; aber ebenſo ſteht es außer allem Zweifel, daß ein ſolches Regierungsſyſtem noch auf Jahre hinaus **p h y ſ i ſ ch** möglich war.

Was folgt nun hieraus für unſer Vaterland?

Daß das October-Diplom nicht die Capitulation der vernichteten, kraftloſen Staatsgewalt, nicht der Ausfluß der Ohnmacht, ſondern eine **m o r a l i ſ ch e E r r u n g e n ſ ch a f t** war, eine moraliſche Errungenſchaft, deren Ruhm direct und perſönlich Sr. Majeſtät gebührt.

Fern ſei von uns jede höfiſche Kriecherei und jede Gunſthaſcherei. Aber wir können nicht ohne Bewegung auf die ſchweren Kämpfe jenes Herrſchers blicken, welcher unter glücklicheren Verhältniſſen durch ſeine hervorragenden Eigenſchaften berufen wäre, unter den größten Regenten zu glänzen.

Er beſtieg den Thron unter traurigen Umſtänden, indem er in ſeinen Unterthanen ſeine Feinde erkennen mußte, und zwar in jenem Alter, wo die erſten Eindrücke am lebhafteſten wirken. Und die giftige Wirkung dieſes Verhängniſſes wurde durch ſeine Umgebung: kurzſichtige und egoiſtiſche Rathgeber, noch geſteigert. Und doch bewahrt er ſich ſeinen Glauben, bewahrt trotz der berückenden Verſuchungen weihrauch-ſtreuender Eintagsfliegen ſein richtiges Gefühl, ſeine klare Einſicht; und zerreißt, ſobald er ſich den erſten Beweis trauriger Wirklichkeit um ſchweren Preis erkauft hat, mit ſtarker Hand das Netz der Täuſchungen, ſucht ſich neue Rathgeber, und nachdem dieſen nichts gelungen, wieder neue, und beginnt von Neuem das Werk der Ausſöhnung, deren Noth-wendigkeit unter aller ſeinen Rathgebern wieder er am lebhafteſten und aufrichtigſten gewürdigt.

Das iſt ein tragiſches Geſchick, das nur Jene aufzufaſſen ver-mögen, die ſich vorſtellen können, wie ſchwer die Wahrheit bis an den Thron gelangt, und mit wie vielen Schwierigkeiten die Herrſcher zu kämpfen haben, bis ſie ſelbſt beim beſten Willen der Wahrheit Geltung verſchaffen, während der ſchlichte Glaube der Völker ſie für allmäch-tig hält! Wie geſagt, die October-Wendung iſt ausſchließlich das Ver-dienſt Sr. Majeſtät, der nach unermüdlichen Berathungen bei Tag und Nacht, und nachdem er die Meinungen unabhängiger Männer vernom-men, in ſeiner Bruſt den großen Entſchluß reifen ließ, das Vertrauen

der verkannten, mißverstandenen und systematisch verleumdeten unga=
rischen Nation durch sein Vertrauen zu erwecken, und dieselbe nach Zer=
störung der eisernen Ketten mit moralischen Banden wieder an seinen
Thron zu fesseln.

Und der Monarch war Herr der Situation; er konnte sich nicht
ganz und unbedingt den Rathschlägen der ungarischen Staatsmänner
hingeben; nicht als ob die Einflüsterungen der sich gefährdet fühlenden
bureaukratischen Elemente noch Glauben oder Gnade bei ihm gefunden
hätten, sondern weil wenigstens der erste Erfolg dieses Versuches der
neuen Wendung abzuwarten war. Se. Majestät blieb auch nach dem
20. October Herr der Situation. Seine Stimme konnte das Eulen=
geschrei der Reaction verstummen machen, konnte b a s einer günstigen
Entwickelung zuführen, was der 20. October noch unentschieden belassen,
und konnte, wenn er es für gut fand, wenn das gemeinschaftliche Inter=
esse seiner Monarchie es erforderte, auch das Gegentheil thun.

Eine vernünftige Politik ist die, welche die Factoren erkennt, ihre
Kräfte richtig beurtheilt, und sich denselben accomodirt. Die wirksamste
Kraft nicht in Rechnung zu ziehen, ist in der Politik ein großer Fehler;
sie gegen sich herauszufordern, sie sich gegenüber zu stellen ist Unvernunft.

Die weitere Entwickelung der Geschichte wird zeigen, daß wir in
diesen Fehler verfallen sind, in jene Gattung politischer Fehler, welche
ein großer Staatsmann treffend charakterisirt, indem er sagt:

C'est plus qu'un crime; c'est une faute!

das ist mehr als Verbrechen, das ist ein Fehler.

Wir werden die Männer des October gegen viele Anklagen verthei=
digen, oft loben, vielleicht eben so oft anklagen und rügen. Wir können
daher noch über eine auf die Entstehung des 20. October bezügliche Be=
merkung unbefangen sprechen, obschon dieselbe rein conjecturaler Natur ist.

Man sagt: „Es war Schade, daß die Apponhi's, Mahláth's,
Széchen's und Andere das Octoberwerk angenommen und mit ihren
Namen besiegelt haben, da sie die Schwächen, die Ueberstürzung des=
selben doch am besten kannten. War es denn nicht wahrscheinlich, ja
beinahe sicher, daß, wenn der 20. October nicht zu Stande kommt, in
kurzer Zeit darauf etwas Befriedigenderes geschehen mußte? Hatten
wir nicht zum Theile die günstigsten Aussichten: die gänzliche Entkräf=
tung des Bach'schen Systemes, die tiefe Unzufriedenheit der ganzen
Monarchie, die größte Sympathie im ganzen Reiche für die ungarische

Opposition? und vor Allem den Wunsch Sr. Majestät: Ungarn zu be=
friedigen?"

Diese Bemerkung ist nicht ohne Grund und es läßt sich dagegen
nur einwenden: wenn die ungarischen Herren die a. h. Anträge so
lange trotzig zurückweisen, als sie nicht bis auf den letzten Buchstaben
befriedigend lauten; dann hätte es bei den tausendfältigen Möglichkeiten
und den verschiedenen Rathschlägen wohl leicht geschehen können, daß
die Reichspolitik sich mit einer kühnen Wendung wieder der Charte vom
4. März und im Allgemeinen jener mit den Losungsworten des modernen
Liberalismus und der Gleichberechtigung der Nationen prangenden reichs=
einheitlichen Constitution zuwende, durch welche es vielleicht am schnell=
sten zu erreichen gewesen wäre, was das System von 1850—60 an=
gestrebt, jedoch verfehlt hat.

Wir sagen nicht, daß auf diesem Wege die Lebensfrage der Mon=
archie gelöst würde; wir glauben im Gegentheile, daß eine einheitliche
Constitution derzeit nur die Wahlstätte eines Kampfes Aller gegen
Alle, ja der Beginn der Auflösung der Monarchie wäre: aber wir
müssen in Abrede stellen, daß eine derartige Wendung der inneren Ge=
staltung der Monarchie für unser Land und unsere Nation vortheil=
hafter gewesen wäre, als jene Basis der Ausgleichung, — das historische
Recht, die Grundlage „des Rechtsgefühles der Länder und Völker," —
welche uns das October=Diplom bietet.

III.

Die ersten Regungen der neuen Epoche.

Während durch die Kunde von der spärlichen Beleuchtung Pests,
von den Straßenexcessen und Conflicten mit dem Militär, die Zweifel
sich lösten, welche in Ungarn über die Aufnahme des October=Diplomes
herrschten; während „Pesti Naplo", der damals populärste und glaub=
würdige Dolmetsch der nationalen Stimmung, den anfänglich wahr=
nehmbaren Schwankungen dadurch ein Ende machte, daß er zunächst
dem V., später dem III. Gesetzartikel vom Jahre 1848 das Wort redete,
was später der öffentlichen Meinung auch eine bestimmte Richtung gab:
nahm das October=Diplom jenseits der Leitha eine Entwickelung, welche
auch dort Geringschätzung, ja Antipathie erweckte.

Einestheils ist es nicht zu läugnen, daß diese seit Jahrhunderten am bureaukratischen Gängelbande geleiteten Länder selbst heute noch sich in einer politischen Unmündigkeit befinden, auf welche ein modernes nicht geläutertes aber beliebtes Princip oder Schlagwort, wenn es auch blos auf dem Papier steht, mehr Zauber ausübt, als jene in Aussicht stehende reelle Freiheit, welche die papierne Charte nicht zu sichern vermag, sondern nur durch einen langen ausdauernden Kampf errungen werden kann. Daß in diesem kaiserlichen Diplome Keime liegen, deren Entwicklung nur von ihnen abhängt, das läßt diese durch die vielen todtgebornen Versprechungen der letzten zehn Jahre ohnedieß abgestumpften Bürger gleichgiltig. — Sie brauchen nur die Worte: Constitution, Grundrechte, Preßfreiheit, Gleichheit aller Confessionen, Abschaffung des Concorbates; dann sind sie gänzlich zufriedengestellt, auch wenn zur Durchführung und Sicherung dieser schönen Rechte gar nichts geschieht.

Der aus hundert Mitgliedern bestehende Reichsrath im Sinne des October=Diploms, dessen Hälfte den vereinigten Landtag der Länder jenseits der Leitha bilden sollte, — und selbst dieser hätte nur sehr beschränkte Rechte besessen, — war als Ersatz für ein Parlament doch zu wenig.

Es ist daher natürlich, daß sich die Gleichgiltigkeit gegen das October=Diplom in Bitterkeit verwandelte, als aus den Landesstatuten hervorging, daß die einzelnen Landtage noch weniger als der engere Reichsrath, das heißt noch weniger als Nichts bedeuten sollen.

Die Statuten von Steiermark, Krain und Salzburg erschienen in rascher Reihenfolge aufeinander, und ebenso schnell untergrub die Tages=presse ihre moralische Grundlage, insoweit sie nämlich eine solche hatten.

Die Wiener, Prager und Grazer Blätter waren empört, und zogen Parallelen zwischen den, wie sie sagten: „an Ungarn gemachten Con=cessionen," und der Situation der übrigen Länder.

„Während die Organisirung des ungarischen Landtages, — seine Hausordnung und die Art der Wahlen, auf Grund gemeinsamer Be=rathungen selbstständig werden festgestellt werden," sagten sie, „wird u n s dieß Alles sammt den Präsidenten der Landtage von der Regierung auferlegt."

„In den Wirkungskreis des ungarischen Landtages gehört die Gesetz=gebung, die Administration, die Auslegung und Abschaffung von Gesetzen, während den Uebrigen nur ein Petitionsrecht zusteht, ja alle zusammen an der Gesetzgebung nur „mitwirken" werden."

„Ferner sind der Adel und der Klerus mit zwei Drittel Stimmen im Uebergewicht, die Privilegien aufrecht erhalten, der „Rothfrack" wieder zu Ehren gebracht, die Vertreter der Städte und Gemeinden durch die indirecte Wahl verfälscht, die Intelligenz und die Industriellen aus= geschlossen," — so und ähnlich lauteten die zündenden Klagen.

Hiezu kam noch, daß Graf Goluchowski, der Minister der blindesten Reaction von 1859—1860, der College des Hausvisitators und Preß= bändigers Thierry, Graf Goluchowski, den selbst der zu hassen unfähige phlegmatische Bürger Wien's haßte, der die Pedanterie des Bureau= kraten mit dem Stolz des Viertel = Magnaten in sich vereinigte, dessen Rohheit der Gegenstand von tausend Anecdoten war, der demzufolge als feudal = aristokratischer Absolutist ausgeschrien war, und der zum Ueber= fluß noch den Fehler hatte kein Deutscher, kein „Wiener Kind" zu sein; daß dieser Mann, sagen wir, das Portefeuille des Ministeriums des Inneren behielt, und so jeden Keim der Freude an dem October=Ereig= nisse in Vorhinein erstickte.

Nach einigen kurzen Wochen zeigte sich in Folge alles dessen, daß das October = Diplom jenseits der Leitha gar keine moralische Grundlage hatte; das Schwanken in der Action der Regierung, die Unruhe der Gemüther charakterisirten deutlich die Uebergangsperiode. Gerüchte sprachen von Aenderungen im Cabinete; sie stimmten nur in der Ankündigung überein, daß Graf Goluchowski austreten werde, gingen jedoch im Uebrigen auseinander.

Herr von Schmerling wurde, wie bei jeder Gelegenheit so auch dießmal, in Combination gezogen; er galt allenthalben für einen An= hänger der einheitlichen Verfassung.

Um dieselbe Zeit begann in Ungarn das öffentliche Leben zu er= wachen, und schon seine ersten Kundgebungen erregten in ganz Europa Ueberraschung, Täuschungen, jedenfalls aber großes Interesse, während sie anderseits die büstere Voraussicht der in die Landesangelegenheiten Eingeweihten rechtfertigten.

Die erste Besorgniß des ganzen Landes war, ob das Volk die neue Wendung nicht vielleicht mißverstehen werde? Ob es nicht, wenn es wieder die alten Comitate aufleben und an die Stelle des gefürchteten „k. k. Bezirksrichters" wohlbekannte zehnjährige Schicksalsgenossen und Comitats=Grundbesitzer treten sieht, glauben wird, daß zugleich auch die adelige Grundherrschaft, die Robot und der Zehent wieder eingeführt wer= den? Und wie sehr das Volk auch die Repräsentanten der hohen Steuern, des Stempels, des Tabakmonopols, der Finanz, der Polizei und die k. k. Stuhlrichter haßte, so hätte es doch nicht gern den Wohlthaten der Urbarial-Ablösung und der Besitzregulirung entsagt.

In solchen Fällen bemerkt selbst der wenigst „klerikale" Mann, daß der Einfluß der Kirche auf das Volk „auch" seine guten Seiten habe. Auf die Geistlichen hört das Volk und sie sind berufen es aufzuklären, zu beruhigen. Das geschah denn auch. Der Primas, die Erzbischöfe von Erlau und Kalocsa, und ihrem Beispiele gemäß die übrigen Oberhirten der Kirche, erließen Rundschreiben; die Geistlichen waren eifrig bemüht die richtige Auffassung der neuen Wendung unter dem Volke zu verbreiten, welches übrigens mit stiller Ruhe und neugierig zwar, aber doch mit einem gewissen Gefühl der Sicherheit der Entwicklung der nur halb begriffenen Dinge entgegensah.

Am 30. October wurden der Tavernicus, die Kronhüter, die Landes-Würdenträger und ein Theil der Obergespäne ernannt.

Niemand konnte läugnen, daß diese Ernennungen mit der größten Liberalität, ohne jede Vorliebe für diese oder jene Partei, Classe, Religion oder Nationalität erfolgt waren.

Aber eine oft genug ausgesprochene, geschriebene und gedruckte Klage war die, daß die Ernennungen zu spät geschehen und gleichzeitig mit den Entschließungen vom 20. October hätten erfolgen sollen; daß die meisten der Ernannten nicht einmal gefragt wurden, ob sie die Ernennung annehmen; daß den Ernennungen überhaupt gemeinschaftliche Berathungen hätten vorausgehen müssen, um ein übereinstimmendes Vorgehen zu erzielen, oder denjenigen, die das Programm der Regierung nicht annehmbar fanden, Gelegenheit zur Ablehnung ihrer Ernennung zu geben und dadurch das öffentliche Aergerniß ihres Rücktrittes nach erfolgter Ernennung zu vermeiden.

Unzweifelhaft charakterisiren diese Verspätungen und Versäumnisse das Unfertige des Octoberwerkes; aber, wie wir bereits bemerkt, können wir uns in die Ursachen dieser Erscheinungen nur so weit einlassen, um auszusprechen, was Jedermann weiß, daß in dieser Hinsicht die Schuld nicht Diejenigen trifft, auf welche die öffentliche Meinung die Verantwortung wälzt.

Ein begründeterer Vorwurf ist der, daß ein Theil der ernannten Obergespäne nicht vor der Ernennung befragt wurde; aber auch dieß, wie jedes andere Versäumniß, findet seine Erklärung in der ganzen Art und Weise, wie der neue Umschwung sich vollzog.

Die Ablehnung einiger zu Obergespänen Ernannter rief große Ueberraschung hervor, mehr aber noch die Art, in welcher dieselbe geschah.
Das war der erste wohlberechnete Gifttropfen; wohlberechnet von
Seite Derjenigen, die eine Ausgleichung zwischen Nation und Thron unmöglich machen wollten; unbegreiflich und unüberlegt von Seite Derer,
deren Politik die gänzliche Wiederherstellung der angestammten Constitution Ungarns anstrebte.

Indessen läßt sich zu ihrer Entschuldigung wenigstens noch anführen, daß sie eine nicht erbetene und nicht erwartete Würde abgelehnt
haben. Wie sollen wir aber Jene entschuldigen, welche die von Sr. Majestät ihnen übertragene Würde angenommen haben, ohne ihm für die
Gnade, wie es hundertjähriger Brauch und unsere altmonarchischen Traditionen verlangen, auch nur zu danken?

Von den Obergespänen, welche ihre Ernennung und die damit
verbundenen Bezüge angenommen, ließen sich kaum zehn herab, Sr. Majestät sich vorzustellen.

Im Privatleben wird die Rache als niedrig gebrandmarkt, weil
wir sie gewöhnlich erst dann ausüben können, wenn unser Feind schon
schwächer ist als wir. Den Schwachen aber seine Macht fühlen zu
lassen, ist ein edles Gemüth nicht fähig.

Auf dem politischen Felde unterliegt die Rache einem anderen Gesichtspunkte.

Die Wiedervergeltung bietet in der Politik höchstens Einzelnen
schale Genugthuung, während das Gemeinwesen um so sicherer darunter
leidet, je schlechter die Kraft dessen berechnet war, den wir uns zum
Gegner gemacht.

Anzeichen, wie die erwähnten, mußten den Regenten mit Recht
betroffen machen, und leicht konnte er darüber das Vertrauen zu dem
einmal begonnenen Versuch verlieren. Aber noch schwankte er nicht. Es
mußte noch mehr kommen.

Wir wollen hier nicht die zweite Phase jener Gassen-Demonstra-
tionen anführen, bei welchen die Katzenmusiken grassirten und die Un-
duldsamkeit gegen den Doppeladler zu einer patriotischen Krankheit wurde.

Die Katzenmusiken waren größtentheils nur Ausbrüche localen
Aergers und Hasses gegen solche Personen, die ihre amtliche Stellung
unter dem gestürzten Systeme, oder ihre anderweitige Macht mit einer
gewissen Ostentation oder Verletzung des Nationalgefühles ausübten, und

zu deren Ehren die Katzenmusikanten n a ch dem 20. October, v o r dem 20. October vielleicht einen Fackelzug veranstaltet hatten.

Auch noch andere nicht zu rechtfertigende Verfolgungen einzelner Personen kamen vor, jedoch waren es im Ganzen genommen unbedeutende Vergehen, wenn man die vielen verletzten Interessen, gekränkten Individuen und entheiligten Gefühle ins Auge faßt, welche die Werkzeuge der zehnjährigen Mißregierung gegen sich in Harnisch gebracht haben.

Das Volk pflegt zwischen dem Werkzeuge und dem Handhaber desselben gerade keinen feinen Unterschied zu machen, und eben deßhalb kann man sagen, daß unserem Volke vielleicht nichts in der Geschichte des ganzen Jahres weniger zur Schande gereicht, als jene Vergehen, die kaum die Grenzen des Muthwillens überschritten und nirgends bis zur Grausamkeit ausarteten, selbst in dem ersten Momente nicht, wo die lange unterdrückten Leidenschaften, ihrer Schranken befreit, mit ganzem Ungestüm losbrechen konnten.

Ein ähnlicher Act des Muthwillens war auch das Herabreißen der Doppeladler — es war kaum mehr als Muthwille zu nennen — denn Ungarn kannte ja bis 1849 dieses Wappen gar nicht, oder sah es höchstens auf Kasernen, Mauth = und Salzämtern. Vom Jahre 1849 an erschien es hier nur als das Sinnbild des verhaßten Systemes. Allein auch dieß bot gewünschten Anlaß, am Throne unsere nationalen Regungen dahin zu verdächtigen, als ob sie mit dem Herabreißen und der Verunglimpfung des Abzeichens — der Monarchie? oder des Bach'schen Systemes? — nein! sondern der regierenden Dynastie begönnen!

Diese untergeordneten Erscheinungen der öffentlichen Stimmung verschwanden in dem Geräusche der mächtigeren Bewegungen des öffentlichen Lebens. Wir meinen die Wiedergeburts=Wehen der Comitate.

IV.

Selbstorganisirung und Politik der Comitate.

Es ist interessant, heute einen Rückblick auf die Erklärungen zu werfen, welche auf die Organisirung der Comitate maßgebend einzuwirken bestrebt waren. Aus denselben geht namentlich hervor, wie groß die Ideenverwirrung über den Wirkungskreis der Comitate und die Art der Geltendmachung desselben war, und wie sehr das Vorgehen der

Comitate — nicht die Besorgnisse der besonnenen Politiker, denn diese waren groß — sondern die Wünsche derselben überflügelte.

Das Wie? der Gestaltung der Comitate war weniger zweifelhaft als die weitere politische Action derselben. Mit großer Spannung wurden daher die ersten Comitats-Versammlungen erwartet, denn nachdem das Diplom die Restaurirung der Comitate in die erste Reihe gestellt, so war dadurch auch die politische Bedeutung derselben wieder rehabilitirt.

Die Comitate mußten für sehr unschuldige Dinge gegolten haben, da sie so ohne alle Vorbereitung restaurirt wurden; und doch lag die Gefährlichkeit derselben vielleicht nur in dem Mangel dieser Vorbereitungen, welche in Wien für weit gefährlicher gehalten wurden als die Comitate selbst. Es konnte eben nur ein Mittel gegen die mit dem Comitats-System verbundenen und später eingetretenen Wirren geben: und das ist ein Ministerium auf Grundlage der Gesetze von 1848.

Wir wollen indessen hier diese Frage nicht erörtern, und es genügt die Thatsache zu constatiren, daß das Comitatsystem, Dank den Bemühungen einiger deutsch schreibender vaterländischer Publicisten und zu Einfluß gelangter ungarischer Staatsmänner um den 20. October auch jenseits der Leitha guten Klang hatte, ja beinahe populär geworden war.

Die Regierung würdigte es als wohlfeiles Administrationsmittel ihrer Aufmerksamkeit, während die politischen Kreise darin das Palladium der persönlichen Freiheit und die Garantie der Selbstverwaltung ehrten. Es gab vielleicht Leute, die — es ist das österreichische Art — glaubten, daß man das Comitatssystem mittelst eines Patentes in 24 Stunden auch jenseits der Leitha einführen könnte.

Diesen doppelten Schmelz verloren indessen die Comitate gar zu bald, ja sie konnten nicht einmal auf die Dauer den gehegten Erwartungen entsprechen.

Das 1847er Comitat war unmöglich geworden, da es nur ein Gemeinwesen der Adeligen war; das 1848er Comitat behielt alle schlechten Eigenschaften des 1847er bei, ohne auch die Vorzüge desselben zu erben. Es verminderte die Rechte der privilegirten Classe, erweckte aber nicht die Sympathie des Volkes, weil es demselben keinen praktischen Vortheil bot. Als Verwaltungsorgan war das Comitat ungenügend, es blieb aber ein turbulentes Hinderniß der Regierung.

Ueberdieß mußte man sich hier wie dort bald überzeugen, daß das Comitat, obwohl lange nicht so kostspielig wie das Bach'sche System, doch seine alte berühmte Wohlfeilheit so ziemlich eingebüßt hat. Die einfache Administration, wie sie bis zum Jahre 1848 genügte, reicht bei der vorgeschrittenen bürgerlichen Gesellschaft nicht mehr aus. Die richterliche Stellung erfordert eine gewisse Continuität und Stetigkeit. Auch der seiner Güter verlustige, verarmte Adel kann das Contingent an beinahe unentgeltlich dienenden Beamten nicht stellen, wie es der bis zum Jahre 1848 steuerfreie und robotgenießende Adel gethan. Neue, damals unbekannte Administrationszweige machten die Vermehrung der Beamten, die veränderten wirthschaftlichen Verhältnisse die Erhöhung ihrer Besoldungen nothwendig.

Es hatte sich mittlerweile in allen Classen, demnach auch im Adel, das mehr oder weniger gebildete Proletariat, und insomit die Zahl Jener vermehrt, die nach Aemtern haschen, oder auf solche angewiesen sind. Es haben also die Elemente und Chancen des Selfgovernments ab-, und die der Bureaukratie zugenommen.

Abgesehen von jener „Erbsünde", welche in Folge der inneren Mangelhaftigkeit und Unfertigkeit des October-Diplomes sich gleich einem Fluche an jeden weiteren Schritt der Regierung heftete, kann man dieser nicht vorwerfen, daß sie nicht Alles gethan habe, was sie thun konnte, um den Comitatswirren vorzubeugen.

So gab sie zur Richtschnur bei der Organisirung der Comitate die „Instruction an die Obergespäne" heraus, welche allerdings geeignet war, ihrem interimistischen Zwecke zu genügen. Die historische Merk=würdigkeit dieses Documentes liegt nicht in dem, was es beabsichtigt hat, sondern darin, daß es eben gar nichts erzielte. Es wurde von den Comitaten bei Seite gelegt und ignorirt.

Die Zweckmäßigkeit oder Unzweckmäßigkeit einzelner Stellen der Instruction kann daher nicht in Frage kommen. Die Frage lautete: Ist eine interimistische Verfügung nothwendig, bis der Landtag in die Lage kommt, die Comitate definitiv zu organisiren?

Auf diese Frage hat selbst „Pesti Napló", das damalige Organ der Opposition und warmer Vertheidiger der 1848er Gesetze, mit Ja geantwortet.

Und in der That, selbst wenn die Regierung das 1848er Gesetz als Ausgangspunkt angenommen hätte, auch da noch wäre für den Uebergang eine interimistische Verfügung nothwendig gewesen.

Ein großer Theil der 1848er Comitats=Ausschüsse und Beamten ist ausgestorben; ein großer Theil ist aus dieser oder jener Ursache un=möglich geworden; an vielen Orten ist sogar ihr Namensverzeichniß verloren gegangen. Ihre einfache Wiedererweckung war daher entweder physisch oder moralisch unmöglich.

Seit zwölf Jahren ist viel Wasser die Donau hinabgeflossen. Die socialen Verhältnisse haben sich total geändert und manches Administrationsmittel (z. B. die Grundbuchs-Einrichtung) ist — obwohl ungesetzlich, weil auf absolutistischem Wege hereingekommen — doch so innig mit den national-ökonomischen Verhältnissen und mit den seither entwickelten materiellen Interessen verwachsen, daß es nicht möglich gewesen wäre sie einfach zu beseitigen.

Die Justiz konnte ohne Verletzung vieler Privat-Interessen und ohne Gefährdung des Eigenthums in ihrem Gange nicht aufgehalten werden. Und doch haben die gesammten Privatverhältnisse im Laufe eines Jahrzehends sich nach österreichischen Gesetzen gestaltet und auf solche gegründet, und diese Basis durfte selbst die Gesetzgebung nicht antasten, weil Gesetze nicht rückwirken dürfen.

Bei solchem Stande der Dinge aber war die einfache Wiedereinsetzung der 1848er Beamten, die das österreichische Gesetz nicht kannten oder nicht als Gesetz anerkennen wollten, unmöglich. Es war nothwendig, daß der Landtag über die Frage des Privatrechts, daß er überhaupt entscheide, was von den österreichischen Gesetzen beizubehalten, was von den ungarischen neu zu beleben sei; bis dahin jedoch mußte wenigstens für die Uebergangszeit bezüglich des Verkehrs der Comitats-Administration und der aufrecht gehaltenen Gerichtsämter eine Verfügung getroffen werden.

Ferner war das ganze neue Steuersystem der Theil eines riesigen Administrations-Organismus, welchen man aus diesem nicht plötzlich herausreißen konnte. Es war daher nothwendig, das interimistische Verhältniß der constitutionellen Behörden zu den interimistisch aufrecht erhaltenen Finanz-Aemtern festzustellen.

Aus Rücksicht für das Gesammtwohl, die Aufrechterhaltung der Staatsordnung, die höchsten socialen Interessen, war daher ebenso wie vom 1848er Standpunkte betrachtet, ein Provisorium unerläßlich, und der Unterschied konnte nur darin bestehen, daß, wenn die Regierung keine Instruction gibt oder die Municipien diese beseitigen, in jedem Comitat, in jeder Stadt ein anderes Provisorium zu Stande kommen, oder mit anderen Worten die locale Willkür herrschen und die Anarchie förmlich zu einem System erhoben werden mußte.

Daß die Instruction bennoch abgelehnt wurde, ist ein Beweis, daß in den Comitaten solche Leute das Uebergewicht und den entscheidenden Einfluß erhalten hatten, die entweder nicht das Interesse, oder nicht die geistige Fähigkeit besaßen, die eben entwickelten einfachen Wahrheiten zu erfassen und zur Geltung kommen zu lassen.

In den Privat-Conferenzen, welche der Abhaltung der Comitats-Versammlungen überall vorausgegangen, wurden ohne Ausnahme die 1848er Gesetze als Grundlage der neuen Organisation angenommen. Die öffentliche Versammlung wurde ausgeschrieben, und die noch bekannten Mitglieder der Ausschüsse vom Jahre 1848, sowie je zwei Repräsentanten jeder Gemeinde geladen. (Pester Comitat.)

Der Zweck der Versammlung war: die Organisirung, die Wahl der Beamten.

Die damals laut gewordene Theorie von der „Legitimität" und „Rechts-Continuität" wurde gleich beim ersten praktischen Schritte forcirt, weil sie nicht durchzuführen war.

Nachdem das 1848er Comitat, so wie es war, nicht vom Tode erweckt werden konnte, wurde — im Widerspruche mit den Bestimmungen der Gesetze von 1848 — eine General-Versammlung ausgeschrieben und willkürlich zusammengesetzt. Nach dem Artikel XVI v. J. 1848 war nämlich nach Beendigung des damaligen Landtages in jedem Comitate nur eine General-Versammlung zu halten, und zwar zum Zwecke der Wahl des Ausschusses, welcher sodann berufen war, das Comitat zu repräsentiren. Da diese eine General-Versammlung bereits stattgefunden hatte, so ist es klar, daß der III. Punkt der Instruction an die Obergespäne dem 1848er Gesetze näher stand, als das Vorgehen der Comitate.

Ueberdieß wurden in vielen Comitaten, um den XVI. Ges. Art. v. J. 1848 zu eludiren, so große Ausschüsse gebildet, daß diese eigentlich den Charakter von General- oder beinahe Volks-Versammlungen hatten. Und doch geschah es, daß viele intelligente adelige Grundbesitzer aus Versehen nicht in den Ausschuß gewählt und so ohne Entschädigung ihres constitutionellen Rechtes beraubt wurden, im Widerspruche mit dem §. 1 des V. Ges. Art. vom Jahre 1848, in welchem gesagt wird: „Indem sich der gegenwärtige Landtag nicht berufen fühlen kann, diejenigen, die bisher im Genusse politischer Rechte gewesen, dieser Rechte zu berauben u. s. w."

Noch häufiger war die Ausschußwahl nur das Echo der herrschenden politischen Partei-Stimmung. Wurde ein Mann zur Wahl empfohlen, dessen reines Achtundvierzigerthum dadurch in Verdacht gerieth, daß er ein kaiserliches Amt bekleidet, oder überhaupt mit dem gestürzten System „auf gutem Fuße" gestanden, so wurde die Nennung seines Namens von Seite der Wähler mit dem Rufe beantwortet: „Gestorben!"

In einem Comitate geschah es, das ein berühmter Cortesführer sich im Sitzungssaale rittlings auf die Fensterbrüstung setzte, derart, daß er sich mit einem Fuße im Saale befand, während der andere in den Hof hinaushing, und als sodann der Obergespan die Namen der zu wählenden Ausschußmänner verlas, gab der Corteshäuptling dem im Hofe stehenden Publicum ein Zeichen. Je diesem Zeichen entsprechend, erscholl dann von unten ein „Eljen" oder ein „meghalt!" (gestorben), und man kann demnach sagen, daß eigentlich dieser Cortesführer den ganzen Ausschuß gewählt habe. Es gab Comitate, wo dieses Todes-Urtheil über die ehrenhaftesten Männer ausgesprochen wurde, deren Grundbesitz den größten Theil des Boden-Complexes der Gespanschaft bildet, und die für gemeinnützige Zwecke mehr Tausende von Gulden geopfert, als der sie aburtheilende Cortesführer je Groschen im Macao verspielt hat.

Anderentheils figurirten unter den größten Maulhelden und lärmendsten Anhängern der 1848er Gesetze auch Viele, die eben durch diesen riesigen Patriotismus ihre entweder etwas anrüchige oder gar notorisch bemakelte Vergangenheit in Vergessenheit bringen wollten, und denen es auf diese Art in der That auch gelang, sich zu Leithammeln emporzuschwingen, was bei uns bekanntlich nur einige vollklingende Phrasen kostet. Kurz, die Ausschußwahlen konnten zu keiner Autorität kommen; sie verletzten Viele und veranlaßten Viele, das 1847er Comitat zurückzuwünschen; sie gaben hierdurch den Stoff zur Bildung von Parteien im Lande ab und boten für die kommende Entwicklung nicht eben die günstigsten Aussichten.

Das Comitat hatte ehemals den Anstrich eines Familienkreises, wo selbst auf dem Gebiete der Wahlen und der Berathung manchmal ein „Jux" anging, da er auf das Land keinen Einfluß übte. In einer so außerordentlich ernsten Lage der Nation, wie die jetzige, war jedoch selbst ein rein muthwilliger Exceß von größerer Tragweite. Was wir im gesunden Zustande leicht ertragen, das kann dem Reconvalescenten lebensgefährlich werden.

Der muthwillige Cortes=Jur griff indessen noch weiter. Diesem war es zu danken, daß Männer in die Reihe der Comitats=Repräsentanten aufgenommen wurden, die — wenn auch Landeskinder, doch außerhalb des Landes lebten, oder wenn gar Fremde, durchaus nicht in der Lage waren die Pflichten des Repräsentanten zu erfüllen, und von benen man allgemein wußte, daß sie Feinde Oesterreich's, Einzelne sogar directe Feinde der Dynastie waren.

Hieburch warb ben Kreisen unserer Freunde und Feinde außerhalb unserer Landesgrenzen Anlaß zu dem Verbachte, ja geradezu Grund zu der Verbächtigung geboten, daß die Comitate nur die Organisirung der Revolution anstreben! — Und doch hatten an diesem Vorgehen die Pietät für die Opfer der Vaterlandsliebe, die Märtyrer der Verbannung, lange nicht so viel Theil als der Cortes = Jur, die Cortes = Passion, die Sucht, der Regierung möglichst „starken Tabak unter die Nase zu bringen."

* * *

Das Pester Comitat eröffnete die Reihe der Comitats = Ver= sammlungen.

Es war dieß eine außerordentliche Versammlung im Vergleiche zu ben früheren Congregationen bes Pester Comitates. Die Säle, die Gallerien, der Hof, die Nebengassen des Comitatshauses waren von Menschen überfüllt, die Stadt mit Fahnen geschmückt. In der Sitzung gab es viele Reden aber keine Debatte. Das gemeinschaftliche Bekenntniß Aller lautete dahin, daß die Gesetze von 1848 als Grundlage anzu= nehmen seien. Die von Paul Nyáry beantragte Abresse wird ohne jede Gegenbemerkung angenommen.

Diese Abresse wurde nicht an Se. Majestät, auch nicht an den Hofkanzler, sondern einfach an Baron Vay gerichtet.

Das Pester Comitat erklärte in derselben für unabweislich noth= wendig:

1. Daß auf der Basis des Art. IV und V vom Jahre 1848 der Landtag in der allerkürzesten Frist einberufen werde;

2. baß, nachdem von der Art und Weise, wie der Landtag seine Wirksamkeit entfalten wird, die ganze Zukunft der Nation abhängt, es nothwendig sei, die großen Fragen, welche auftauchen können, in Vorhinein eingehend und gründ= lich zu erörtern. Hiezu ist die Tagespresse berufen; es solle daher die Presse innerhalb der Schranken bes Art. XVIII vom Jahre 1848 unverzüglich frei= gegeben werden;

3. daß, nachdem die Ausschreibung und Eintreibung der Steuern durch die Comitatsbeamten nur in dem Falle gehanbhabt werden kann, wenn diese vom Landtag bewilligt wurden, die Einhebung von Rückständen der gegenwärtigen, dieses gesetzlichen Attributes entbehrenden Steuer, so wie auch die Fortsetzung der Recrutirung bis zur Entscheidung des in dieser Beziehung allein competenten und auch sonst nicht länger hinauszuschiebenden Landtages suspendirt werde;

4. daß die Einhebung aller seit dem Jahre 1849 ungesetzlich ins Leben gerufenen, unter welchem Titel immer bestehenden Taxen und Besteuerungsarten, von denen das ungarische Gesetz nichts weiß, so wie die Ausübung des Tabakmonopols bis zur Entscheidung des Landtages eingestellt werde;

5. daß der Gang jener Processe, welche auf Grundlage der mittlerweile octroyirten Gesetze über Erbstreitigkeiten und andere ähnliche Gegenstände anhängig gemacht wurden, bis zum Zusammentritt des Landtages suspendirt werde, alle übrigen zur Comitats-Gerichtsbarkeit gehörigen Processe aber sofort ihrer gesetzlichen Competenz zugewiesen werden.

Eine Regierung kann von der Nation nur ein begründetes Vertrauen beanspruchen, und die Begründung des Vertrauens zur Regierung sind immer — die Thatsachen.

Im Laufe der zwölf Jahre hat die Nation sich entwöhnt, sich an den Herrscher zu wenden, weil dieß ein Verbrechen gewesen wäre. Die altherkömmliche monarchische Gewohnheit, beim Monarchen Recht und Gnade zu suchen, war nur mehr mit Erlaubniß der kaiserlichen Beamten gestattet und aus der Mode gekommen. Das ist die einzige Entschuldigung dafür, daß das Pester Comitat sich nicht direct an Se. Majestät gewendet, was unstreitig politischer gewesen wäre.

Den Kanzler betrachtete das Comitat als ungesetzlich; mit diesem konnte es also nicht verkehren, und so hätte es entweder stillschweigen müssen, oder das vom Landesfürsten eingeräumte Feld gar nicht betreten dürfen. Aber man hatte die Idee der Passivität bereits fallen gelassen, und die große Majorität wünschte, daß man Besitz nehme von dem Terrain, welches der 20. October eröffnete. Das Pester Comitat gerieth so in eine Sackgasse, aber es half sich durch ein Bißchen Rabulistik. „Wir schreiben nicht an den Kanzler, sondern an Baron Vay", sagte man. In einigen Comitaten wählte man den Ausdruck: „An die einflußreichste Person des Landes." Warum aber dann gerade an Vay? Warum nicht an Jemand Anderen? Und wenn Jemand Anderer noch mehr Einfluß bei Sr. Majestät gehabt hätte als der Hofkanzler?

Eine Logik von ganz gleichem Schlage war es, den als Kanzler nicht anerkannten Baron Vay für sein Vorgehen verantwortlich zu machen, und die als Regierung nicht anerkannte Privatperson Regierung zu nennen.

Uebrigens ist diese diplomatische Methode als Verwahrung vom constitutio nellen Gesichtspunkte aus zu rechtfertigen; und nachdem auch das Peti tioniren an sich unzweifelhaft ein constitutionelles Recht ist, er= scheint es zulässig die fünf Punkte des Pester Comitates, so lange die Objecte der Petition nicht via facti in Anspruch genommen werden, vom rechtshi storischen Standpunkte aus a n = und auch n a ch zusehen.

Aber an und für sich betrachtet, sowie auch in Rücksicht auf die Verhältnisse, enthalten die fünf Punkte nicht weniger als fünf Absurditäten.

1. War es nicht nothwendig um die Einberufung des Landtages zu petitioniren, denn die Beschleunigung desselben war am 20. October zugesagt worden, lag überdieß in der Natur der Sache, im gemeinschaft= lichen Interesse des Thrones und des Landes.

Das möglichst baldige Zustandekommen des Landtages hing von der Haltung der Nation, von den Aeußerungen der öffentlichen Stimmung und von Thatsachen ab, welche außerhalb des Regierungseinflusses standen.

Es war vorauszusehen, daß der Landtag am schnellsten zu Stande gekommen wäre, wenn die Comitate seiner Aufgabe nicht vorgreifen, wenn sie ihm die unfruchtbaren Debatten über die Occupation des 48er Rechtsbodens überlassen; wenn sie mit dem Versuche die 48er Grundlage auf administrativem Wege zu erringen, die Situation nicht verwickeln, sondern ihre Thätigkeit auf die Organisirung der Verwaltung im Sinne der Instruction beschränken und die Lösung der Verfassungsfragen dem Landtage anheimstellen.

2. Nachdem das Pester Comitat die Gesetze von 1848 in ihrem ganzen Umfange anstrebte, war es überflüssig um den XVIII. Art. ins= besondere zu bitten, ja es war ein unwürdiger Scherz, die augenblickliche Wiederherstellung des damaligen Preßgesetzes zu verlangen, da derselben die Errichtung der Geschwornen = Gerichte und die Einsetzung der Mini= sterien hätte vorausgehen müssen.

Das im dritten und vierten Punkte enthaltene Begehren um: „allso= gleiche Sistirung der Steuereintreibungen jeder Art, sowie auch der Recrutirung" war, nachdem das Pester Comitat keinen Grund hatte die Wiener Regierungs=Männer für wahnsinnig zu halten, nur ein auf das ungebildete Volk berechnetes Blendwerk. Und vorausgesetzt, daß die Bitte gewährt wird, — was gewinnt wohl das Volk, wenn es gezwungen ist die mehrfach angehäuften Steuerrückstände dann nachträglich auf e i n= mal zu zahlen? Was es gewinnt? . . . Wir hatten ja seitdem Gelegen= heit es zu erfahren! —

Ein würdiger Zwillingsbruder dieser Punkte ist der fünfte, in welchem um ein den Schuldnern unstreitig sehr wohlgefälliges, das Besitzrecht jedoch unnöthiger Weise gefährdendes Moratorium gebeten, im Uebrigen aber eine des ernsten Politikers und Rechtsgelehrten unwürdige Winkeladvocaten=Auffassung bekundet wird.

Das Pester Comitat hat indessen um Alles das nur angesucht, es aber nicht auch beschlossen, nicht realisirt. Dem Pester Comitat fehlte, wie gesagt, die Logik, aber nicht die Politik.

Das Hebeser Comitat war weniger politisch, aber desto logischer. Das Hebeser Comitat bat nicht, sondern beschloß, und theilte seine Beschlüsse dem Volke in folgenden acht Punkten mit:

1. Das Hebes= und Szolnoker Comitat wird im Sinne der von den Landtagen gebrachten, vom König sanctionirten und besonders nach den 1848er Landesgesetzen vorgehen.

2. Auf dem Territorium des genannten Comitates werden die bisher bestandenen Behörden jeder Art für aufgehoben betrachtet.

3. Die durch die gegenwärtige Restauration gesetzlich gewählten Beamten werden von den früheren unconstitutionellen Behörden die Schriftstücke, Instrumente u. s. w., so wie alle uns zukommenden Cassen unverzüglich übernehmen, und nach Entlassung der jetzigen Gemeinde=Vorsteher das Volk zur Wahl ihren Wünschen entsprechender Vorstände auffordern und die Gemeinden organisiren.

4. Die Comitats=Beamten haben ausschließlich dem Comitats=Ausschusse zu gehorchen.

5. Die Angelegenheiten und das Vermögen der Waisen werden durch die jetzige gesetzliche Comitatsbehörde verwaltet, welche auch über die Zukunft derselben auf das strengste zu wachen hat.

6. Die Ausschußmitglieder der bei der Wahl zufällig übergangenen Gemeinden werden im Ausschusse den berechtigten Wünschen der betreffenden Communen gemäß nachträglich gewählt werden.

7. Das Comitat wird im Wege des Vicegespan=Amtes an die einflußreichste Person des Landes unverzüglich das Ansuchen stellen, die möglichst baldige Einberufung des im Sinne der 1848er Gesetze zu construirenden Landtages, welcher zum Wohle des Gesammtvaterlandes zu wirken haben wird, mit der größten Energie zu betreiben.

8. Die Ausführung dieser Verfügungen wird den Beamten aufgetragen und die Beschlüsse den benachbarten Comitaten von Amtswegen mitgetheilt.

Dieß war, wie gesagt, schon ein logisches und verständliches Vorgehen. In dem Ganzen ist von dem Landesfürsten keine Rede. Alle Staatsgewalt gehört von vornherein dem Comitate. Das Comitat aber ist ipso facto auferstanden und der legitime Erbe des achthundertjährigen souveränen Hebeser Comitates. Es stellt daher die Gesetze von 1848 factisch wieder her. Und dem Landtage bleibt nichts übrig, als — dieß gesetzliche Factum anzuerkennen. Wenn es dem Landtage dann gefällt, kann er auch krönen, und zwar den Peter oder den Paul, das ist gleichviel. Indessen erschien in Begleitung des Hofkanzlei=Rescriptes vom 16. Jänner auch ein Schreiben an den Landes = Primas. Es erschien in anspruchsloser Stille, ohne Jemanden zu beunruhigen, bewog indessen den Primas, doch ein Rundschreiben an die Comitate zu erlassen, welches diese zu ernüchtern bemüht war.

Es ist beinahe überflüssig zu bemerken, daß diese directen Mahnungen wirkungslos blieben, wie ein Wassertropfen, der in den feurigen Krater des Vesuv fällt.

Die Comitate befolgten theils das Beispiel Heves's, welches Pest übertroffen hatte, theils bemühten sie sich selbst, Heves zu über= treffen, und sich so gegenseitig bis zum Aberwitz zu überbieten.

Das Szathmarer Comitat schnellte sich zu einem hohen Grad der Loyalität empor, denn es beschloß sich mit seiner Adresse direct an Se. Majestät zu wenden, erklärte sich übrigens mit derselben Bestimmt= heit für die 48er Gesetze, wie die Anderen. Die Männer, welche die Urheber dieses relativ loyalen Vorgehens waren, verloren hierüber rasch ihren ganzen Einfluß; sie hatten sich „unmöglich" gemacht. Das Szath= marer Comitat konnte doch nicht im Geruche des Pecsovicsismus*) bleiben!

Um in einem concreten Beispiele ein wenn auch nur halbwegs erschöpfendes Bild der Comitats=Bewegungen und der Gesinnung des Landes zu geben, wollen wir die S k i z z e n e i n i g e r S i t z u n g e n d e s S z a= b o l c s e r C o m i t a t e s hier folgen lassen: „Die am 27. November 1860 zu Nyiregyháza gehaltene engere, aber doch öffentliche Sitzung sprach sich dahin aus, daß sie die Entschließungen vom 20. October für ungesetzlich halte, und überzeugt sei, daß man auf Grundlage dieser nicht an die Organisirung der Comitate gehen kann. Aber nachdem sich seitdem vieles ereignet, und viele Comitate die Restauration bereits in Angriff genommen, hat der Obergespan vom Jahre 1848 Gr. C. D. über Aufforderung Mehrere zu der am 22. December in Nagy Kalló zu haltenden Berathung geladen**).

---

*) Reaction.
**) Siehe: Die constitutionellen Comitats=Bewegungen. Pest. Eigenthum des Jul. Müller. 1861.

Bei dieser Gelegenheit sagt N. N., daß man noch keine Ursache habe sich zu freuen; daß Alles, was nach dem Diplome geschieht, ihm noch mehr Besorgnisse einflöße, weil unsere Emigration noch immer keine Amnestie erhalten, die Integrität des Landes noch nicht hergestellt ist, und Alles was auf der Murinsel, in Croatien und an vielen anderen Orten des Landes vorgeht, nichts weniger als geeignet ist den wahren Patrioten über die Absichten der Regierung zu beruhigen. Die Absicht ist — sagt er — die Nationen zu Rückschritten zu bewegen. Dem= zufolge beantragt er auszusprechen: daß sich das Comitat, insolange die Verfassung von 1848 nicht wiederhergestellt ist, nicht organisiren werde. — E. L. theilt die Ansicht des Vorredners in Beziehung auf das Diplom, räth aber das eingeräumte Terrain zu occupiren und die Organisirung einzuleiten. Wir sind auch dann noch stärker — sagt er — wenn man uns von diesem Terrain wieder verdrängt, weil wir mit= lerweile unsere Rechte gefordert haben werden. K. M. war gleichfalls der Ansicht, daß man nicht an die Organisirung gehen könne, bevor der 48er Standpunkt wieder hergestellt ist. Der Antrag des B. S. (in dessen Verlauf er unter Anderem bemerkt, daß der 20. October in der äußeren Politik seine veranlassende Ursache habe, und ob nicht, sobald der Druck nachläßt, wieder eine andere Politik Platz greifen werde?) geht dahin, die Beschlußfassung auf die durch den Obergespan zu be= rufende General=Versammlung zu verschieben; S. J. stimmt mit B. S., fragt aber: welches der Rechtsboden sei, auf dem sich das Comitat im Sinne des Diplomes zu bewegen habe? Geld hat das Comitat keines, es bekäme solches nur von der Regierung, wenn es überhaupt welches bekömmt. Die richterliche Gewalt ist dem Comitate entzogen, Finanzmänner und Gendarmen bleiben in ihrer Wirksamkeit; der Ober= gespan tritt den Finanz=Directionen gegenüber an die Stelle der frü= heren k. k. Comitats=Vorstände, der Stuhlrichter hätte die Steuern ein= zutreiben. Wenn wir die Instruction betrachten; so ist unsere Rolle ebenso vernichtet, wie die des Landtages." Zu Gunsten der Orga= nisirung wurde noch vorgebracht, daß die Beschleunigung derselben im Interesse der öffentlichen Sicherheit liege; daß sie befürwortet werde von der Hoffnung, das Elend des Volkes einigermaßen lindern zu kön= nen; die jetzigen Beamten haben ferner gar kein Ansehen mehr, und man müsse durch die Organisirung auch der Jugend einige Beschäf= tigung geben, auf welch' letzteres Motiv sofort bemerkt wurde, daß der begeisterten Jugend, wenn die Tage der Entscheidung herankommen sollten, eine ruhmvollere Thätigkeit harrt, als das Rubriciren es ist. Die Majorität der Versammlung erklärte sich für den Antrag B. S's, welcher auch den Beschluß in sich faßte, daß die General-Versammlung jedenfalls auf Grundlage der 48er Gesetze einzuberufen sei. In der am 16. Jänner 1861 zu Nagy Kalló in der reformirten Kirche abgehaltenen General-Versammlung, an der die Gemeinden durch Vertreter Theil nahmen, sprach der präsidirende Obergespan feierlich aus, daß er die Gesetze von 1848 als heilig und unantastbar erkenne, und deren Wiederherstellung in ihrem ganzen Umfange zu fordern für nothwendig erachte. Er schwur, die Verwaltung des Szabolcser Comitates nach den constitutionellen Gesetzen des Landes zu leiten, und in allen Angelegenheiten ohne Unterschied der Personen Recht und Urtheil zu sprechen. B. S. erklärte, daß er mit Rücksicht auf die staatsrechtliche Stellung des Landes, welche er nicht als gesetzlich anerkennt, sowohl die Ernennung des Obergespans als dessen Schwur nur als ein Factum ansehe, jedoch in staatsrechtlichem Sinne nicht annehmbar finde. Sein Antrag ging somit dahin, daß das Comitat in Folge der neueren Ereignisse im Lande und behufs seiner constitutionellen Organisirung folgenden Standpunkt einnehme: 1. Es erkläre: daß es sich auf den Boden des 48er Gesetzes stelle, von dem es nicht um eine Linie abweichen wolle. 2. Es erkläre: daß das Diplom vom 20. October die constitutionelle Selbstständigkeit und Unabhängigkeit der Nation nicht wieder hergestellt, sondern im Gegentheile wesentlich verletzt habe. 3. Es erkläre, daß es die mittels der October-Erlässe eingesetzte k. Statthalterei und Hofkanzlei, als gegen die 48er Gesetze verstoßende ungesetzliche Anordnungen, nicht anerkenne. 4. Es erkläre, daß die Wiederherstellung der constitutionellen Freiheit durchaus nicht von den genannten ungesetzlichen Dicasterien, wohl aber von der moralischen Kraft der Nation, welche sich am Landtage vereinigt aussprechen wird, zu erwarten sei. 5. Es erkläre, daß es die Würde und das constitutionelle Gefühl der Nation tief verletzen müsse, daß sich in der Reihe der Obergespäne ein Mann befindet, der einer der Führer des im Jahre 1849 in das Land eingebrochenen fremden Heeres war, und sich als Ungar nicht gescheut hatte, im Interesse des Umsturzes der Landesverfassung Dienste zu nehmen.

Dieser Antrag wurde angenommen, aber die Gegenpartei kämpfte nicht für das October-Diplom, sondern wollte vielmehr nicht an die Organisirung gehen, so lange der Rechtszustand von 1848 nicht wieder-

3

hergestellt ist. Auf Antrag eines Mitgliedes wurde der Ausschuß zu=
sammengestellt, in welchen mehrere ausgezeichnete Patrioten, unter ihnen
auch Emigrirte, sowie die noch am Leben befindlichen ungarischen Mi=
nister vom Jahre 1848 gewählt wurden.

Tags darauf entspann sich bei Gelegenheit der Authentication des
Protokolls eine heftige Debatte über Barthol. Szemere. Eine Partei
wollte ihn in Folge seiner in den Zeitungen erschienenen Erklärung be=
züglich des October=Diploms aus dem Ausschusse streichen, während sich
die Anderen darauf beriefen, daß er auch in gutem Glauben gehandelt
haben konnte. Die Majorität erklärte sich für den gestrigen Beschluß.

In der Sitzung vom 18. Jänner empfiehlt R. M. die Honvéds,
welche für das Vaterland ihr Blut vergossen, falls sie geeignet sind,
der Berücksichtigung der Candidations=Commission.

Bonis spricht sich hiergegen aus, weil er die Wahlfreiheit nicht
beschränkt wissen will, und jetzt nicht die Zeit zu Bevorzugungen ist.
— Seine Worte verhallten. — Nachdem die betreffenden Ausschüsse
gewählt waren, wurde die Restauration auf den 28. Jänner anberaumt.

Die Restauration fand am festgesetzten Tage unter großem Lärm
zwar, wie die Zeitungen melbeten, aber ohne jeden störenden Zwischen=
fall statt. In den folgenden Tagen wurde das Operat der Commission
in Berathung genommen, welche mit der Verfassung von Instructionen
für die Beamten betraut war. Die Commission erklärte sich dahin, daß,
nachdem die General=Congregation die Organisirung des Comitates auf
die 1848er Gesetze zu basiren wünscht, und somit das Ziel der Organi=
sirung die Herstellung des 1848er Rechtszustandes und die Beendigung
der Wirksamkeit der bisherigen k. k. Beamten ist: so müsse, bevor man
sich in die Frage der detaillirten Instruction für die Beamten einlassen
könne, vor Allem jenes Gebiet festgestellt sein, auf welchem die Admini=
stration des Comitates sich factisch bewegen dürfte, weil die Commission
es nur nach Beantwortung dieser Vorfrage für möglich hält, eine dem
Stande der Dinge entsprechende Instruction für die Beamten auszu=
arbeiten. Zugleich wäre es in's Klare zu bringen, ob der Beschluß der
General=Congregation, wonach die Organisirung im Sinne der 1848er
Gesetze zu geschehen habe und der 1848er Rechtszustand herzustellen
sei, factisch durchführbar ist. Die Commission erklärte sich ferner dahin,
daß in Gemäßheit des Vorausgeschickten von dem Ausschusse eine Com=
mission zu ernennen sei, welche vor Allem die Uebergabe der bei dem
hierortigen Gerichte anhängigen Criminal= und civilrechtlichen Processe,

sowie die sonstigen gerichtlichen und grundbücherlichen Acten zu betreiben hätte. Falls indessen von Seite des Gerichts-Präsidiums dieser Auf= forderung nicht Genüge geleistet würde, so wäre der zu ernennenden Commission der bestimmte Auftrag zu ertheilen, ihr weiteres Vorgehen einzustellen und sich der Uebernahme jeder andern Gattung von Acten, besonders aber politisch = administrativer zu enthalten, dem Ausschusse jedoch Bericht zu erstatten, in dessen Wirkungskreis es dann gelegen ist, in der Sache weitere Verfügungen zu treffen. Endlich erklärt sich die Commission dahin, daß die Wirksamkeit der neugewählten Beamten bis zum Zustandekommen dieser weiteren Verfügungen im Allgemeinen und unbedingt zu suspendiren sei. Dieser Commissions = Antrag wurde zwei Stimmen gegenüber angenommen.

In der Sitzung vom 18. Februar wurde das Rescript vom 16. Jänner verhandelt und als ungesetzlich bei Seite gelegt. Auf den Brief des Fürstprimas wurde geantwortet, daß das Comitat nur im Sinne des Gesetzes vorgehen könne. Nach Verlesung der Statthalterei= Verordnung über die Landtags=Einberufung sammt den darauf bezüg= lichen Briefen von Gömör, Veszprim und Ugocsa wurde über Antrag Edmund Kállay's: die Einhaltung der gesetzlichen Frist bei der Reprä= sentanten = Wahl, und über Antrag Samuel Bonis' bezüglich der Krönung beschlossen, daß diese nur nach vollkommener Sicherung der 1848er Gesetze erfolgen könne.

In der am 14. März und den folgenden Tagen unter dem Vor= sitze des ersten Vicegespans abgehaltenen Sitzung wurde der Bericht des präsidirenden ersten Vicegespans zur erfreulichen Kenntniß ge= nommen, wonach die Zusammenschreibung der Steuer=Basis zum großen Theile beendet, und in einigen Stuhlrichterbezirken bedeutende Vor= schüsse eingezahlt wurden, sowie, daß die öffentliche Sicherheit neuerer Zeit weniger gestört wurde als zur Zeit des Bestandes der Polizei und Gendarmerie. — Die Civil= und Criminal = Gerichtshöfe wurden errichtet und die Richter gewählt. — Mehrere Comitatsschreiben wurden zur Kenntniß genommen, mehrere Statthalterei=Verordnungen aber bei Seite gelegt. Auf den Antrag T. J's wurde ausgesprochen, daß alle jene Deputirten, die auf Grund des Patentes vom 26. Februar in den Wiener Reichsrath gingen, oder Repräsentanten dahin schicken würden, so wie auch deren Wähler, Verletzer der pragmatischen Sanction und somit Vaterlandsverräther seien.

So weit die Szabolcser Beschlüsse.

3 *

Uebrigens wäre es ungerecht, die Comitate im Allgemeinen zu verdammen; denn wenn sie auch insgesammt den vom 20. October eingeräumten Boden betraten, die Gesetzlichkeit desselben jedoch läugneten und sich auf den 1848er Standpunkt stellten; wenn sie sich auch mit den interimistisch aufrecht erhaltenen Behörden absolutistischen Ursprungs zu verkehren geweigert, und in Folge dessen der Steuereintreibung nicht Vorschub leisteten, ohne jedoch dieselbe zu verbieten: so fanden sich doch Comitate, welche genug Gefühl der Würde besaßen, den Dicasterien gegenüber wenigstens die geziemende Form zu beobachten, dem Landesfürsten die schuldige Ehrfurcht zu bewahren, und in ihren Repräsentationen nicht nur mit dem leeren Pathos der phrasendrechselnden Comitats-Notare, sondern mit dem ganzen Ernste der Vaterlandsliebe und Verfassungstreue vor Seine Majestät hintraten.

Es gab einige Comitate, wo es gelang, der öffentlichen Gesinnung wenigstens einen anständigen Ausdruck zu verleihen. Einzelnen kostete es große Anstrengung und harte Kämpfe, die anständige Form durchzusetzen, — so harte Kämpfe, daß sie ihrer endlich überbrüssig wurden. In wie vielen Comitaten geschah es nicht, daß A oder B, blos aus Sucht nach Popularität, so alberne Reden hielt und so blödsinnige Anträge stellte, daß er selbst später sich über die Ablehnung derselben freute. Seine Absicht war blos, sich als gewaltigen Patrioten hinzustellen. Aber die Besonneneren wurden es endlich müde, den Patrioten vom großen Maul zur Folie zu dienen; sie widersprachen nicht mehr, auch wenn jene es gewünscht hätten, und so wurden „zufällig" Dinge zum Beschluß erhoben, welche Niemand und am allerwenigsten der Antragsteller wollte.

Beinahe von komischer Wirkung war es aber, daß auch die jeder politischen Bedeutung entbehrenden Städte mit sehr geringen Ausnahmen dem Beispiele der Comitate folgten, und oft Städtchen, die diesen Namen kaum verdienen, sich der Regierung gegenüberstellten und sich über Dieß und Das gewaltiglich expectorirten.

Resumé: Die Comitate haben den durch das October-Diplom interimistisch beschränkten Wirkungskreis zurückgewiesen, und realisirten dagegen unumschränkt die Consequenzen der Gesetze von 1848; sie glaubten in solcher Weise de facto die zwischen der Gesammt-Monarchie und Ungarn schwebende staatsrechtliche Frage zu lösen.

Facit: Die Lösung der staatsrechtlichen Fragen wurde compro= mittirt, und die Comitate verloren sowohl den factisch eingenommenen als auch den durch das October = Diplom eingeräumten administrativen Wirkungskreis.

V.

In Angelegenheit der Rechtspflege

hat der 20. October zweckdienliche Verfügungen getroffen durch ein a. h. Handschreiben Sr. Majestät, wonach alle bestehenden Behörden, Aemter und Gerichtshöfe ihre Wirksamkeit fortzusetzen hatten, bis sie nicht durch die neuen Organe ersetzt sind. Ihren Anordnungen, Befehlen, Weisungen oder Urtheilssprüchen sollte unweigerlich Folge geleistet werden; ebenso sollten alle bestehenden Verordnungen und namentlich alle civilstrafrecht= lichen Bestimmungen und Einrichtungen jeder Art in voller Kraft fort= bestehen und mit voller Entschiedenheit gehandhabt werden, bis die civil= und criminalrechtlichen Bestimmungen und Einrichtungen im Wege land= täglicher Berathung und Vereinbarung modificirt sein werden.

Und damit dieses Provisorium je eher beendet werden könne, hat Se. Majestät in einem anderen Handschreiben eine durch den Judex Curiae einzuberufende und unter dessen Vorsitz arbeitende Commission mit der Reorganisirung der ungarischen Rechtspflege betraut.

Sobald sich die Comitate auf den Standpunkt gestellt, daß sie die Nothwendigkeiten des Ueberganges nicht in Betracht ziehen und sich als gesetzmäßige Fortsetzung der alten Comitate betrachten: ist es natürlich, daß sie zu ihrem vollständigen Wirkungskreise auch die Gerichtsbarkeit zurückfordern, die Sedria wiederherstellen, die bestehenden Comitats= (Landes =) Gerichte nicht als gesetzlich anerkennen, und von ihnen die Uebergabe der Acten verlangen, daß sie ferner das Vorgehen dieser Ge= richte für null und nichtig erklären, sie in keiner Weise unterstützen, von den k. k. Gerichtsbehörden erlassene Vorladungen nicht zustellen und die Urtheile derselben nicht executiren. Wohl aber sehen wir die Comitate ihre eigenen Gerichtshöfe reactiviren.

Dieß entsprach auch der Theorie der Gesetzlichkeit so ziemlich; aber in der Ausführung führte die Praxis die Theorie wieder ad absurdum. Der Comitats = Gerichtshof hätte nämlich, wenn er anders die privat=

rechtlichen Verhältnisse nicht mit ruchlosen Händen zerstören wollte, in allen seit der Einführung des bürgerlichen Gesetzbuches anhängig ge= machten und auf dasselbe basirten Rechtssachen nach österreichischem Ge= setze urtheilen müssen, was wieder mit der Theorie der „Gesetzlichkeit" nicht übereingestimmt hätte. Jedenfalls aber wären die Comitatsgerichte gezwungen gewesen, die noch bestandenen fünf Obergerichte als Appel= lations=Instanzen anzuerkennen, worauf die Comitate freilich wieder mit tiefer Logik antworteten: „Das ist nicht Sache des Comitates."

Die Sachen standen daher ungefähr so: Wenn die Regierung die Gerichtshöfe des Comitates nicht anerkennt, sondern die früher bestan= denen aufrecht erhält, so hindert das Comitat die Execution der Urtheile derselben, die Regierung hinwieder hindert die Execution der Urtheile der Comitats=Sedrien. Das Comitat schickt Panduren zur Execution aus, die Regierung Soldaten; die Partei wird, wenn sie ihren Proceß h i e r verliert — d o r t um Schutz und Hilfe ansuchen und zwar mit Erfolg.

Uebrigens zeigt sich für derlei bürgerliches und industrielles In= teresse, als welches in erster Reihe die Rechtssicherheit zu betrachten ist, bei unserer Nation, welcher nach wie vor das Husarenthum in allen Gliedern steckt, noch immer gar kein Sinn, und mehr als ein Táblabiro von Ansehen, der bei der Herbeiführung dieser amabilis confusio eine Hauptrolle gespielt, hat auf lautgewordene Bedenken mit unerschütter= licher Ruhe geantwortet: „es beklagt sich Niemand!" oder: „die In= teressen von Privatpersonen sind den höheren des Landes unterzuordnen!"

Indessen hatte diese Lehre von der Gesetzlichkeit in der Praxis doch ihre Grenzen, welche auch diese guten Herren nicht zu überschreiten wagten. So z. B. hüteten sie sich wohl die „ungesetzliche" Urbarial= Regelung und Grundentlastung anzutasten, welche Baron Bach durch= geführt hatte; sie umgingen dieselbe mit möglichster Schonung, ja be= flissen sich hiebei sogar einer gewissen Ostentation, um dem Bauer nicht zu dem Verdachte gelangen zu lassen, daß die Herren das Urbarium wiederherstellen möchten. Aehnliche fait accompli's waren das Aviti= citäts=Patent und das Grundbuch; eine ähnliche Thatsache war die An= nahme der als Urbarial=Entschädigung ausgegebenen Staats=Obligationen, und doch waren alle diese Thatsachen eben so viele Gesetzwidrigkeiten!

Mitten in dieser absichtlichen und unabsichtlichen Verwirrung der Ideen und Thatsachen wurde in Pest am 17. Jänner jene berühmte Sitzung gehalten, in welcher kein geringerer Mann als F r a n z D e á k selbst ge=

zwungen war, mit einigen obscuren Advocaten, die plötzlich — und frei= lich auch nur auf Augenblicke — Celebritäten geworden waren, eine Lanze zu brechen.

Diese Celebritäten von gestern forderten nämlich die augenblickliche Uebernahme der Gerichtsbarkeit und die Wiedereinführung der ungarischen Gesetze. Um die Begründung ihrer Anträge konnten sie umsoweniger ver= legen sein, als sie keine Scheu trugen, sich zu Behauptungen zu ver= steigen, wie diese z. B.: daß der Richter gar keines Gesetzes bedürfe, da er nach seinem Gewissen urtheilen könne!

Franz Deák antwortete hierauf in einer längeren Rede, in welcher er diese ungegründeten und unpraktischen Ansichten auf die unantastbarste Weise widerlegte, indem er die Gefahren schilderte, welche aus einem so plötzlichen und willkürlichen Gesetzeswechsel für die Rechtssicherheit und die politischen Verhältnisse des Landes entspringen könnten.

In Folge dieser Rede beschloß die Stadt Pest das Ergebniß der Judex=Curial=Conferenz abzuwarten, und doch gelang es kurze Zeit dar= auf diesen zwerghaften Gegnern Deák's, welche im Hinblick auf die in Aussicht gestandenen Landtagswahlen in den unteren Bürgerschichten für sich Stimmen warben, unter dem Vorwande der Gesetzlichkeit und unter dem Hohngelächter der gebildeten Welt das alte Zunftsystem wieder einzuführen!

Deák's Rede hatte im Lande große Sensation erregt, aber ihre Wirkung konnte doch nicht den Erwartungen entsprechen, welche Viele an sie geknüpft hatten. Die meisten Comitate hatten ihre Beschlüsse schon nach allen Richtungen der Windrose hin ausposaunt, und somit konnte man dieselben kaum mehr rückgängig machen. Viele äußerten sich un= muthig über Deák, weil er nicht früher gesprochen und später nicht so gesprochen wie sie es gewünscht hätten; das persönliche Ansehen Deák's machte, daß seine Rede Viele unangenehm berührte, die bisher als Par= teiführer figurirten und ihre Sache gut gemacht zu haben meinten, — war doch diese Rede ein Tadel für ihr Vorgehen!

Die Verwirrung war nun einmal eingetreten und nicht mehr ab= zuwenden. Die Regierung versuchte in dieser Angelegenheit Anfangs mit einer Statthalterei = Verordnung Widerstand zu leisten, gab aber später nach, weil sie keine Mittel hatte die Comitate zu zwingen, daß ihre Beamten die früheren Gerichte unterstützen. Diese waren mittlerweile factisch paralisirt, und hatten, der öffentlichen Meinung weichend, moralisch schon abgedankt. Viele ihrer Mitglieder sahen im Gefühle der Gefähr=

bung ihrer Stellung mit ämtergierigen Blicken der neuen Wendung ent=
gegen, und bemühten sich um die Gunst der neuen Machthaber.

Einige Tage nach der besprochenen Sitzung der Stadt Pest — am
23. Jänner — trat die landesrichterliche Commission, welche aus den
Mitgliedern der königl. Tafel, den berühmtesten Juristen des Landes und
den Vertretern aller Zweige der Rechtswissenschaft bestand, zusammen
und begann über die interimistische Regelung der Justiz zu conferiren.
Daß dieß erst drei Monate nach dem 20. October geschah, hatte
seinen Hauptgrund darin, daß die Regierung zwei Monate lang der
Hoffnung nicht entsagen mochte, Franz Deák für die Würde des Judex Curiae
zu gewinnen. Dieß gelang jedoch nicht; auch der später auserkorene Graf
Johann Cziráky lehnte ab, und so war endlich Graf Georg Apponyi bereit
dem Lande und seinen politischen Freunden das Opfer zu bringen und die
Würde des Landesrichters anzunehmen.

Die Judex=Curial=Conferenz betrachtete als ihre Aufgabe: das ge=
sammte legislative und juridische Materiale, welches das verflossene
Jahrzehend in unser Land verpflanzt hatte, zu überprüfen, um davon zu
behalten, was nicht zu beseitigen und aufzuheben war; anderseits aber
von unseren Landesgesetzen alles das wiederherzustellen, was ohne Ver=
letzung von Privatrechten wieder zur Geltung gebracht werden konnte.

Es ist unzweifelhaft, daß die aufgeregte Stimmung einen sichtbaren
Druck auf die Conferenz und das Bestreben derselben ausübte, in Allem
die Zuvorkommenheit und Vorliebe für das ungarische Gesetz an den Tag
zu legen; wie sie denn auch „die Wiederherstellung der ungarischen Ge=
setze soweit als irgend thunlich" als leitendes Princip aufgestellt hatte.

Wunder kann uns dieß allerdings nicht nehmen, denn wie hoch wir
auch die casuistische Rechtsgelehrsamkeit der Jünger der Wiener Rechts=
schule und ihre Producte, die mit Tausenden von Paragraphen und
Massen von Supplementen prangenden Codexe, die halbjährlich revidirte
und durch eine neue ersetzte labyrinthartige Proceßordnung, stellen wollen:
so hatte die Eifersucht Ungarn's auf seine eigenen Gesetze doch immer
und hat auch heute noch ihren politischen Sinn; — weil das Privat=
recht eng mit der Constitution verbunden ist, und wie Bentham sagt:
„Die größten Aenderungen des Staatsrechtes und die größten Revo=
lutionen entwickelten sich aus den Fragen und Gesetzen über Theilungs=
und Erbschafts=Angelegenheiten."

Die Judex=Curial=Conferenz beendete ihre großartige Aufgabe inner=
halb zweier Monate. Die Fehler ihres Operates können groß sein, aber

ihre Entschuldigung liegt darin, daß ihr vornehmster Zweck nicht sein konnte das Beste zu schaffen, sondern vorerst Ordnung und Einheit in die Rechtszustände des Landes zu bringen. Die Comitate nannten das Werk ein Privatoperat, und warfen den schwarzen Flor der „Ungesetzlichkeit" darüber. Der Landtag indessen hörte und würdigte den Nothschrei der materiellen Interessen und gewährte dem Operate die „Empfehlung zur Annahme," nachdem es früher auch die Zustimmung Sr. Majestät erlangt hatte.

VI.

Recapitulation.

Es fällt uns wahrhaft schwer ein verdammendes Urtheil über die Politik der Comitate auszusprechen, denn obwohl wir dieselbe für gänzlich verfehlt gehalten und von Anfang an als solche erklärten; obwohl wir überzeugt sind, daß die später eingetretenen Uebel: die Militär-Executionen, die ungeheuerlichste Abnormität der öffentlichen Zustände, die factische Suspension unserer Verfassung ihre Quelle in der Haltung der Comitate haben, so muß unser Urtheil doch durch den Zweifel gemäßigt werden: ob ein vernünftiges Vorgehen der Comitate die derartige Lösung der Dinge, wie sie ein großer Theil der Nation für allein annehmbar gehalten, wohl wesentlich gefördert hätte? Indem wir jedoch über die Weisheit der Comitate den Stab brechen, schwebt uns nicht nur die Lösung der großen staatsrechtlichen Fragen, nicht nur die Entscheidung über das Verhältniß Ungarn's zur Monarchie, sondern auch jene nicht unbegründete Besorgniß vor Augen, daß die Comitate, indem sie die Lösung der staatsrechtlichen Fragen gefordert, indem sie, dem Landtage vorgreifend, diesem die Richtung vorzeichneten, und somit eine gefährliche politische Macht arrogirten: nicht nur die October-Errungenschaften in den Grund gebohrt und die altangestammte Selbstverwaltung der Nation, unter welcher die Bürger dieses Landes immer frei athmen konnten, nicht nur für kurze Zeit von sich geworfen, sondern das Comitats-System überhaupt und für alle Zeiten begraben haben.

Man sage uns doch, was wohl eine spätere, selbst populäre Regierung veranlassen könnte, die Comitate wieder in's Leben zu rufen und sich so eine im Voraus nicht zu berechnende, als Freund und Feind gleich überwiegende Macht gegenüberzustellen? Ist es wohl zu glauben, daß die Erfahrung, welche der Versuch mit der Wiederherstellung der Comitate ergeben, nicht auch für die Zukunft abschreckend wirken werde? Und ruht nicht selbst in diesem Augenblicke der Schwerpunkt der Schwierigkeiten darin, daß man das Werk der Pacification weder m i t den Comitaten, noch o h n e dieselben beginnen kann?

Und darum halten wir das Vorgehen der Comitate für die Quelle unde clades derivata in patriam, populumque . . .

Inmitten der durch sie hervorgerufenen Besorgniß einer Anarchie, während keine Steuern gezahlt wurden, die Einnahmen aus dem Stempel= und Tabakgefälle aufhörten, die Rechtspflege im ganzen Lande in's Stocken gerathen war, — flüsterte der Genius des Einheitsstaates und der Bureaukratie, mit triumphirendem Lächeln auf Ungarn zeigend: „Siehst du, Majestät, siehst du? wie die in Allem herrschende Desorganisation nur durch die Organisirung von Honvéd=Vereinen ersetzt wird, welche mit Schlachten=Feiern auf deine Friedens=Anträge antworten?"

Ja! Während die Comitate die materiellen Mittel des Fortbe= standes dem Staate verweigerten und den Verdacht erregten, daß sie unter dem Vorwande der Gesetzlichkeit den Ruin des Staates bezwecken: war es leicht, bezüglich der im ganzen Lande sich bildenden Honvéd=Vereine den Glauben zu verbreiten, daß sie unter der Maske der Menschen= freundlichkeit die Revolution organisiren, damit dieselbe bei eintretender Gelegenheit eine geregelte Macht vorfinde.

Wir, die wir die ganze Bewegung, welche auf die Wiederbelebung des Honvéd=Ruhmes gerichtet war, in der Nähe betrachteten, überschätzten dieselbe nicht. Es gab einige Wochen und Monate nach dem 20. October, während welcher die Monarchie für vernichtet galt, auf öffentlichen Plätzen Männer das große Wort führten, deren Namen entweder unbe= kannt oder doch nicht vom besten Klange waren, die sich aber Honvéds nannten, und vor deren anmaßenden Reden sich jeder besonnene, ver= nünftige Mann bemüthig beugte und den Exaltirten spielte, um mit den Exaltados nicht in Conflict zu gerathen.

Aber bei all' diesen Scenen figurirten nicht jene Helden und nicht in erster Reihe, die hundertmal dem Tode in's Auge gesehen, denn der wahre Held ist stolz und bescheiden; — nicht Jene, die das heilige Feuer für die Sache des Landes in guten und bösen Tagen im treuen Herzen genährt, sondern jene Maulhelden, die vielleicht noch nie Pulver gerochen und als Opfer des Kanonenfiebers immer weit vom Schusse geblieben waren — Industrieritter, die mit der Bezeichnung „gewesener Honvéd" paradirten, und als gewesene Honvéds auf Alles im Lande ein Vorrecht prätendirten. Der Bettler auf der Gasse forderte, indem er sich für einen Honvéd ausgab, das Almosen wie einen schuldigen Tribut. Niemand wagte es, ihn mit leerer Hand von sich zu weisen.

Auf dem Lande wurden Schlachten-Feiern arrangirt, und die Arrangeure waren größtentheils unbedeutende, aber geschäftige Leute, die sich selbst zur Geltung bringen wollten. Und wer alles dieß nicht guthieß, war ein schlechter Patriot, weil er kein Gefühl für den Ruhm seiner Nation hatte!

Und endlich kam auch die „Rechts-Continuität" der Honvéds mit der Logik der Thatsachen in Conflict. Viele Honvéds, deren Heldenblut auf den Schlachtfeldern geflossen, wurden nach der Unterwerfung Ungarns zur Strafe in die Armee eingereiht und rückten langsam zu Officieren vor. Wenn sie dann später auch quittirten, waren sie doch nicht mehr pur sang. Andere waren, nachdem sie eine Zeit lang der Trauer des Landes gelebt und die Freiheitshoffnungen mit den Jahren immer mehr schwinden sahen, von den materiellen Lebenssorgen überwältigt worden; sie suchten, wenn sie weder zum Betteln, noch zum Stehlen Beruf in sich verspürten, irgend eine Verwendung, um ihre Familien erhalten zu können, und wo anders hätten sie diese gefunden, als bei dem allmächtigen Staate, in dem es ohne polizeiliche Erlaubniß nicht einmal zu athmen gestattet war?! So sind viele wackere Honvéds „k. k. Beamte geworden," und wenn nun ihre Namen in der Reihe der Candidaten für die Comitats-Ausschüsse vorkamen, antwortete man mit dem Rufe: „Gestorben!"

*　　*　　*

Uebrigens sind die Bewegungen sowohl in der Gesellschaft, als in den Comitaten auf das natürlichste zu erklären: die ganze Wucht des Zornes und des Hasses, welchen die Werkzeuge der zwölfjährigen kurzsichtigen Mißregierung geweckt und genährt hatten, mußte, nachdem sie Luft bekamen, losbrechen. Konnte man denn erwarten, daß der große Haufe sich in einigen Tagen mit seinen bisherigen Tyrannen versöhnen werde, daß die neuen Comitats-Beamten mit diensthöflicher Bereitwilligkeit jenen Behörden die Hand reichen würden, von welchen sie bisher geschunden und getreten worden waren?

Kann man sich ferner wundern, daß die Comitate sich mit Unge= duld beeilten, ihren einstigen gesetzlichen Wirkungskreis wieder einzu= nehmen, statt sich vertrauensvoll damit zu begnügen, was die Gnade der Regierung ihnen zukommen ließ, nachdem seit einem Jahrzehende jede Regierungsgnade einem Danaergeschenke glich, und die Regierung das, was sie gegeben, immer auch wieder genommen hatte?

Forscht man tiefer nach der Erklärung, wie es gekommen, daß die Wortführer einer, ihrer ausgezeichneten politischen Bildung wegen berühmten Nation im Stande waren, im Widerspruche mit allen civili= sirten Staatsbegriffen, durch eine totale Vermengung des Staats= und Privatrechtes eine Verwirrung zu veranlassen, wie sie in der neueren Geschichte Europa's ihres Gleichen nicht findet: so werden wir zu dem Resultate gelangen, daß die verflossenen eilf Jahre nicht nur dem materiellen Leben der Nationen riesige Wunden geschlagen, sondern noch weit unheilvollere Verwüstungen auf dem moralischen Gebiete ange= richtet haben.

Weislich überlegte Ansichten, klug erwogene Worte werden ver= achtet, die Autorität nicht mehr anerkannt; Maulhelden schwingen sich empor, talent= und charakterlose Individuen gelangen zur Führerschaft, verdienstvolle Patrioten und erprobte Politiker werden zum Schweigen gebracht. Woher rühren solche Erscheinungen?

Unsere parlamentarischen Capacitäten sind im Laufe des jüngsten Decenniums entweder ausgestorben, oder als Opfer gefallen. Andere sind gealtert, in gezwungener Unthätigkeit demoralisirt oder berart ver= giftet worden, daß wer ehemals dynastisch=conservativ war, jetzt zorniger Ultra ist. Die jüngeren Söhne des Landes kamen aus schlechten Schulen, in welchen ein einseitiges Lehrsystem herrschte; die Schule des öffentlichen Lebens aber konnten sie nicht durchmachen, da die Be= rathungssäle geschlossen waren, und so sind sie nicht unter dem Zauber der alten Traditionen aufgewachsen. Wirkliche Bildung ist selten, gründ= liche Studien werden mit dem Spottnamen „Doctrinär" bezeichnet, moderne Schlagwörter und Theorien werden nachgebetet ohne allen Begriff von dem Friedensbedürfnisse der Gesellschaft, der national=öko= nomischen und moralischen Interessen.

Hiezu kommt noch, daß der Blick der großen Menge immer nach der auswärtigen Politik gerichtet ist. Wenn je, so hat es sich in der zwölfjährigen Geschichte Oesterreichs gezeigt, wie wenig Gutes und wie viel Schlechtes die polizeiliche Maßregelung der Presse bewirkt, und

wie unmöglich es ist, die Wirkung der Presse durch Verordnungen fest=
zustellen und zu begrenzen.

Die Presse war zwölf Jahre hindurch gezwungen, über die inneren
Angelegenheiten des Landes Stillschweigen zu beobachten, weil es ein
Verbrechen war, das „System" zu rügen. Zum „System" aber ge=
hörte Alles; vom letzten Wächter bis hinauf zum Minister war Alles
und Jedes Kettenglied des „Systems"; überdieß erdreistete sich das
„System", sich in Allem und Jedem, in seinen obersten Principien
wie in seinen kleinsten Verfügungen mit dem geheiligten Namen des
Landesfürsten unverschämt zu brüsten.

Die vaterländische Presse beschäftigte sich daher mit auswärtigen
Angelegenheiten. Die Lehren des Garibaldi=Cultus und des Napoleonis=
mus schmuggelten sich zwischen den Zeilen ein, und die durch massen=
hafte Verordnungen irre gemachte Polizei vermochte dieß nicht zu
hindern. Die Nation, welche sich mit ihren gerechtesten Ansprüchen
von der übermüthigen Regierungsgewalt fortwährend abgewiesen sah,
gewöhnte sich daran, von auswärtigen Verwicklungen Hilfe zu erwarten,
und schwur im blinden Glauben auf die Sympathie Napoleon's für die
Nationalitäten. Es fanden sich gewissenlose Schriftsteller, die aus dieser
Stimmung der Nation ein Geschäft machten und täglich den Glauben
der Einfältigen und die letzte Hoffnung der Verzweifelnden nährten, daß
Napoleon's politisches System und, als Werkzeug desselben, Garibaldi
die Ketten Ungarns brechen werde. So kam es, daß jetzt jeder Winkel=
politiker, jedes Kind die tiefsten Geheimnisse des politischen Katechismus
Napoleon's wie das Einmaleins herrecitiren kann. Der ansteckende Fana=
tismus dieses allgemeinen Glaubens erfaßte bald auch die besonnensten
Politiker, und wenn er auch nicht im Stande war, ihre entgegengesetzte
Ueberzeugung wankend zu machen, so bestimmte er sie doch, kluges
Schweigen zu beobachten.

Seit dem italienischen Kriege fand die falsche Auffassung auch in
den Thatsachen Unterstützung. Oesterreich wurde aus allen seinen Posi=
tionen verdrängt. Die Vereinigung Italiens schritt im Jahre 1861
unaufhaltsam vor. Die kurze Geschichte des Sturzes von Neapel stei=
gerte die ohnehin empfängliche Phantasie bis zum Wunderglauben. Man
berechnete die Lebenszeit Oesterreichs nach Monaten und Wochen.

Ziehen wir schließlich noch in den Calcul, daß es in Ungarn Ele=
mente gibt, welchen jede Wendung willkommen ist. Wir verstehen hier
nicht Jene, welche nach dem Range eines Honvéd=Majors lechzen, und

berlei Elemente sind thätig und lärmend; sie verstimmen und schüchtern
die ruhigen und ehrlichen Männer ein; — wir meinen im Allgemeinen
jenen Druck, welchen der unbesonnenste Patriotismus der Massen, na=
mentlich der Jugend auf die öffentlichen Männer ausübt. Wer die unga=
rische Nation nicht kennt, hat keinen Begriff von der ungarischen Jugend.
Die liebt ihr Vaterland nicht wie andere kühlere Nationen, sondern
mit einer wahrhaften Schwärmerei. Nicht wie der Italiener, der einen
erkauften Söldner statt seiner werthen Person in den Krieg schickt. Die
ungarische Jugend verfolgt mit fieberhafter Spannung das öffentliche
Leben, sie dürstet nach Kampf; in ihrem ganzen Wesen ist es aus=
gedrückt, daß sie es kaum erwarten kann ihr Blut zu vergießen. „Sie
kriecht in die Kanone hinein", wie Széchényi sagte.

Unter solchen Verhältnissen, in welchen der patriotischen Phan=
tasie nichts unmöglich schien, hieß Ueberlegung anrathen, Rücksicht für
Oesterreich empfehlen, den Ausgleich mit Oesterreich auch nur erwäh=
nen, oder die Vortheile des Staatsverbandes mit Oesterreich erörtern:
„feige Politik," „Landesverrath." Gegen solche Urtheile und Conjunc=
turen anzukämpfen, dazu gehörte ein moralischer Muth, von dem Jene
gar keinen Begriff haben, die jenseits der Leitha unsere conservativen
Kreise des Mangels an Muth beschuldigen.

Dieß Alles ist zu berücksichtigen, um das Benehmen der verstän=
digen conservativen Kreise und der Regierung beurtheilen zu können.
Man muß ferner wissen, daß die Anhänger des Ausgleichs eigentlich
auf keiner Seite eine Stütze fanden, oder wie man zu sagen pflegt,
ihr Rücken nicht gedeckt war. Niemand hat noch vergessen, mit wel=
chem Hohngelächter die Regierung nach dem Jahre 1849 jene Conser=
vativen zurückgewiesen, welche ihr in der Hoffnung eines Ausgleichs,
nicht aber um die ungarische Constitution zu vernichten, nicht um der
germanisirenden Bureaukratie die Wege zu bahnen, ihre moralische Unter=
stützung angedeihen ließen; sie ernteten statt Dank — Verleumdung. Und
wenn man dieß auch schon vergessen hätte, so erinnerte doch das Patent
vom 26. Februar und viele Umstände seines Erscheinens sehr lebhaft
daran; wir werden von letzteren im nächsten Capitel sprechen.

In dem Gesagten haben wir schon einigermaßen die Frage beant=
wortet, warum die October=Männer nicht mehr Energie gegen die Kund=
gebungen des öffentlichen Lebens aufgeboten, welche den Erfolg des Oc=
tober=Versuchs unmöglich machten.

Was hätte aber auch alle Energie genützt? Hätte diese Energie den durch den 20. October beabsichtigten Erfolg nicht gleichfalls unmöglich gemacht? — Diese Frage hat sich wohl noch Niemand vorgelegt!

Es ist möglich, daß, wenn die Beschlüsse des Pester, Hevefer und überhaupt der ersten Comitate aufgehoben und die Ausschüsse im Falle einer Widersetzlichkeit aufgelöst worden wären, dieß einige Comitate eingeschüchtert hätte; sie würden vielleicht sich streng auf den administrativen Wirkungskreis, welchen der 20. October ihnen angewiesen, beschränkt und sich damit begnügt haben, zur Rettung des gesetzlichen Standpunktes ihre feierliche Verwahrung einzulegen, was von allem Anfang an für Alle das Vernünftigste gewesen wäre. Es ist möglich, da es Comitate gab, welche sich der Wiederherstellung ihrer althergebrachten Jurisdiction so sehr freuten, daß sie dieselbe vielleicht auch um diesen Preis zu erhalten getrachtet hätten. Es ist möglich, wie gesagt, aber nicht wahrscheinlich.

Dagegen ist es gewiß, daß einige Comitate große Lust zeigten, den zehnjährigen passiven Widerstand fortzusetzen, und das eingeräumte Terrain höchstens in der Absicht occupirten, die volle Verfassung factisch in Besitz zu nehmen.

Daß die Regierung genug Macht habe die Comitate aufzulösen, und genug Mittel eine andere Administration einzurichten, ist seitdem wohl schon ad capitum bewiesen worden.

Aber eine Regierung, welche ihre Rolle selbst als vermittelnde bezeichnete, und eine endliche Ausgleichung für ihre Aufgabe hielt, konnte nicht zu diesen Mitteln greifen, nicht zur Gewaltthätigkeit ihre Zuflucht nehmen.

Konnte man denn erwarten, daß die October-Männer auf die Nation noch einen wirksamen Einfluß üben würden und daß sie geeignet wären, das Werk der Ausgleichung heute — morgen zu fördern, wenn sie sich der Nation gleich Anfangs, als sich diese noch in siegestrunkenem Taumel befand, gewaltthätig gegenüber gestellt hätten?

Und was hätte man erreicht, wenn die Regierung einige Comitate mit Gewalt eingeschüchtert, andere aufgelöst und wieder andere zur Selbstauflösung gebracht hätte? Daß das Zustandekommen des Landtages gefährdet worden wäre; denn ohne freie Comitate waren nach dem 20. October selbst die Wahlen der Volksvertreter unausführbar.

Das Vorgehen der Comitate compromittirte zwar das Werk der Versöhnung, jedoch nur in zweiter Reihe und mittelbar. Aber jede gewaltthätige Einwirkung· der October=Regierung auf die Comitate hätte den Hauptzweck, nämlich das Zustandekommen des Landtages, unmittel= bar gefährdet — des Landtages, welcher allein zur Ausgleichung der Thatsachen und Rechte, zur Lösung der schwebenden Fragen, zur Ver= söhnung des Thrones und der Nation berufen ist.

VII.

Die Graner Conferenz.

Das erste an den Hofkanzler Baron Vay gerichtete königl. Hand= schreiben über die Einberufung des Landtages verordnete in Beziehung auf Art und Form der Gestaltung desselben, den III. Gesetzartikel vom Jahre 1608 als Grundlage anzunehmen.

Der V. Gesetzartikel vom Jahre 1848, welcher eine an das allge= meine Stimmrecht grenzende Wahlordnung feststellt, wurde somit beseitigt.

Wie schwer es war nach Beseitigung desselben eine Grundlage zur Bildung des Landtages zu finden, erhellt schon aus dem Umstande, daß das 1848er Gesetz das Privilegium des Adels, wonach nur dieser berufen war im gesetzlichen Sinne die Nation zu vertreten, aufgehoben, und auf Grundlage der Gleichberechtigung auch das Volk in die Con= stitution aufgenommen hatte. Die alten Wahlgesetze waren somit durch= aus und selbst dann nicht mehr anwendbar, wenn der Landtag auf Grundlage der Comitats=Gemarkung und nicht auf der des repräsen= tativen Systemes hätte gewählt werden sollen. Wie schwer in dieser Hinsicht ein Ausgangspunkt zu finden war, zeigt selbst der Text des be= treffenden Handschreibens, welches, indem es den III. Gesetzartikel vom Jahre 1608 unter vielen Worten und allerlei Clauseln wiederbelebt, zugleich die in den mittlerweile eingetretenen staatlichen und socialen Veränderungen begründete Unzulänglichkeit desselben eingestehen muß, und demzufolge auch die Berufung einer Conferenz nach Gran anord= net, welcher unter dem Vorsitze des Primas hervorragende Männer jedes Standes und Ranges beizuziehen waren, und die zur Aufgabe hatte, eine interimistische Wahlordnung möglichst constitutionell zu tünchen und der Regierung vorzuschlagen.

Diese Conferenz wurde am 18. December 1860 eröffnet und auch — geschlossen. Es wurde dabei fast einstimmig der V. Gesetz=

artikel vom Jahre 1848 angenommen und der Beschluß gefaßt, Se. Majeſtät zu bitten, den Landtag auf Grundlage des V. Geſetzartikels vom Jahre 1848 allergnädigſt einberufen zu wollen.

Und zwar war es der unzweifelhaft conſervative Graf Emil Deſſewffy, welcher dieſen Beſchluß auf das treffendſte und aus den conſervativſten Geſichtspunkten begründete.

Vor Allem erörterte er, daß die Graner Conferenz nicht competent ſei, einen wenn auch nur proviſoriſchen Antrag zu ſtellen, während anderſeits die Regierung nicht competent ſei, ein wenn auch nur inter= imiſtiſches Geſetz zu bringen, weil es ſich hiebei um ein öffentliches Recht und um Fragen handle, welche nur durch und mit dem Land= tage gelöſt werden können.

Auch aus Rückſicht der Opportunität verdienten jene Mittel den Vorzug, welche das Zuſtandekommen des Landtages am meiſten be= ſchleunigten, indem ſie alle jene Streitigkeiten, Beſorgniſſe, Zweifel und Verwicklungen beſeitigen, welche aus der Einführung einer der= artigen interimiſtiſchen, ohne den Landtag zu Stande gekommenen Wahl= ordnung entſpringen müßten.

Ueberdieß ſei eine ſolche interimiſtiſche Wahlordnung auch gar nicht nothwendig, da ein rechtsgiltiges Wahlgeſetz exiſtirt: der V. Ge= ſetzartikel vom Jahre 1848, welches, obwohl es im Geſetze nur als proviſoriſch bezeichnet wurde, doch ſo lange ſeine Rechtskraft behält, als nicht ein neues Geſetz an ſeine Stelle tritt.

Außer dieſen Opportunitäts= und Rechtsgründen führte der edle Graf auch jene höheren politiſchen Rückſichten an, welche kein treuer Anhänger der Dynaſtie und des Vaterlandes außer Acht laſſen durfte, oder auch in Zukunft nicht darf, wenn er das Werk der Verſöhnung auf feſte Grundlagen bauen will.

„Der Landtag" — ſagte Graf Deſſewffy — „wird berufen ſein, die ſtaatsrechtlichen Verhältniſſe des Landes zu regeln und die Beziehungen desſelben zu den übrigen Theilen der Monarchie im Sinne der prag= matiſchen Sanction endgiltig feſtzuſtellen. Ein Landtag von ſo großer Bedeutung, auf welchem Se. Majeſtät die erzielten Erfolge durch ſeine Krönung zu beſiegeln wünſcht, und auf welchem der zu krönende Landes= fürſt das geſetzliche Diplom zu erlaſſen haben wird, muß ſowohl im In= tereſſe Sr. Majeſtät als des Landes ein Solcher ſein, der in Beziehung auf Geſetzlichkeit in Urſprung und Geſtaltung über jede erdenkliche, ge= gründete Einwendung erhaben iſt."

4

Es ist kaum nöthig zu bemerken, daß dieser Vortrag mit allge=
meinem Beifall aufgenommen wurde. Von allen Seiten ertönte der Ruf:
„Angenommen, wir bitten um Formulirung des Beschlusses."
Auf die Frage des präsidirenden Fürstprimas: ob Alle den Antrag
annehmen? antworteten die Anwesenden b e j a h e n d. Inmitten dieser
Aeußerungen erhob sich Graf Johann Barkóczy, ein bekannter high tory,
mit einem dantonähnlichen Kopfe auf großer kräftiger Gestalt, mit
Danton's Muthe und mit permanenter Debattenlust. Jedermann er=
wartete einen Angriff auf die 48er Gesetze; aber dieser Angriff war
kein entschiedener. Der Graf bemerkte, daß „der V. Gesetz. Art. vom
Jahre 1848, obwohl er sanctionirt war, d e m B u ch st a b e n n a ch doch
aufgehört habe Gesetz zu sein, da derselbe nur für e i n e Landtagswahl,
die von 1848, gebracht wurde." Er sprach sich dann zwar trotzdem da=
hin aus, daß das Gesetz aus Opportunitäts=Rücksichten anzunehmen sei;
konnte sich indessen nicht enthalten, seine auf viele statistische Daten ge=
bauten Einwürfe gegen dasselbe zu machen, — Einwürfe, welche — gestehen
wir es nur — nicht im mindesten zeitgemäß und am Platze waren.

Hierauf mußte, wie vorauszusehen war, das Gewitter losbrechen.
Vor Allem bemerkte Baron Josef Eötvös sehr richtig, daß ein
constitutionelles Land in einer so wichtigen Angelegenheit wie die Wahl
des gesetzgebenden Körpers nicht einen Augenblick ohne Gesetz sein könne.

Dann legte Eduard Zsedényi eine Lanze g e g e n die Rechtsgiltig=
keit des V. Gesetz=Artikels von 1848 ein. Eduard Zsedényi konnte es
damals kaum mehr erwarten aus der für ihn anomalen Situation heraus=
zukommen, in welche die vor=octoberliche Regierung genial genug war
ihn zu bringen, nämlich aus der (in der protestantischen Angelegenheit
errungenen) P o p u l a r i t ä t, welche diesen zwar geistreichen, aber nach
Unpopularität förmlich lüsternen Conservativen sichtlich genirte. Zsedényi
also brach nun nicht nur gegen den V. Ges. Artikel, sondern im All=
gemeinen gegen die 48er Gesetze los, erörterte die schädlichen Wirkungen
und verdammte die ganze Schöpfung derselben.

Dieser Zwischenfall bewog Paul Somssich, einen nicht minder
conservativen Staatsmann, zu der gegen den Grafen Barkóczy gerichteten
Aeußerung, daß eine conservative Partei in einem constitutionellen Staate
zwar nothwendig sei, wenn sie jedoch die bestehenden Gesetze nicht an=
erkennt, verläugnet sie ihren Beruf.

„Der Conservativismus," sagte er, „soll in der Anhänglichkeit an
die bestehenden Gesetze streng, in der Abänderung derselben vorsichtig,

ja sogar schwerfällig sein, nicht aber den Bestand derselben läugnen. Eine Partei, welche lebende Gesetze mit Uebergehung der vorgeschriebenen Ordnung beseitigen will, wird revolutionär, eine Partei aber, welche jene verläugnend rückwärts strebt, wird reactionär."

Herrn Zsebényi erwiderte Somssich, daß jetzt nicht davon die Rede sei, was im Jahre 1848 zu thun war, sondern davon, was jetzt zu thun sei.

Es fand außerdem noch ein kleiner unbedeutender Wortstreit zwischen Grafen Julius Anbrässy und Zsebényi statt, dann erklärten sich noch einige Redner für den V. Ges. Art. vom Jahre 1848, und darauf schloß der Präsident auf allgemeines Verlangen die Sitzung, indem er den Beschluß aussprach, wonach:

„Se. Majestät um die ehebaldigste Einberufung des Landtages auf Grundlage des V. Ges. Artikels vom Jahre 1848 allerunterthänigst ge= beten wird."

* * *

Das war der einfache, in einigen Stunden beendete Verlauf der Graner Conferenz, die man mit so großer Spannung erwartet und deren Dauer man auf einige Wochen berechnet hatte.

Nachdem der Erfolg derselben darin bestand, daß der V. Ges. Artikel vom Jahre 1848 später selbst von Sr. Majestät als Grundlage der Landtagswahlen angenommen wurde, so können wir nicht umhin, nach den Motiven zu forschen, welche die am 20. October erfolgte Be= seitigung desselben und die Wiederbelebung des vergessenen III. Ges. Artikels vom Jahre 1608 muthmaßlich bewirkten.

Es ist wahr, daß von dem Gesichtspunkte jener conservativen Staatslehren aus, welche auf die Wahlgesetze und besonders die Wahl= qualification ein großes Gewicht legen, gegen den V. Ges. Artikel vom Jahre 1848 ernste Einwendungen erhoben werden können, insoferne dieser nahezu das allgemeine Stimmrecht einführte.

Vom Gesichtspunkte der ungarischen Politik sind jedoch noch ge= wichtigere, weil reellere Bedenken gegen dieses ohne Zweifel übereilte, von dem im Frühjahre 1848 in Europa herrschenden Geiste eingegebene Gesetz zu erheben.

Indessen war die allsogleiche Geltendmachung dieser Einwendungen und Bedenken weit weniger dringend und vortheilhaft, als daß sie die Besorgnisse vor jenen Verwicklungen hätte überwiegen können, welche aus der Beseitigung des V. Ges. Art. vom Jahre 1848 entspringen mußten.

Die Erklärung der Bemühungen um Beseitigung dieses Gesetzes ist auch nicht im conservativen Doctrinärismus zu suchen. Die Wahlgesetz-Frage war der Schwerpunkt der ganzen Situation. Sie war jener Archimedische Punkt, von welchem aus das October-Diplom aus seinen Angeln zu heben war, — zwar nicht mit Rücksicht auf die Verhältnisse des Gesammtstaates, — denn diese könnten, wenn nur der rechte Wille dazu vorhanden, ebenso gut auf Grundlage der 1848er als der älteren Constitution geregelt werden — wohl aber in Rücksicht auf den inneren Organismus und die Reorganisation Ungarns.

Durch die im October erflossenen Handschreiben wurden der VIII., IX., X., XVIII. Ges. Art. vom Jahre 1848 anerkannt, dagegen die Revision der übrigen, insbesondere des III., V. und XVI. Ges. Art. in Aussicht genommen; eben dadurch aber, daß sie nicht auch wiederbelebt wurden, war es stillschweigend ausgesprochen, daß weder das im III. Ges. Art. aufgestellte System eines verantwortlichen Ministeriums, noch die im V. Ges. Art. vorgezeichnete breite Basis der Volksvertretung, noch endlich das im XVI. Ges. Art. interimistisch eingeführte Comitats-System für annehmbar gelte; — und daß, sowie im Gegensatze zum III. Ges. Art. die alten Dicasterien wieder hergestellt wurden, so statt des Repräsentativ-Systems des V. und XVI. Ges. Art. die Wiederherstellung des alten Comitats-Systems nach dem III. Ges. Art. vom Jahre 1608 beabsichtigt werde. Mit einem Worte: die a. h. October-Handschreiben standen — volksthümlich gesprochen: — auf dem 47er Standpunkt.

Durch die Annahme des 48er Wahlgesetzes aber wurde, um uns wieder volksthümlich auszudrücken, der Kampf zwischen 47 und 48 entschieden. Der 47er Standpunkt war überwunden und unmöglich gemacht; das Grundprincip, das Wesen des 48er Systemes war zur Geltung gekommen.

Das Comitats-System war der Kern der alten Constitution.

Das Comitats-System bestand darin, daß die zweiundfünfzig Comitate zusammen den Landtag bildeten, auf welchem jedes Comitat, als communitas nobilium, durch zwei Deputirte vertreten war. Diese zwei Deputirten sprachen und handelten nicht nach eigener Einsicht, sondern erhielten in jeder allgemeinen Frage von ihrem Comitate Inſtructionen. Bei der Nothwendigkeit dieſer Inſtructionen nun mußten die Comitate die wichtigſten ſtaatsrechtlichen und politiſchen Fragen in ihren Sitzungen berathen, über dieſelben abſtimmen und der Majorität gemäß — wobei jeder Adelige eine Stimme hatte — beſchließen. Ueberdieß waren die Comitate, ihrer legislativen Rolle entſprechend, zugleich Richter über die Geſetzlichkeit der Handlungen und Verordnungen der Regierung; ſie voll- zogen Verordnungen, welche ſie ungeſetzlich fanden, n i ch t, ſondern legten ſie bei Seite.

Somit war der Landtag nichts Anderes als die Summirung der Comitats-Beſchlüſſe, und die Comitate waren unmittelbar Glieder der Geſetzgebung.

Dieſes Syſtem, welches beſonders in frühern Zeiten unter den eigenthümlichen Verhältniſſen unſeres Landes unſchätzbar war und als Palladium unſerer Conſtitution verehrt wurde, hatte prachtvolle Licht- ſeiten, ebenſo aber auch dunkle Schattenſeiten.

Die Comitate bildeten die Schule des politiſchen Lebens. Durch ſie wurde der hiſtoriſch-traditionelle Geiſt verewigt. Sie waren durch ihre Oeffentlichkeit die Wächter der Adminiſtration; ſie erzogen die Jugend für die Thätigkeit im Amte; ſie erhielten und bildeten den Gemeingeiſt und die Theilnahme für öffentliche Angelegenheiten. Kein geringer Vor- zug derſelben lag auch darin, daß die politiſchen Leidenſchaften, welche durch die Centraliſation in gefährlicher Weiſe in einem Punkte geſam- melt werden, durch ſie zertheilt und in viele kleinere Kreiſe zerſplittert wurden. Selbſt wenn ſie Parteiungen und politiſche Aufregung im Lande verbreiteten und vererbten, ſtiegen dieſe doch ſelten höher als gerade nöthig iſt, um im Volke die Energie, das Intereſſe und die opferbereite Theilnahme für den Genuß der Freiheit und die Aufrecht- haltung der Verfaſſung wach zu erhalten.

Die Schattenſeiten des Comitats-Syſtemes aber, welche deſto auf- fallender wurden, je weiter wir in der Zeit und Civiliſation vorwärts ſchritten, beſtehen vorzüglich darin, daß die Geſetzgebung decentraliſirt, oft durch kleinliche Localintereſſen und den Einfluß unberufener Land- junker beſtimmt wird; während anderſeits der durch die ungariſchen Geſetze und den Uſus nur zu ſehr ausgebildete Hang der gleichſam ge- ſetzgebenden Municipalitäten, die Regierung nicht nachträglich zu con- troliren, ſondern von vorne herein zu hindern, ihre Anordnungen nicht zu vollziehen und den eigenen Wirkungskreis immer mehr auszudehnen;

endlich eine wahre Anarchie bewirkte, die um so gefährlicher war, als sie den Schein der Gesetzlichkeit beanspruchen konnte. Endlich führt der politische Parteigeist häufig dahin, daß die wichtigsten Landes= und Local=Angelegenheiten, Rechtspflege und Administration **P a r t e i i n t e r = e s s e n** untergeordnet und geopfert werden.

Alle diese Schattenseiten entwickelten sich in den Comitaten bis zum Jahre 1847 in einer, alte Staatsmänner und regierungskundige Politiker erschreckenden Weise, so zwar, daß es uns nicht Wunder nehmen darf, wenn wir die Gesetzgebung im Jahre 1848 — freilich unter der Einwirkung gleichartiger europäischer Bewegungen — ohne Zaudern das alte Constitutions=System aufgeben und zu dem parlamentarischen Ver= tretungs=System übergehen sehen.

Indem die öffentliche Meinung 47 und 48 für zwei unverein= bare Gegensätze hält, faßt sie die Sache instinctmäßig richtig auf.

Das 1847er Comitats=System und das 1848er Vertretungs=System sind zwei verschiedene Staatssysteme, welche ebensowenig vereinigt werden können, wie zum Beispiel die Vulcanisten mit den Neptunisten in der Geologie.

Viele formuliren diese Frage so: läßt sich die Minister=Verant= wortlichkeit mit der Comitats=Autonomie vereinigen?

Aber so steht die Frage nicht.

Die Minister=Verantwortlichkeit läßt sich allerdings mit der aus= gedehnten Autonomie der Comitate vereinigen.

Aber das **C o m i t a t s = S y ste m** vereinigt sich nicht mit dem **R e = p r ä s e n t a t i v = S y s t e m.**

Das Repräsentativ=System ist eine derartige Concentration der Gesetzgebung, welche den früheren Wirkungskreis der Comitate vernichtet. Nach dem V. Ges. Art. vom Jahre 1848 werden die Landtags= Deputirten nicht von den Comitaten, sondern von den Wahlbezirken ge= wählt; Instructionen dürfen ihnen weder die Comitate noch die Wahl= bezirke ertheilen; und nachdem die Vertreter nicht Deputirte der Comitate, sondern Landes = Vertreter sind, so können die Comitate sie auch nicht zurückberufen.

Wenn daher die Comitate unter dem Repräsentativ=System auch öffentliche Fragen behandeln und politische Beschlüsse fassen würden, so könnten sie diesen doch keine Geltung verschaffen, und dieselben hätten somit nur die Bedeutung jeder anderen Aeußerung eines Theiles der öffentlichen Meinung, die etwa im Wege der Presse geschieht; wie denn auch wirklich in den modernen, wahrhaft conſtitutionellen Ländern die freie Preſſe und das Verſammlungsrecht (Meeting), jene politiſche Action erſetzen, welche unter dem Comitats = Syſtem den Municipien zuſtand.

Wenn daher am 20. October nicht der V. Geſ. Art. vom Jahre 1848, ſondern 1608 als Grundlage der Wahlen für den Landtag vor= gezeichnet wurde, ſo läßt ſich hieraus folgern, daß die Betreffenden ſehr klar erkannt, daß hier die Wahl zwiſchen z w e i S t a a t s = S y ſt e m e n getroffen werde. Der VII. Geſ. Art. v. J. 1848 iſt ein Corollar des V. Bei den früheren Landtagen war der durch den König ernannte P e r ſ o n a l i s *) Leiter und Präſes der Deputirten=Tafel. Aber nach dem V. Geſ. Art. vom Jahre 1848 kann die Regierung, wenn Se. Majeſtät nicht Mini= ſter ernennt', auf dem Landtage gar nicht vertreten ſein. Nachdem es überdieß den Comitaten geſtattet wurde, ſich nuf Grundlage des XVI. Geſ. Art. v. J. 1848 zu organiſiren, blieb nach der Graner Conferenz nichts mehr übrig, als die verantwortlichen Miniſter zu ernennen, oder das Wahlgeſetz zu verwerfen, allen weiteren Verzögerungen ein Ende zu machen und das zu thun, was im November 1861 geſchehen iſt.

Nachdem einmal, wie geſagt, durch die Annahme des V. Geſ. Art. v. J. 1848 die Wahl zwiſchen 47 und 48 geſchehen war, konnte jeder weitere Fortſchritt, ſowohl in der inneren Organiſirung, als be= züglich des Hauptzweckes: d e s ſt a a t s r e c h t l i c h e n A u s g l e i c h s, nur mehr einzig und allein auf Grundlage der Geſetze von 1848 er= zielt werden.

Auch hier kann man alſo ſagen: Die Logik der Ereigniſſe iſt mächtiger als der Wille der Menſchen.

VIII.

Der 26. Februar.

Wir haben es einen Vorzug des October=Diploms genannt, daß es unvollendet und einer weiteren natürlichen Entwicklung fähig war.

---

*) Präſident des königl. Obergerichtes Curia Regia.

Diese Entwicklung war von den sich herausstellenden Resultaten und nicht von höherer Willkür, von dem Benehmen der Völker und nicht vom Zufall abhängig.

Die Völker westlich der Leitha wünschten sich — was sie selbst betraf — nur freisinnigere Institutionen, in Bezug jedoch auf die Lösung der zwischen ihnen und Ungarn obschwebenden staatsrechtlichen Fragen banden sie sich an kein festgesetztes Programm, denn sie haben in dieser Hinsicht gar keine klaren Ideen. Vergebens haben die ämtlichen und halbämtlichen Organe seit 10 Jahren dem „Einheitsstaat" ihr Hosanna zugerufen, diese Theorie drang nicht in die breitern Schichten der Völker hinab; diese schenkten im Gegentheile dem Benehmen der Ungarn bis zum 20. October ihre volle Sympathie, weil sie davon ihren eigenen Fortschritt und schließlich die Erlangung einer Constitution erwarteten.

Anderseits sind sie sich dessen doch sehr klar bewußt, daß der seit drei Jahrhunderten bestehende Staatsverband mit Ungarn nicht zerrissen werden könnte, ohne daß auch ihren materiellen Interessen tödtliche Wunden geschlagen und die Existenz des österreichischen Staates gefährdet würde.

Der über die Leitha gedrungene Ruf unserer Comitatsbewegungen, die Verweigerung der Steuern und Soldaten, das Losungswort: „48", welches ihrer Auffassung nach einem Bruche, einer Kriegserklärung gleichbedeutend war, die Wahl Kossuth's und Garibaldi's in die Ausschüsse, die Sistirung der Rechtspflege — Alles dieß zeigte sich von der Ferne aus gesehen in der furchtbarsten Gestalt der Anarchie, und allarmirte Wien und die Völker der übrigen Länder derart, daß sie in die geeignetste Gemüthsstimmung geriethen, die strengen Staatseinheitslehren auf das bereitwilligste aufzunehmen, deren Nothwendigkeit überdieß ein großer Theil der Wiener Blätter auch seit dem 20. October unausgesetzt erörterte.

Wir ersehen hieraus, daß nicht nur — wie man bei uns zu sagen pflegt — „die alte Perfidie des deutschen Ministeriums" gegen uns gewirkt hat, sondern daß auch die durch uns selbst hervorgerufene Panique der Völker jenseits der Leitha wenigstens einen großen Einfluß auf jene Entwicklung des October-Diploms genommen, wie sie sich im Februar-Patente endlich gestaltete. Diese Weiterbildung erschien überdieß um so natürlicher, als der von der Nation nicht acceptirte 20. October später mit Zustimmung der Regierung, namentlich durch die Annahme des Wahlgesetzes von 1848, principiell eine ähnliche Entwicklung genommen hatte.

Das Februar=Patent ist ein Staatsact, der nicht vom rein un= garischen Gesichtspunkte aus beurtheilt werden darf. Auch der indivi= duelle Gesichtspunkt ist demselben gegenüber nur dann berechtigt, wenn er von der Situation der Regierung ausgeht. Zur Kritik des Februar= Actes ist es geradezu nothwendig, daß sich der Beurtheiler auf den Standpunkt eines Mitgliedes der Reichsregierung stelle.

Und das ist ja weder eine Kunst, noch ein Verrath am Vater= lande; — das letztere nicht: weil es nach dem Zeugnisse vieler unserer Landesgesetze eine bleibende Beschwerde war, daß man ungarische Män= ner nicht in die gemeinschaftliche Reichsregierung beruft, ihnen auf dieselbe keinen Einfluß gestattet. — Eine Kunst aber wäre es auch nicht; im Verlaufe der letzteren Jahre hatten in Oesterreich oft Personen, die eine sehr lebhafte Illustration zu der alten Wahrheit: „parva sapientia regitur mundus" abgaben, Minister=Portefeuilles in Händen, so daß es selbst für ganz gewöhnliche Menschenkinder unseres Kalibers kein olym= pisch stolzer Traum zu nennen ist, wenn sie sich auf einige Minuten als Minister denken.

Es ist natürlich, daß, nachdem der 20. October seinen Zweck nicht erfüllte, und statt eine friedliche Ausgleichung zu sichern, einer Fluth von Verwirrungen die Schleußen öffnete, jene Anhänger des Thrones und des Landes, welche das Vertrauen Sr. Majestät am 20. October zur Regierung berufen hatte, auf neue Mittel zur Er= haltung der Monarchie, jedoch auch auf solche sinnen mußten, welche die plötzlich eingetretenen Verwirrungen zu beseitigen vermochten. Nicht nur die Zukunft, auch die Gegenwart hatte ihre Bedürfnisse.

Ungarn wies den 20. October unbedingt von sich und wollte ihn nicht einmal als Ausgangspunkt annehmen; die übrigen Länder waren durch ihn nicht befriedigt; und so lag der Gedanke nahe, den 20. Oc= tober einer Entwicklung zuzuführen, welche wenigstens die letzteren be= friedigen konnte.

Wenn es gelingt eine Verfassungsform aufzustellen, welche die Völker jenseits der Leitha halbwegs befriedigt — sie aus der Lethargie, in welche sie seit zehn Jahren versunken, zur Theilnahme erweckt — aus der Gleichgiltigkeit aufrüttelt, mit welcher sie nicht nur die zahllosen von Oben erlassenen Constitutionen, Staats=Grundgesetze, Statuten, Patente und schließlich auch das October=Diplom aufgenommen, sondern selbst den Bestand des Staates betrachteten; wenn es erst gelang so ihre moralischen Interessen zum Selbstbewußtsein zu bringen, und in ihnen ein Gegengewicht der überschwänglichen exclusiven Bestrebungen Ungarns zu schaffen: dann nimmt die Regierung auch Ungarn gegen=über eine stärkere und ansehnlichere Position ein, von wo aus sie leichter unterhandeln, die Ausgleichung mit voraussichtlicherem Erfolge und maßgebendem Einflusse bewirken kann. Denn wenn man die Anträge des Schwächeren auch geringschätzt, so würdigt man doch die des Starken!

Dieß jener Reichs=Regierungs=Standpunkt, welcher bei der Be=urtheilung des Februar=Actes maßgebend ist.

Es versteht sich von selbst, daß ein so wichtiger Act schon meh=rere Wochen vor seinem Erscheinen Gegenstand der eifrigsten Berathungen in den Regierungskreisen war.

Schon nach dem ersten Auftreten der Comitate, mehr noch nach der Grauer Conferenz war es klar geworden, daß das October=Werk mißlungen sei. Die ungarischen Regierungsmänner vermochten dieß nicht in Abrede zu stellen und demzufolge konnte ihr Einfluß auf die weitere Entwicklungsfrage nicht mehr entscheidend sein, obwohl das persönliche Vertrauen, welches Se. Majestät in sie gesetzt, noch nicht erschüttert war. Sie konnten, nachdem sie vom Lande in Stich gelassen worden, und die versuchte Fusion der Parteien nicht gelungen war, einerseits den hereinbrechenden Bestürmungen von Seite der ungarischen „Achtund=vierziger", anderseits aber dem Drucke der liberalen Elemente jenseits der Leitha Nichts als ihr persönliches Gewicht entgegenstellen. Sie wußten, daß die Restitutio in integrum des 1848er Rechtsbodens, wel=chen das Land laut forderte, von Oben nicht gewährt werden konnte; gegen die überspannte aufgeregte Stimmung des Landes vermochten sie nicht anzukämpfen — und so mußten sie denn gleichfalls zu gewinnen hoffen, wenn die Regierung durch eine befriedigendere Wendung der Verhältnisse jenseits der Leitha erstarken würde. Anderseits durften sie sich freilich nicht verhehlen, daß durch die Kräftigung der Regierung von dieser Seite her ihre Stellung ebenso abhängig werden mußte, wie im entgegengesetzten Falle ihr Einfluß maßgebend hätte werden müssen, wären sie im Lande von einer Partei kräftig unterstützt worden.

Es litt keinen Zweifel mehr: entweder mußten sie von den „Acht=undvierzigern" verdrängt oder ihr bisheriger Regierungs=Einfluß eine Beute der deutschen Minister werden.

Trotz dieses gefährlichen Dilemmas konnten sie nicht anders als ihre Pflicht thun, nämlich: durch die Ernennung Schmerling's zum Staatsminister und durch die Befolgung liberalerer Principien jenseits der Leitha die Regierung zu stärken suchen.

Aus dem Gesagten folgt, daß die Länder jenseits der Leitha, das, was sie am 26. Februar bekommen, in erster Reihe unseren Comitaten zu danken haben.

Es ist wohl wahr, daß die Reichs-Regierung wenig Grund hatte sich darum zu bekümmern, was die Comitate sprachen; denn wie laut wir auch immer den 1848er Boden reclamiren, Oesterreich wird dadurch kein Haar gekrümmt. Mancher Staatsmann mag sich gedacht haben: „Sie sollen sich ausschreien, bis sie heiser werden, dann werden sie gedämpfter mit uns sprechen, vielleicht auch klüger, als wenn sie sich nicht ausgetobt hätten."

Es gab indessen einen Mann in Wien, den diese Dinge sehr empfindlich berührten, und den das Vorgehen der Comitate an seiner schwächsten Seite traf. Dieß war der Herr Finanzminister! Er bekundete sonst bei jeder Gelegenheit Sympathien für Ungarn, aber in Geldsachen hört bekanntlich die Gemüthlichkeit auf.

Eines schönen Morgens erklärte Herr v. Plener, daß er in Verlegenheit sei, da von Ungarn kein Geld einfließe. Nach dem 20. October kamen die Einkünfte von den tausenderlei Steuern, welche bis dahin in dem als schlechter Zahler und als wenig besteuert verschrienen Ungarn allmonatlich ein nettes Sümmchen von Millionen ausmachten, so plötzlich ins Stocken, als wäre diese reiche Quelle durch ein Erdbeben verschüttet worden. Es war daher zur Deckung der dringendsten Bedürfnisse des Staates die Negocirung eines Anlehens nothwendig. Aber das October-Diplom hatte der Regierung die Hände gebunden, indem es die Negocirung eines neuen Anlehens von der Einwilligung des Reichsrathes abhängig machte!

Daraus folgt, daß die möglichst rasche Einberufung des Reichsrathes eine brennende Nothwendigkeit war. Wie jedoch dieselbe veranlassen? — Die Angelegenheiten Ungarns waren in vollständiger Verwirrung; wer weiß, wann dort der Landtag zu Stande kommt, und ob er Vertreter in den Reichsrath schickt? Und was würde es nützen, westlich der Leitha auf Grundlage der Goluchowski'schen Landes-Ordnungen Landtage zu berufen? Wer gibt auf diese etwas? Und wie konnte Schmerling, von dem die öffentliche Meinung einen Fortschritt auf dem Wege der freiheitlichen Entwicklung erwartete, seinen Namen mit diesen Landesstatuten in Verbindung bringen?

Wenn wir mit Rücksicht auf Alles dieß und vom Gesichtspunkte des Gesammtstaates aus Ziel und Zweck des Februar-Werkes betrachten, so müssen wir dasselbe für gerechtfertigt erklären.

Ganz anders lautet dagegen unser Urtheil, wenn wir auf die Details desselben übergehen. Um das thun zu können, müssen wir jedoch einen kleinen Umweg machen.

*   *   *

Seitdem die Welt steht, verschuldete die schlechte Verwaltung der Staats-Finanzen die meisten Staats-Erschütterungen, und das Resultat dieser Erschütterungen oder Revolutionen war entweder der Untergang des Landes oder die Feststellung solcher Institutionen, welche die Völker vor dem Verprassen des öffentlichen Vermögens sicherten. Auch in den heutigen europäischen Staaten war die Zerrüttung der Staats-Finanzen der veranlassende Factor, welcher das constitutionelle Regierungs-System hervorrief.

So haben mittelbar auch in Oesterreich die Finanz-Wirren die neuere constitutionelle Bewegung hervorgerufen. Die unmittelbare Veranlassung des Februar-Patentes war ebenfalls die Nothwendigkeit neue Hebel und neue Quellen zur Ordnung der Staats-Finanzen und zur Hebung des öffentlichen Credits herbeizuschaffen.

Seit dem Februar jedoch ist mehr als ein Jahr vergangen, und die Finanz-Verhältnisse haben sich noch nicht gebessert, ja der Reichsrath, der aus Rücksicht auf die Finanzen so sehr beschleunigt wurde, ist bis heute noch nicht zu Stande gekommen.. Dieser Umstand allein schon fordert zur eingehenderen Kritik des Februar-Operates auf; denn jeden Staatsbürger interessirt es zu wissen, ob die Ursache dieser Erscheinung in den äußeren Verhältnissen oder in dem Februar-Patente selbst liege?

Die äußeren Verhältnisse konnten nicht günstiger sein. Die Ruhe des Staates war das ganze Jahr hindurch ungetrübt und kein Ungefähr hat die Berechnungen gestört, auf welche das Februar-Patent basirt war.

Hingegen waren alle Hindernisse, welche die Realisirung desselben gefährden konnten und auch wirklich unmöglich gemacht haben, vorauszusehen, und beinahe durchgehends derart, daß man sie auch bei nur mäßiger Einsicht und oberflächlicher Kenntniß der Verhältnisse hätte kennen müssen.

Alle diese Hindernisse zusammen bilden einen einzigen Knoten, und dieser heißt: „Ungarn;" ein wahrhaft gordischer Knoten, den die bis= herigen Staatskünstler noch immer durchhauen zu können wähnen, was ihnen jedoch eben so wenig gelingt als ihn zu lösen.

Die Schöpfer und Begründer des Reichsrathes glaubten entweder, daß es leicht sein werde, Ungarn in das Reichsparlament zu bringen, und dann irrten sie sich großartig; oder sie glaubten, daß dieß seine Schwierigkeiten haben werde, und dann war es ein noch größerer Miß= griff, diese Schwierigkeiten zu vermehren.

Und je aufmerksamer wir die Punkte des Statutes prüfen, desto geneigter werden wir glauben, daß man es darauf berechnet hat, ·den Eintritt Ungarns möglichst zu erschweren.

Um nicht mißverstanden zu werden, müssen wir vorausschicken, daß wir nicht per absolutum Feinde der Idee einer Central=Reichsver= tretung sind, obwohl, oder eigentlich gerade weil wir nicht genug naiv sind zu glauben, daß in einer solchen Vertretung die deutsche Sprache, der österreichisch=deutsche Liberalismus (welcher eine Specialität ist) und eine beständig treue ministerielle Partei in saecula saeculorum herr= schen werden.

Ja, wenn wir uns im Geiste über die Tageskämpfe, über die Un= cultur der Völker, über die Unklugheit der Regierenden erheben und mit dem unbefangenen Blicke der Humanität in die Zukunft schauen, da wird unsere Seele mächtig von dem Bilde ergriffen, wie blühend diese von Gott gesegnete und von den Menschen verwüstete Monarchie noch gemacht, — wie reich und civilisirt diese sechsunddreißig Millionen Menschen werden könnten, wenn es gelänge, sie zu jener vernünftigen Eintracht, zu jenem constitutionellen Zusammenwirken zu bewegen, deren Beispiel uns die Schweiz gibt.

Und hat sich denn die ungarische Nation je einer ruhmwürdigeren Existenz, je eines großartigeren Staatseinflusses erfreut, als ihr aus einem derartigen, auf Rechtsgemeinschaft beruhenden Völkerbunde er= wachsen würde? Wenn wir das Zahlenverhältniß unserer Nation zu dem der übrigen Völker in der österreichischen Monarchie betrachten, wenn wir den zähen energischen Charakter des Ungarn, jenen großen Vorzug, den ihm sein enormer Grundbesitz verleiht, endlich seine poli= tische Praxis in Rechnung ziehen: ist es da nicht vorauszusehen, daß die ungarische Nation in diesem Völkerbunde die leitende wäre? Und wäre eine solche, die Civilisation bei uns und anderen Völkern fördernde weltgeschichtliche Rolle für unsere Nation nicht erhabener und nützlicher, als jene uns in engem Kreise bannende ungarisch-constitutionelle Exclusivität, um deren Erhaltung willen wir mit der Zeit und dem Schicksal in ewigem Kampfe stehen und in der Civilisation zurückbleiben, während andere Nationen uns mit Riesenschritten vorauseilen?!

Wenn wir uns aber aus dem Reiche der Phantasien auf den Boden der Februar-Verfassung niederlassen, können wir uns der Bemerkung nicht erwehren, daß diese die verschiedenen geistigen und materiellen Elemente und Interessen der Länder und Nationen der Monarchie in so verletzender und irritirender Weise mit einander in Berührung bringt, daß deren fortwährende Collisionen mit mathematischer Gewißheit zu berechnen sind. Die Februar-Verfassung müßte somit der Schauplatz gegenseitiger Mißverständnisse, Verdächtigungen und haßentbrannter Kämpfe werden, in denen Alle nur Niederlagen erleiden könnten. Wer gewinnen würde? das weiß Gott; aber der österreichische Staatsverband wär's gewiß nicht. . . .

Denken wir an die bisherige Geschichte des Reichsrathes, ... und das ist genug. . . .

Betrachten wir indessen das Verhältniß Ungarns zu einer solchen einheitlichen Reichsverfassung — respective zu einem solchen Ideale — jenes Verhältniß, das nicht Menschen gemacht und Menschen nicht vernichten können, das die Geschichte und die unbezwingbare Natur vorgezeichnet hat.

Den seit Jahrhunderten in unbeschränkter Ehrfurcht vor Decreten, Verordnungen und höheren Befehlen erzogenen österreichischen Politikern will es durchaus nicht einleuchten, daß der ungarische Staatsbürger so ganz unfähig ist, sich über den Gesichtspunkt der Gesetzlichkeit, in welcher er selbst, seine Eltern und seine Ahnen aufgewachsen sind, hinauszusetzen; — sie können und wollen es nicht begreifen, daß alle Combinationen des ungarischen Politikers, so groß ihm auch der Werth des Verhältnisses zu Oesterreich erscheinen mag, doch ewig nur eine und dieselbe Grenze haben: die historische Selbstständigkeit des Landes und die Unabhängigkeit der ungarischen Krone, und daß, wer sich über diese Linie hinaussetzt, kein Ungar mehr, sondern nach den Gesetzen ein Hochverräther, und in der öffentlichen Meinung, so wie vor seinem eigenen Gewissen ein Landesverräther ist. . . .

Wenn doch die österreichischen Politiker nur eine blasse Ahnung dieses moralischen Zwanges, welcher unserer Nation zu so großer Zierde gereicht, überkäme, damit sie endlich aufhörten Einzelne, so wie die ganze Nation mit ihren unannehmbaren Anforderungen zu vergewaltigen und sich selbst, auf Kosten des Staates, unausgesetzt zu betrügen.

Oder um uns deutlicher auszudrücken, die Angelegenheiten in Ungarn stehen einer natürlichen Nothwendigkeit zufolge so: über die Art des weiteren Ausgleichs unserer Beziehungen zu Oesterreich können in unserem Lande verschiedene Ansichten herrschen; die Nation kann sich über das Plus — Minus der Concessionen, welche diesem als wohlthätig an= erkannten Verbande zu machen wären, in verschiedene Parteien theilen; und eine geschickte Regierung vermag innerhalb dieser Grenzen einen großen Einfluß auf die Bestrebungen der Einzelnen und der Parteien auszuüben; es gibt aber keine Möglichkeit, sei es durch Geld oder Gnaden, sei es durch eiserne Gewalt im Lande eine Partei zu bilden, die ein Programm annähme, welches mit dem Aufgeben der Selbstständigkeit des Landes gleichbedeutend wäre; dieser Selbstständigkeit, welche die Nation von allen anderen Ländern und besonders von Oesterreich mit so vielem Blute erkämpft und mit so vielen Opfern zu erhalten bemüht war; welche die pragmatische Sanction und der X. Ges. Art. v. J. 1790 garantirte und Kaiser Franz im Jahre 1804 bei Gelegenheit der An= nahme des Kaisertitels feierlich als unverletzbar anerkannte.

Wenn daher die p o l i t i s i r e n d e n K r e i s e jenseits der Leitha auch in Zweifel darüber waren, ob die Ungarn in den Reichsrath ein= treten werden oder nicht? so können wir doch keine so verletzend geringe Meinung von den S t a a t s m ä n n e r n haben, um anzunehmen, auch s i e hätten nicht gewußt, daß die Idee eines gemeinschaftlichen Central= Parlamentes in Ungarn auf allgemeine Antipathie (oder wem es besser ge= fällt: auf Vorurtheile) und auf die eben geschilderten unüberwindlichen moralischen Hindernisse stoßen werde.

Wenn daher ein einheitliches österreichisches Parlament überhaupt eine praktisch ausführbare Idee ist: so kann ihre Realisirung doch nur die Aufgabe einer entfernteren Zukunft sein; aber der Versuch unter den gegenwärtigen Verhältnissen mußte voraussichtlich eine neue gefähr= liche Verwicklung der Staatsangelegenheiten bewirken.

Wer daher nach dem Ziele einer momentanen Kräftigung der Monarchie und einer interimistischen, wenn auch palliativen Abhilfe der dringendsten Noth in den Finanzverhältnissen strebte: der mußte vorsichtig Alles vermeiden, was die Erreichung des Mittels zum Zwecke: d a s Z u s t a n d e k o m m e n d e s R e i c h s r a t h e s, erschweren konnte, — und somit das legitime Rechtsgefühl, die Eiferſucht und das Mißtrauen Ungarns möglichſt ſchonen.

Indeſſen geſchah das Gegentheil.

Schon der erſte Punkt des Statutes machte aus dem October= Reichsrath ein Parlament mit zwei Häuſern, von welchem die Vertreter des Volkes e i n e s bilden. Der October=Reichsrath hätte den Charakter eines Comité's der Landtage gehabt.

Der ſechste Punkt erhöht die im October = Diplom auf 100 feſt= geſetzte Zahl der Reichsraths=Mitglieder auf 343; was an und für ſich ſchon weſentlich iſt, da man weiß, wie ſehr eine ſo große Corporation geneigt und geeignet iſt, ihren Wirkungskreis auszudehnen! — Die Gefahr aber, welche von hier aus die geſetzliche Competenz der Land= tage bedroht, iſt um ſo größer, da die Abgeordneten des Reichsrathes von den Landtagen gänzlich unabhängig ſind.

Im fünfzehnten Punkte wird mit der Verordnung, daß die Glieder des Hauſes der Abgeordneten von ihren Wählern keine Inſtructionen an= zunehmen haben, der parlamentariſche Charakter des Reichsrathes ganz unumwunden eingeſtanden. Die Abgeordneten der Landtage vertreten da= her nicht das Land, ſondern ihre Wähler. Es gibt daher kein Ungarn, ſondern nur ein öſterreichiſches Volk im Debrecziner Wahl=Bezirk ebenſo wie in Potzneuſiedl.

Der ſechste Punkt beſtimmt die Zahl der Abgeordneten, ohne Ungarn zu fragen, ob es ſolcher Art am Parlament theilnehmen wolle; ja der ſiebente Punkt ſpricht es einſeitig und einfach aus, daß die Wahl zum Reichsrathe die unabweisliche Pflicht des Landtages iſt, und im Falle der Weigerung werden directe Wahlen angeordnet.

Der zehnte Punkt benimmt den Landtagen — sine me de me — den ihnen im October=Diplom ſelbſt eingeräumten Wirkungskreis, über= trägt ihn dem Reichsrath und vermehrt dieſen noch beträchtlich.

Die ganze Conceſſion den Rechtsanſprüchen Ungarns gegenüber beſtand darin, daß das a. h. Handſchreiben Sr. Majeſtät an den Hof= kanzler die endliche Feſtſtellung der Art und Weiſe des bereits decretirten Eintrittes in den Reichsrath einer geſetzlichen Verfügung, d. h. dem ungariſchen Landtag zuweiſt.

Das dießbezügliche a. h. Handſchreiben iſt viel zu wichtig und ſein Einfluß auf die Geſchichte des Reichsrathes viel zu weſentlich, als daß wir es nicht mittheilen ſollten:

Lieber Freiherr von Vay! Indem Ich mit Meinen heutigen Entschließungen die nothwendigen Maßregeln zur Verwirklichung der in Meinem Diplom vom 20. October v. J. aufgestellten Grundsätze erlassen habe, finde Ich gleichzeitig die Feststellung der Art und Weise, wie die Wahl der Abgeordneten zum Reichsrathe in Meinem Königreiche Ungarn, dem Königreiche Croatien und Slavonien und dem Großfürstenthume Siebenbürgen zu geschehen habe, der verfassungsmäßigen Regelung durch die Landesgesetze zuzuweisen.

Gleichzeitig habe Ich den Reichsrath zur Erledigung dringender, das Wohl aller Länder Meiner Monarchie im Sinne des II. Abschnittes Meines Diploms vom 20. October 1860 gleichmäßig berührender Angelegenheiten für den 29. April l. J. einberufen.

Da die endgiltige verfassungsmäßige Feststellung der Art und Weise der Entsendung von Abgeordneten an den Reichsrath in Meinem Königreiche Ungarn vielfach durch die Gestaltung der inneren Verfassungszustände des Landes bedingt ist und in demselben Maße heilsame Erfolge einträchtigen Zusammenwirkens mit den übrigen Ländern Meiner Monarchie in Aussicht stellt, in welchem sie mit jenen in Einklang gebracht wird, eine ähnliche Regelung aber voraussichtlich längere Zeit in Anspruch nehmen und eingehendere Verhandlungen erheischen dürfte, haben Sie Mir unverzüglich Ihre Anträge zu stellen, nach welchen der ungarische Landtag aufzufordern sein wird, durch Entsendung von Abgeordneten auch bei der nächsten Reichsrathsversammlung einerseits den Einfluß des Landes auf jene Angelegenheiten gebührend zu wahren, welche Ich im Sinne des II. Artikels Meines Diploms vom 20. October fernerhin nur mit der zweckmäßig geregelten Theilnahme Meiner Völker behandeln und entscheiden will, ohne daß andererseits die definitive Regelung der Frage über die Art und Weise der Entsendung der ungarischen Abgeordneten an den Reichsrath überstürzt werde.

Wien, den 26. Februar 1861.

Franz Joseph m. p.

Nachdem unserem Vaterlande in solcher Weise der Eintritt in den Reichsrath moralisch unmöglich gemacht wurde, nachdem mit Beseitigung jeder Ausgleichung die Constitution desselben factisch auf die Linie der Landesordnungen herabgedrückt und Ungarn förmlich aufgehoben war, krönte der 14. Paragraph dieser merkwürdigen Verfassung die Sonderbarkeiten derselben dadurch, daß er ihre Abänderung unmöglich machte, denn die Revision derselben setzt ihr Zustandekommen voraus; zu Stande kommen kann sie aber nicht, bis sie nicht revidirt wird.

*   *   *

Von einer gewissen Seite her bemühte man sich mit Wort und Schrift den Beweis zu führen, daß der 26. Februar ein Ausfluß des 20. Octobers, nicht aber ein Gegensatz desselben sei.

Aber weder Gründe noch Sophismen vermochten über die öffentliche Stimmung des Volkes zu siegen, das instinctmäßig herausfühlte, daß der 26. Februar eine Reaction gegen den 20. October sei, sowie das Goluchowski-Thierry'sche Ministerium eine Reaction gegen das zweimonatliche Hübner'sche Ministerium war und wie die famosen vier Punkte (über die Presse) eine Reaction gegen das im August 1859 erschienene verheißungsreiche Programm war.

Wir haben in einem früheren Capitel den 20. October und dessen Widersprüche analysirt, und glaubten den Geist desselben darin zu erkennen, daß der Landesfürst statt der absolutistischen Gewalt die historische Rechtsgrundlage zur Devise seiner Regierung gewählt. Diesem Geiste entspricht die Berufung auf das Rechtsgefühl der Völker und auf die pragmatische Sanction, welche zu erwähnen in den letzten zehn Jahren beinahe für ein Verbrechen angesehen wurde. Dieser Geist spricht sich auch darin aus, daß die Lösung der wichtigsten staatlichen Fragen dem Landtage zugewiesen, ja sogar die Gestaltung des Reichsrathes und die Theilnahme Ungarns an demselben unentschieden gelassen wurde, so daß diese Fragen den Gegenstand landtäglicher Vereinbarung gebildet haben.

Der Geist des 26. Februar-Patentes hingegen ist derselbe, welcher allen Statuten, Staats-Grundgesetzen, Verfassungs-Embryonen innewohnte, mit welchen das fruchtbare constituirende Departement des Ministeriums des Innern die 36 Millionen Bewohner Oesterreichs seit 1849 beglückte.

Und dieser Geist ist: der Befehl, dem man sich nicht widersetzen darf, weil ihm die Sanctio legis, die Strafe zur Seite steht.

Nicht Staatseinheit und Föderation bezeichnen den Unterschied zwischen dem 20. October und 26. Februar. Auch der 20. October schützte die Staatseinheit; das Diplom betonte mit genügender Schärfe die Nothwendigkeit eines gemeinschaftlichen Bandes und begründete hiemit auch die Idee des Reichsrathes.

Aber das Diplom wollte die Staatseinheit auf organischem Wege mit Berücksichtigung der historischen Grundlage, — auf gesetzlichem Wege mit Zustimmung der Völker und mit Anerkennung der staatsrechtlichen Selbstständigkeit Ungarns erreichen; das Februar-Patent hingegen baut und decretirt die Staatseinheit aus denselben Elementen und auf dem=selben Wege auf, wie es das frühere bureaukratische System gethan. Historische Bedenken kennt es nicht, specieller Rechte gedenkt es nicht, einen anderen gesetzlichen Weg als den der Ministerial-Verordnungen ahnt es nicht, es weist auch nichts der weitern Entscheidung zu: sondern verfügt und entscheidet Alles, und verhängt Strafen über denjenigen, der dieß nicht als Constitution anerkennen sollte!

Das ist der Geist des 26. Februar.

Wir wiederholen es: wäre die Kräftigung der Monarchie durch die Herstellung des inneren Friedens und vor Allem eine inter=imistische Verfügung bezüglich der dringendsten Finanz-Angelegenheiten das Ziel gewesen, dann hätte man den Weg zu diesem Ziele möglichst zu ebnen gesucht.

Man hätte für Ungarn die Theilnahme an dem Reichsrathe im Allgemeinen anziehend oder doch möglichst gefahrlos gemacht; man hätte den Landtag aufgefordert, blos ad hoc — für diesen Fall, ohne jede weitere staatsrechtliche Folgerung, eine Landes-Commission zu entsenden, welche sich mit einer Commission des Wiener Reichsrathes über die dringendsten Finanzmaßregeln berathen sollte.

Jedenfalls wäre es ein Gebot der Rücksicht für den Thron, den Staatszweck und die Staatsraison gewesen, sich des ewigen Octroyirens und Reoctroyirens, welches das Ansehen der Monarchie beinahe ganz unter=graben, zu enthalten, und entsprechend dem Geiste wie dem Buch=staben des October-Diplomes das Recht Sr. Majestät aufrecht zu er=halten, wonach er mit dem ungarischen Landtage auf dem Wege gemein=schaftlicher Gesetzgebung die künftige Beziehung Ungarns zu — und die Art seines Verkehres mit dem zum Parlamente umgewandelten Reichs=rathe bestimmen soll; nicht aber etwas zu octroyiren, dessen Reoctroyi=rung heute oder morgen unvermeidlich sein wird.

* * *

Wir wollen nicht untersuchen, ob die ungarischen Staatsmänner bemüht waren, diesen Gesichtspunkten Geltung zu verschaffen, und ob sie die principiellen und factischen Hindernisse, auf welche das Februar-

Operat in Ungarn voraussichtlich stoßen mußte, mit hinreichender Be=
stimmtheit dargelegt und erörtert haben?

Sie waren, wie gesagt, durch das Benehmen des Landes in eine
so kritische Lage versetzt, daß sie ihren Ansichten kaum anders als durch
die Erklärung ihres eventuellen Rücktrittes Gewicht zu verschaffen ver=
mochten; diese jedoch konnte anderseits nicht aufrichtig gemeint sein,
denn als treue Anhänger des Monarchen und redliche Söhne des
Vaterlandes durften sie das Zustandekommen des Landtages,
die einzige Hoffnung eines Ausgleichs zwischen Thron und Nation, um
keinen Preis auf's Spiel setzen oder aufgeben.

Die geistigen Schöpfer des Februar=Patentes wären hingegen kein
neu=österreichischen Politiker, wenn sie eine günstige Position nicht bis
zum Aeußersten ausbeuten und den Erfolg nicht der Doctrin unter=
ordnen würden.

„Wie? Man sollte Ungarn schonen? Und was würde mit dieser
„Schonung bezweckt? Ungarn sinnt auf Losreißung! Mit Ungarn pactiren?
„Das wäre eine Erniedrigung! Ist denn Oesterreich keine Monarchie?
„Ja. Und Ungarn ist doch ein Theil dieser Monarchie? Und der Theil
„steht ja unter dem Ganzen, nicht neben demselben. Ungarn muß
„dieß anerkennen."

Dieß ist eine eben so strenge Logik, wie die des Heveser und
Szabolcser=Comitates; ihr politisches Ergebniß muß daher auch das
gleiche sein.

Die ungarischen Regierungsmänner hätten vergebens empfohlen,
wenn schon nicht aus Achtung vor dem Gesetze, so doch aus Klugheit
jede Octrohirung zu vermeiden. — Nicht sie, sondern Schmerling war
Herr der Situation.

Es ist hier angezeigt, bei diesem vielerwähnten Namen ein wenig
Halt zu machen.

Anton Ritter von Schmerling, Mitglied einer auf Militär=
und Civillaufbahn geadelten Familie, ist ein rüstiger Mann, über die
Fünfzig, von hohem, hagerem Wuchse, langem, schmalem und steifem
Gesichte. Seine Züge sind stark und groß; seine Augen geistreich. Was
sein Aeußeres ausdrückt, das ist er auch innerlich: Ehrlichkeit, Strenge
im Verein mit bureaukratischem Stolze und jener Energie, welche zu=
meist Individuen eigen ist, die zwar keinen weiten Gesichtskreis haben,
aber auf beschränktem Felde großen Scharfsinn bekunden. Sein Geistesflug
ist nicht hoch; universelle Standpunkte sind ihm fremd; er ist praktisch und

thatkräftig, wo es bestimmte Regeln gibt, aber richtungslos in den hohen Kreisen der ewigen Politik. Er hat sich an den Gehorsam in kleinen Kreisen gewöhnt, das heißt daran, daß man i h m gehorche, und wähnt die Kleinlichkeit seiner Regierungsmittel durch Energie beheben zu können.

Im Allgemeinen kennt er außer den in den Amtsbureaux und Wiener officiellen Salons herrschenden maßgebenden Ideen keine natür= lichen Kräfte, und Phänomene, die sich nicht innerhalb des Kreises jener Ideen bewegen, sind seiner Ansicht nach nur erkünstelt.

Von Natur aus Absolutist, ist er nichts destoweniger von der Ueber= zeugung durchdrungen, daß der eingestandene Absolutismus unhaltbar geworden und der constitutionellen Formen nicht mehr entbehren kann. Ein Anhänger der Neuzeit durch die Principien, zu welchen er sich be= kennt; aber durch lange Uebung und Gewohnheit ein Anhänger des alten Systems. Er hält viel auf die Feststellung von Principien, auf theoretische Formeln und weicht von solchen dem Zweck zu Liebe nie ab. Er ist mehr Jurist als Politiker, was die gesammte neuere Schule Oesterreich's mit Bach an der Spitze charakterisirt, und zumeist Schuld daran ist, daß sie nach so vielen Reden, trotz so rastloser Geschäftigkeit doch so wenig Gutes bewirken konnte und den Staat nicht aus dem Labyrinthe der Verwirrungen heraus, sondern im Gegentheil noch tiefer in dasselbe hineingeführt hat.

Sein Name genoß jenseits der Leitha, seines unantastbaren persön= lichen Charakters halber, die allgemeinste Achtung und seine constitutio= nelle Gesinnung wurde für unerschütterlich gehalten. Und da Schmerling's Austritt aus dem Bach'schen Ministerium nicht persönlichem Wettstreite oder Antipathien, sondern vielmehr jenem Umstande zugeschrieben wurde, daß er seine liberalen Anschauungen der eingetretenen Reaction nicht opfern wollte: so umgab ihn in dem letzten Jahrzehnd in seiner Stellung als Obergerichts = Präsident eine gewisse Oppositions = Glorie; ja man hätte ihn damals beinahe populär nennen können, wenn dieser Ausdruck jenseits der Leitha einen Sinn hätte.

Er allein war daher durch die Situation berufen an Goluchowski's Stelle das Staatsministerium zu übernehmen, und es war beinahe eine Nothwendigkeit der Lage, daß die October = Männer zur Kräftigung der Regierung ihn in das Cabinet beriefen.

Und sie täuschten sich in ihm auch insoferne nicht, als er der Re= gierung wirklich neues Leben und neue Kraft beizubringen wußte; im

Uebrigen jedoch täuschte man sich vollständig in ihm. Als er seine Re=
gierungs= und Verfassungs=Pläne entwickelte, waren diejenigen, die ihn
empfohlen hatten, nicht wenig überrascht. Sie glaubten er werde ihr
Gehilfe sein, und fanden in ihm ihren Meister, der nicht unterstützen,
sondern unterstützt werden, nicht in angegebener Richtung arbeiten, sondern
selbst die Richtung angeben wollte. Und was er wollte, das erreichte
er auch, denn er war factisch das Haupt des Cabinets geworden.

Diese Skizzen wären unvollständig, wenn wir des Ministers
Lasser nicht erwähnen würden, welcher der eigentliche Verfasser des
Februar=Patentes, im Cabinet der Verfechter der Ideen Schmerling's, sein
Alterego und sein „menager of the commons" im Parlamente ist.

Herr Lasser ist ein tüchtiger **B e a m t e r**, welcher, durch die Be=
wegungen im Jahre 1848 aus den unteren Schichten der Bureaukratie
emporgehoben, nach dem Schiffbruche der Revolution sich auf die be=
scheidene Insel einer Hofrathsstelle rettete. Im letzten Decennium galt
er für die rechte Hand des Ministers Bach, und stieg seitdem mit jeder
Staatskrisis höher. Als Politiker ist er eine außerordentliche Erscheinung,
die in ihrer Art in Europa kaum ihres Gleichen finden dürfte. Niemand
hat wohl so viele und von so verschiedenen Grundsätzen ausgehende
Charten, Reichs= und Landes = Verfassungen, Statuten, Staats = Grund=
gesetze und Landesordnungen verfaßt, wie er; und Niemand war zu so
viel Elternschmerz verurtheilt wie er, da alle diese seine geistigen Kinder,
bevor sie auch nur ein Lebenszeichen von sich geben konnten, gewöhnlich
in die Acten=Fascikel der Ministerial=Registratur begraben wurden, weil
mittlerweile immer wieder neue, entgegengesetzte leitende Ideen die Ober=
hand gewonnen hatten. Diese Beschäftigung ist der Ursprung der theore=
tischen Fertigkeit Lasser's in den parlamentarischen Fragen, so wie das
constitutionelle Leben in den Jahren 1848—1849 in ihm die praktische
parlamentarische Fähigkeit entwickelte, welche er jetzt in dem Reichsrath
an den Tag legt. Ein klarer Verstand mit selbstbetrügerischer Rabulistik;
viele Kenntnisse ohne geistigen Schwung. Redefertigkeit mit trivialem
Vortrag und trivialer Auffassung. Im Ganzen genommen das reinste
Muster der neu=österreichischen Schule, eine Variation Schmerling's ohne
das Ansehen desselben.

*   *   *

Der Eindruck des Februar=Patentes war in Ungarn ein sehr nie=
derschlagender für diejenigen, die in dem österreichischen Staats=Ver=

bande die Garantie der Wohlfahrt ihres Landes sehen, und als das leitende Princip ihrer Politik den Wunsch bekennen, die neuerliche Befestigung dieses Staats-Verbandes möglichst bald zu bewerkstelligen.

Der 26. Februar wirkte niederschlagend auf diejenigen, welche sich um das schwere und undankbare Werk der Vermittelung bemühten; so wie auf alle jene conservativen Elemente, welche alle Ursache haben das endliche Zustandekommen eines Ausgleichs zu wünschen.

Die Wirkung war, wie gesagt, niederschlagend, weil das tiefe Mißtrauen, mit welchem die ersten Friedens-Präliminarien zwischen Thron und Nation: das October-Diplom, aufgenommen wurden, und welches nur durch ein consequentes Vorgehen der Regierung auf dem mit dem October-Diplom eingeschlagenen Wege hätte gebannt werden können, wieder neue Nahrung gewann.

Ein Triumph war er jedoch für die Philister, deren Morgen- und Abendgebet in den Worten besteht: „Mißtraue dem Deutschen", — ein Triumph war er für die Ultras, die da sagten: „Wir lassen uns in gar nichts ein, bis wir nicht wieder im vollständigen Besitze der 1848er Gesetze sind!" Ein Triumph war er für die Pessimisten, welche die Lösung der österreichisch-ungarischen Frage für unmöglich halten; und für jene Propheten, die der österreichischen Monarchie und Ungarn höchstens einen Bestand von anderthalb Jahrzehenden, beiden aber unabwendbaren Untergang verkünden. Aber der größte Triumph mag er für diejenigen gewesen sein, deren Politik auf den Haß Oesterreichs gegründet ist, und die lieber durch Garibaldi zu Grunde gehen, als mit Oesterreich leben wollen, die eher bereit sind Ungarn auf Grundlage des Nationalitäts-Principes zu zerstückeln, als dem österreichischen Staats-Verbande auch nur die geringste Concession zu machen.

Es ist wohl wahr, daß die Annahme des October-Diplomes seinem vollen Inhalte nach in Ungarn nie und nimmer zu erwarten stand; und in diesem Sinne war auch für den 20. October keine Partei zu bilden.

Einem aufmerksamen Beobachter konnte es jedoch während der vier Monate — October bis Februar — nicht entgehen, daß die innere Gährung im Lande nicht geringer sei als die Bewegung außerhalb desselben, und mit dieser im gleichen Verhältnisse steige.

Das Comitatsleben und die freiere Bewegung der Presse erzeugten nicht nur einen Freudentaumel, sondern versetzten Viele in tiefes Nachdenken.

Der Ruf nach „1848" erweckte auch die bitteren Erinnerungen an 1848 und die Zahl derer war nicht gering, denen es nicht gefiel, daß die damalige „va banque"-Politik immer mehr überhand nahm.

Und wenn es auch gewisse Interessen gibt, die der Kampf und die Revolution begünstigen, so ist die Zahl der adeligen Proletarier, die von dem Range eines Honvéd=Majors träumen, viel geringer als derjenigen, die schon ihrer Natur nach ruhiger gestimmt, sich nach end= licher Ruhe sehnen, und sich eigentlich weder von der Menge, noch von den Parteien, noch von der Regierung auf lange Zeit terrorisiren lassen. Die Vertreter dieser Interessen scheinen gewöhnlich aus passiven muth= losen Elementen zu bestehen; aber das ist nur Schein. In der That sind sie es, die den Revolutionen dadurch ein Ende machen, daß sie der Ordnung zu Liebe einen unumschränkten Herrn auf den Thron setzen.

Aber auch näher liegende Ursachen waren im Spiele, welche, wenn sie die einzelnen Classen auch nicht feindlich einander gegenüber stellten, doch wenigstens politische und sociale Parteien gebildet hätten. Solche Parteibildungen zu befördern stand aber am meisten im Interesse der Regierung, und wäre ihr leicht gelungen, wenn sie im Geiste des 20. October vorgegangen wäre.

Die Angelegenheiten standen ungefähr so wie im Jahre 1848 nach der Sanctionirung der April=Gesetze. Auch damals fanden sich Staats= männer, welche die active Reaction verdammten und der Wiener Re= gierung Ungarn gegenüber die möglichste Passivität empfahlen, weil es vorauszusehen war, daß wenn das Land sich selbst überlassen bleibt, die verschiedenen Interessen schon zufolge der neuen ungewohnten und unbekannten Institutionen in kurzer Zeit so an einander gerathen wer= den, daß sie endlich selbst in Wien einen Friedensrichter suchen. Und die Folge dieser zuwartenden Politik wäre gewesen, daß man Un= garn nicht mit Gewalt hätte erobern müssen, daß sich die Monarchie in constitutioneller Richtung gesünder entwickelt hätte und die Staats= schuld heute um zwei Milliarden leichter wäre.

Eine der geheimeren Ursachen, welche die Unhaltbarkeit des volks= thümlich sogenannten Bach'schen Systemes und endlich dessen Sturz herbeiführten, war, daß es sich keine Regierungs=Partei schaffen konnte. Regierungen aber können mit vollem Rechte sagen, „wer nicht mit mir ist, ist gegen mich." Wo es keine Regierungs=Partei gibt, da ist es selbstverständlich, daß jeder Staatsbürger gegen die Regierung ist.

Einem Regierungs=Syſtem alſo, welches ſich in Ungarn keine Partei ſchaffen kann, ſtünde nur eine Variation des unglücklichen Schickſales des B a ch'ſchen Syſtemes bevor.

In Ungarn kann ſich aber ſo lange keine Partei für die Regierung bilden, als dieſe nicht auf conſtitutionellem Boden ſteht. Wenn die Re= gierung unter Anerkennung der ſtaatsrechtlichen Selbſtſtändigkeit des Landes die pragmatiſche Sanction und die mit ſo vielen königl. Schwüren beſiegelten Geſetze als Baſis annimmt, dann können ihre ſonſtigen lei= tenden Ideen und Zwecke welche immer ſein: ſie wird immer eine Partei im Lande haben, wie ſie auch ſeit Jahrhunderten immer ihre Partei hatte.

Nachdem aber das Februar=Patent die conſtitutionelle Rechts= Grundlage des Landes angegriffen, ſo hat jede Möglichkeit einer Re= gierungs=Partei, ſo wie einer Partei=Bildung überhaupt aufgehört. Die conſervativen Elemente wurden ſich ſelbſt überlaſſen, oder den Ultras zur Beute; und die Ausgleichungs=Politik war unmöglich geworden, weil es nur Ironie geweſen wäre von Vermittelung zu ſprechen, da jede Vermittelung abgewieſen und vom Lande unbedingter Gehorſam gefor= dert wurde.

So wie daher die Comitats=Politik o b e n Alles verdorben, ſo hat das Februar=Operat u n t e n Alles verdorben, und eines wie das andere hat den Ausgleich compromittirt.

Wenn es überhaupt nothwendig wäre, dieß noch zu beweiſen, ſo liefert der Landtag hiefür genügendes Zeugniß, nachdem jede der auf demſelben gehaltenen Reden bekundete, daß die Erbitterung der Nation über die Vergangenheit erſt in Folge dieſer neuen Verletzung zum Aus= bruch gekommen iſt.

IX.

Die Eröffnung des Landtages, die Adreſſe- und Beſchlußpartei.

Die Regierung ließ die Ofner Landhausſäle für den Landtag ein= richten. Die Nation oder das Peſter Comitat, oder die Stadt Peſt, oder wir wiſſen nicht wer, ließ den Saal des National=Muſeums in Peſt für das Unterhaus, und den Lloydſaal für das Oberhaus arrangiren.

Die Regierung berief den Landtag nach Ofen; die Nation hingegen wollte ihn im Einklange mit den 1848er Geſetzen in Peſt abhalten.

Dieser so ohne Grund hervorgerufene Zwist endete mit einem Compromiß. Se. Majestät gestattete, daß der Landtag in Pest abge= halten werde; die Eröffnung desselben jedoch müsse in Ofen stattfinden. Diese letztere Verfügung wäre natürlich gewesen, wenn Se. Maje= stät den Landtag persönlich eröffnete; dann hätten die beiden Häuser zum Landesfürsten und nicht der Landesfürst zu seinen Unterthanen kommen müssen. Das königliche Schloß aber ist in Ofen, und die Kapelle desselben ist ein würdiger Ort zur Abhaltung dieser heiligen Feier. In loyalen Kreisen gab man die Hoffnung lange nicht auf, daß Se. Majestät persönlich zur Eröffnung herabkommen werde.

Die Freunde der Ausgleichung wünschten sehnlichst, daß Se. Ma= jestät bei dieser Gelegenheit persönlich unter seinen Getreuen erscheine, weil durch die Gegenwart des Monarchen der Moment groß und in seinen Folgen bedeutend werden konnte.

Wenige hätten sich zwar getraut, Sr. Majestät einen so herz= lichen und ehrfurchtsvollen Empfang zu versprechen, wie er dem König von Ungarn gebührt, wenn er sein Land zu versöhnen und zu beglücken kommt; aber es war ein staatsmännischer Gedanke, daß Se. Majestät einige Wochen im Kreise des im Grunde getreuen monarchischen Volkes weilend, durch seine ritterlichen und gerade auf die ungarische Nation anziehend wirkenden Eigenschaften viele Herzen erobern, die monarchischen Gefühle entflammen und einen Theil seiner Feinde entwaffnen würde. — Und dieser persönliche Einfluß, verbunden mit der Se. Majestät, charakterisirenden militärischen Offenheit und Energie, mit welcher er der Nation gegenüber unmittelbar kundgegeben hätte, bis zu welcher Grenze er im Interesse seiner königlichen Würde und kaiserlichen Krone im Stande und bereit sei, den gerechten Ansprüchen der Nation zu willfahren — ein solches persönliches Eingreifen des Monarchen hätte mehr Erfolg verheißen als die gesammte Weisheit seiner Minister.

So viel ist gewiß, es wäre dieß eine muthige und den großen Verhältnissen entsprechende Politik gewesen; aber freilich hätte sie die Februar=Verfassung nicht begünstigt, und das wußten die Betreffenden sehr gut.

Nachdem Se. Majestät nicht erschien, war sein oberster Landes= richter, in Ermanglung des Palatins der erste Würdenträger des Landes, berufen, als königlicher Commissär den Landtag zu eröffnen.

Diese Eröffnung fand am 6. April statt. Auf dem Wege von Pest nach der königlichen Burg in Ofen wogte eine neugierige Menschen=

menge auf und nieder, durch welche sich die lange Reihe der Privat=
Equipagen und Miethwagen langsam Bahn brach. Die Schloßkapelle
war ziemlich voll von Herren, die an der Eröffnungsfeierlichkeit theil=
zunehmen berechtigt waren. Se. Eminenz hielt das Veni Sancte mit
gewohnter kirchlicher Pracht ab, und später waren im Thronsaale der
Burg selbst einige Damen sichtbar; aber im Ganzen konnten sich die
anwesenden ausländischen Journalisten doch nur eine schwache Vor=
stellung von der Feierlichkeit einer früheren ungarischen Landtags=Er=
öffnung machen.

An diesem Tage herrschte keine große äußere Pracht, noch weniger
aber eine gehobene Stimmung.

Es war auch wenig Grund zu äußerem Glanze in unseren glanz=
losen Verhältnissen gelegen.

Die gedrückte Stimmung kam unter Anderem daher, weil es be=
kannt war, daß der größte Theil der Deputirten bei dieser Eröffnungs=
feier aus Princip nicht erschienen, und dieses Princip war die
moderne, freilich nicht die wahre Gesetzlichkeit. Denn der IV. Ges.
Art. v. J. 1848 schreibt zwar vor, daß der Landtag seine Sitzungen
in Pest zu halten habe, aber er verfügt nichts über die Eröffnung des=
selben. Uebrigens wohl uns! wenn wir nie eine größere Ungesetz=
lichkeit begehen, als indem wir dieses Gesetz dahin interpretiren, daß
unter Pest auch Ofen zu verstehen sei, welches von Jenem nur durch
die Donau getrennt, und durch die Kettenbrücke mit demselben ver=
bunden wird.

Und doch bildete diese wörtliche Auffassung der Gesetzlichkeit den
Gegenstand einer ernsten Berathung der Vertreter, welcher selbst die
Erklärung Franz Deak's: „wenn auch Niemand nach Ofen
geht, gehe ich doch hin!" kein Ende machen konnte. Er war bei
der Eröffnung auch zugegen, aber mit ihm kaum dreißig Deputirte.

Graf Georg Apponyi eröffnete die Session im Namen des
Königs mit einer Rede, die ein eigenes Schicksal hatte.

Ihr Inhalt war zwar in Wien im Voraus punktirt, aber der
volle Text erst in der letzten Nacht, kaum einige Stunden vor der Er=
öffnungsfeier ausgearbeitet worden.

Es grenzt beinahe an's Unbegreifliche, daß eine im Namen Sr.
Majestät zu haltende Rede in einer Privat=Conferenz in Pest verfaßt
und ohne höhere Einsichtnahme und Gutheißung gesprochen werden könne.

Lag hierin ein Vertrauensvotum für die ungarischen Staats=
männer? oder sah man es für unbedeutend und gleichgiltig an, was
Graf Apponyi dem ungarischen Landtage sage?

Das wichtigste Moment dieser Rede ist, daß sie der Februar=
Verfassung nirgends direct erwähnt, sie aber verständlich genug um=
schreibt und ziemlich gut motivirt, obschon die bittere Pille in möglichst
süßer Hülle dargereicht wurde. Man ging selbst über das an Baron
Vay gerichtete a. h. Handschreiben vom 26. Februar hinaus, welches
nur über die Art der stattzufindenden Wahlen in den Reichsrath spricht,
und ganz im Geiste des 20. Octobers versöhnend klangen die fol=
genden Zeilen: „Es konnte nicht der Wille unseres erhabenen Herrn
sein, Ungarn und die Nebenländer weder von den ihre inneren Ange=
legenheiten betreffenden Befugnissen, noch von den darauf bezüglichen
Rechten, noch auch von dem auf constitutionellem Wege auszuübenden
Einflusse auf die gemeinsamen Angelegenheiten der Monarchie auszu=
schließen, welche vordem ohne Einflußnahme der übrigen Länder nach
dem Willen des Monarchen entschieden wurden, und die jetzt von Sr.
Majestät für solche erklärt wurden, welche hinfort auf constitutionellem
Wege und mit Zuziehung der Vertreter jener Länder zu verhandeln
und zu entscheiden sind."

Ferner: „Se. Majestät fordert demnach den gesetzgebenden Körper
mit vollem Vertrauen zur Verhandlung der hierauf Bezug habenden
Angelegenheiten, zur Discutirung der Mittel und Wege auf, um in
Folge der veränderten inneren Lage des Reiches die definitive Regelung
derselben mit den ungarischen constitutionellen Verhältnissen in Ueber=
einstimmung zu bringen."

Mit ebenso staatsmännischer Gewandtheit wurde auch in der Er=
öffnungsrede motivirt, warum die gleichzeitige Einberufung Croatiens
und Siebenbürgens zu dem ungarischen Landtag unterblieben ist.

Aber Alles dieß, sammt den sonstigen diplomatischen Vorzügen
konnten der Rede keine günstige Aufnahme erwirken. Seit dem 26. Fe=
bruar war das verdächtigende Mißtrauen wieder erwacht, und das
Publicum neigte sich Jenen zu, die eine günstigere Thronrede noch un=
günstiger aufgenommen hätten.

Und so hatte dieser Landtag, der erste nach einer zwölfjährigen
Willkürherrschaft, von dessen Möglichkeit die verzweifelten Patrioten
noch vor einigen Jahren sich nichts träumen ließen, Niemandem Freude
— und Vielen Kummer bereitet.

Der Mangel äußerer Pracht mahnte das Volk daran, daß das Land keinen Palatin habe, daß der Bán nicht zugegen, Croatien und Slavonien nicht einberufen sei und Siebenbürgen fehle. Und wo blieben der Hof, die ausländischen Gesandten und die sonst auf jeden Landtag zugeströmte Menge der neugierigen Fremden? Als das Pester Comitat seine erste General-Versammlung hielt, war die Stadt feierlich geschmückt und Abends beleuchtet. Einige Stunden nach der Landtags-Eröffnung hingegen merkte Niemand etwas davon, daß Ungarn wieder einen Landtag habe.

Freude hat er also dem Volke nicht gebracht, dafür aber Kummer jenen Wenigen, die, in die Tiefe der Situation schauend, in den Umständen der Landtags-Eröffnung symbolisch die äußeren Uebel des Landes mit dem inneren vereint erblickten.

Und dieses innere Uebel ist der Parteigeist. So wurde zum Beispiel schon die Frage: ob man nach Ofen gehen solle oder nicht? in den Klubbs der Deputirten mit wahrhaft ungarischem Feuer als wahre Cardinalfrage berathen, und begründete zuerst die Trennung in die Beschluß- und Abreß-Partei. Und wenn auch der Bestand von Parteien zu den Bedingungen des constitutionellen Lebens zählt, so war es doch recht traurig zu sehen, wie Parteistreitigkeiten aus dem geringfügigsten Anlasse schon nach wenigen Tagen die Stimmung der Einzelnen wie der Gesammtheit vergifteten.

Die nicht nach Ofen gegangen waren, zogen die Gesetzlichkeit des Landtages in Zweifel, oder läugneten sie rundweg. Und so unerhört es ist, daß ein gesetzgebender Körper, oder was immer für eine Corporation sich selbst vernichte, eine ebenso logische Nothwendigkeit war es für diejenigen, die nicht nach Ofen gegangen, nach Hause zu gehen; denn wenn der Landtag nicht gesetzlich eröffnet wurde, so war er auch nicht als gesetzlich zu betrachten und konnte seine Wirksamkeit auch nicht beginnen.

Aber wenn die Eröffnung gesetzlich war, dann haben sich diejenigen, welche dabei nicht erschienen waren, nicht nur eine Unehrerbietigkeit, sondern ein politisches Vergehen gegen das Ansehen des Landtages zu Schulden kommen lassen.

*   *   *

Nach einigen Privat- und öffentlichen Conferenzen wurden am 17. April die Beamten des Unterhauses gewählt, und zwar:

Zum Präsidenten: Koloman Ghiczy mit 240 von 245 Stimmen, zum ersten Vicepräsidenten: Koloman Tisza mit 132, zum zweiten: Baron Friedrich Podmaniczky mit 138 Stimmen.

Diese Wahl bezeichnete ziemlich genau die Stellung und die Macht der schon nach den ersten Tagen entstandenen Parteien, denn der erste Präses sprach es zwar nicht aus, daß er zur Beschlußpartei zähle, näherte sich aber doch derselben, während Tisza und Podmaniczky zu den Führern dieser Partei gehörten.

Es war daher offenbar, daß die Beschlußpartei die stärkere und ihre Macht auch ohne Rücksicht zu gebrauchen gesonnen sei; was schon daraus erhellte, daß sie zum ersten Vicepräsidenten — mit Uebergehung aller bei der Adresse-Partei befindlichen alten parlamentarischen und publicistischen Notabilitäten, — den im Verhältniß zu diesen jungen und im parlamentarischen Leben unerfahrenen K. Tisza, zum zweiten aber B. Friedrich Podmaniczky wählte, welcher zwar geniale Eigenschaften besitzt, sich aber auf dem Felde der Politik noch durch Nichts aus= gezeichnet hat. Beide hatten ihre Wahl nur dem Verdienste zu danken, daß sie Beschlußmänner waren.

Das Resultat dieser Wahl ließ eine gewisse Bitterkeit zurück, welche die ohnehin vorhandene Parteigereiztheit nicht milderte. Gesteigert ward diese bald darauf durch das Verificationsverfahren, in welchem die Comitats=Wahlumtriebe auch auf den Landtag übertragen wurden. Man sprach öffentlich davon, daß jene Abgeordneten, deren Wahl von nicht ganz unantastbarer Gesetzlichkeit war, durch die Zusage der Verification oder die Androhung der Nichtverificirung zur überwiegenden Partei ge= lockt wurden, und dieser Verdacht wird nicht nur durch manche Veri= ficationsgeschichte, sondern auch durch den Umstand unterstützt, daß mehrere Deputirte, die man in Privat=Conferenzen über die Zweckmäßigkeit der Adresse belehrte, mit Bedauern sagten, daß sie von der Beschlußpartei nicht zurücktreten können, weil sie „ihr Wort gegeben," worauf man freilich nichts antworten konnte.

Die Spannung zwischen den beiden Parteien erstreckte sich auch auf den persönlichen Verkehr. Es gab Kreise und Zeiten, wo die Be= schlußmänner die Anhänger der Adresse für Vaterlandsverräther, und diese wieder die Beschlußmänner für Unvernünftige, für „Imbecilles" hielten und erklärten; „die wollen das Vaterland an Oesterreich ver= kaufen" — — „die warten auf Garibaldi", hörte man unter den An= hängern minorum gentium der beiden Lager sagen.

Und wenn schon diese Gereiztheit der Parteien nicht den erfreulichsten Commentar zu der vielbesprochenen Einheit und Einträchtigkeit der Nation lieferte, so war die Verpflanzung des übermüthigen und unbesonnenen Cortes = Geistes aus den Comitaten in die Kreise der Volksvertretung doch noch betrübender.

Es haben demnach seit dem Beginne des Landtages zwei Parteien: die Adresse — und die Beschlußpartei bestanden.

Die Beschlußpartei vertrat, streng genommen, die auch in den Comitaten aufgetauchte Partei, welche nicht einmal an die Organisirung der Comitate gehen wollte, weil sie Alles, was geschah, für ungesetzlich hielt und daher aus der Passivität nicht heraustreten wollte, bis der gesetzliche Zustand, d. h. die 48er Gesetze nicht wieder hergestellt sind. Das war der Culminationspunkt der Gesetzlichkeitstheorie.

In den Comitaten blieb jedoch diese Partei mit ihrem Passivitäts= Antrage in der Minorität, denn die Comitate organisirten sich; aber auf dem Landtage erlangte sie die Majorität. Nur war sie in den Comitaten consequent, weil sie nicht einmal das durch den 20. October gebotene Feld einnehmen wollte; auf dem Landtage hingegen verfiel sie in Incon= sequenzen, da sie, indem sie wählte und sich wählen ließ, das Terrain ein nahm, welches doch nur die landesfürstliche Gnade einräumte.

Die Beschlußpartei wollte keine Adresse an den Monarchen richten, weil derselbe ihrer Ansicht nach ungesetzlicher Herrscher sei; sie wollte die Wünsche des Landes in einem Beschlusse aussprechen. Aber wenn man sich nicht darauf einlassen konnte mit dem „ungesetzlichen" Landes= fürsten zu „sprechen," wie konnte man über seine Aufforderung an die Constituirung des Laudtages gehen?

Wenn Alles ungesetzlich ist, bis nicht ab ovo die 48er Gesetze als Ausgangspunkt angenommen werden, wenn der Landtag ungesetzlich war, so hätten sie die Wahl zu demselben nicht annehmen sollen.

Oder wenn sie die Wahl zu demselben nur in der Absicht an= nahmen, um die Ergänzung des Landtages und die Herstellung des ge= setzlichen Zustandes zu bewirken, — wenn man dieß für möglich hielt, dann hatte es keinen Sinn, jedenfalls war es zweckwidrig zu sagen: wir können und wollen nicht mit dem Monarchen verkehren.

Denn die Wahl zum Deputirten anzunehmen, auf dem Landtage zu erscheinen und die Wünsche des Landes, wenn auch nur in Beschluß= form, auszusprechen, Seine Majestät aber und den Landtag selbst doch

für ungeſetzlich und ſomit beſchlußunfähig zu halten — iſt ein hand=
greiflicher Widerſpruch.

Und doch muß man geſtehen, daß die Beſchlußpartei, wenn ſie
auch in ihren Handlungen und in ihrem Vorgehen unlogiſch und in=
conſequent war, vom ſtreng geſetzlichen Standpunkte betrachtet, auf feſter
Grundlage ſtand.

Der Landtag war kein 47er, denn Croatien war nicht einberufen,
aber er war auch kein 48er Landtag, denn dazu fehlte die Einberufung
Siebenbürgens; ſondern ein Halbgeſchöpf im Geiſte des October = Di=
plomes. Ein Landtag, auf welchem die Regierung nicht repräſentirt iſt,
dem keine königlichen Propoſitionen vorgelegt wurden, kann nur ſpott=
weiſe ſo genannt werden, denn Recht und Geſetz ſtimmen darin überein,
daß dieſer Landtag nichts iſt und nichts thun kann.

Man muß ſelbſt geſtehen, daß es einen gewiſſen Anſtrich des Im=
poſanten gehabt hätte, einen Beſchluß zu bringen, worin der Landtag
ſich ſelbſt als ungeſetzlich erkennt und ſich auflöſen zu müſſen erklärt.

Das wäre ſchwerlich eine gute, aber jedenfalls eine kühne Politik
geweſen. Die Beſchlußpartei wollte indeſſen nur ſchrecken; verſpürte
aber wenig Luſt eine kühne Politik thatſächlich zu verfolgen. Die Führer
dieſer Partei hatten, wenn ſie auch nicht alle große Staatsmänner
waren, doch geahnt, daß die Maſſe der Nation den Frieden wünſcht
und ſich nach Ausgleichung ſehnt; — daß daher nach ſolchem Vorgehen
der Vorwurf, das Friedenswerk zerſtört zu haben, ihre Partei treffen
würde. — Eine ſolche Verantwortung ſchien aber ſelbſt für die ſtärkſten
Patriotenſchultern zu ſchwer.

Es gab auch noch andere, jedoch untergeordnetere und deßhalb eine
beſondere Erwähnung nicht verdienende Beweggründe, welche es wenig=
ſtens für einen Theil der entſchloſſenſten Beſchlußmänner nicht wünſchens=
werth erſcheinen ließen, daß der Landtag zu bald aufgelöſt werde.

Hieraus iſt es erklärlich, warum die Beſchlußpartei ihrer Ueber=
zeugung folgte, ſo oft ſie wollte, aber dieſelbe ebenſo willig und groß=
müthig im entſcheidenden Momente opferte, der Macht ihrer Majorität
entſagte und ſo ſich ſelbſt verläugnete.

Sie wollte die Sache nicht zum Bruch kommen laſſen; aber ſie
hielt die Abreßpartei am Zügel, und drängte ſie bis an jene Grenze
zu gehen, über welche hinaus die Gefahr des Bruches drohte.

Jenseits der Leitha hielt man die „Beschlüßler" für vermessene revolutionäre Parteigänger, die mit der Emigration in Verbindung stehen und die Losreißung von Oesterreich um jeden Preis anstreben.

Wir können über diesen heiklichen Punkt weder pro noch contra bestimmte und ausreichende Daten liefern; wir sind nicht Eingeweihte der Polizei; aber, insoweit wir diese organisirte Vorsehung kennen, zweifeln wir nicht im Geringsten daran, daß sie über die Sache bis in die kleinsten Details schwarz auf weiß unterrichtet und im Besitze wunderbarer Geheimnisse sein dürfte.

Wir, die wir die Dinge und Menschen nur mit publicistischer Aufmerksamkeit geprüft, müssen unser unmaßgebliches Dafürhalten dahin formuliren, daß die untergeordneten Schichten, die Ausläufer der Be= schlußpartei, mit ihren Hoffnungen vielleicht außerhalb der Monarchie stehen und eher von dem Genueser Provvedimento, als von dem Wiener Reichsrathe das Heil des Vaterlandes erwarten. Der Kern dieser Partei aber war — wie jedes Centrum — unentschlossen und schwan= kend, während die Häupter selbst weder über die Möglichkeiten der Solution, noch darüber einig waren, die Chancen welcher Lösung sie fördern sollen.

Teleky hatte die Beschlußpartei durch seine Stellung in Verdacht gebracht, und wollte ihr auch anfänglich eine Richtung geben, welche diesen Verdacht rechtfertigte. Aber die späteren Ereignisse, besonders nach dem ersten königlichen Rescript zeigten, daß ein großer Theil dieser Partei mit Leib und Seele innerhalb des alten constitutionellen Ungarns stehe, den Verband mit Oesterreich aufrechterhalten wolle und diesem vor allen anderen Staats=Combinationen den Vorzug gebe; nur wird dieser Wille von dem Bleigewichte des Mißtrauens niedergehalten.

Man kann also sagen, daß die Beschlußpartei eine falsche Politik verfolgt habe, aber nicht, daß sie im Ganzen eine unbedingte Feindin des Ausgleichs gewesen. Es ist statistisch nachgewiesen worden, wie viele Honvéds und Märthrer aller Art in dem Unterhause saßen; und mit solchen Elementen ist es in unserer Lage schwer aufzukommen, be= sonders wenn diese Märthrer und Honvéds glauben, daß sie ein aus= schließliches Privilegium auf Patriotismus und politische Weisheit be= sitzen. Wenn aber seit zwölf Jahren nicht das Bach'sche System, sondern das Gesetz geherrscht hätte, so gäbe es jetzt nicht so viele Blutzeugen beinahe in jeder Familie, und wären im Unterhause nüch= ternere, bedächtigere und weniger mißtrauische Männer gesessen.

Nil admirari.

Uebrigens waren geistige Bildung, politisches Wissen, Erfahrung und Ansehen zwischen beiden Parteien ungleich vertheilt. Die alten Capacitäten, Redner, Juristen, Publicisten und Literaten gehörten beinahe ausschließlich der Abreßpartei an.

Bei der Beschlußpartei fand man nach dem Tode Teleky's kaum ein, zwei berühmte Namen, es waren lauter unbekannte Männer oder locale Celebritäten. Und so konnte ein Redner der Beschlußpartei mit Recht sagen: Nur Graf Teleky hätte vermocht zwischen den zwei Parteien das Gleichgewicht zu erhalten.

*   *   *

Aus dieser politischen Charakteristik der Beschlußpartei folgt, daß der Unterschied zwischen dieser und der Abreßpartei in Bezug auf die große Frage des Augenblickes kein principieller war.

Unter der großen Frage des Augenblickes verstehen wir: die Regelung des staatsrechtlichen Verhältnisses zwischen Ungarn und der Monarchie.

Der weitere Verlauf der Dinge, die Landtags-Debatten und die Resultate derselben, die beiden Abressen, zeigen, daß sowohl Beschluß- als Abreßpartei in Bezug auf das Hauptprincip, wonach: „die historische Selbstständigkeit Ungarns, welche kraft der pragmatischen Sanction und vertragsmäßig bindender Gesetze zu Recht besteht, aufrecht zu erhalten sei", übereinstimmten und hiemit unzweifelhaft der öffentlichen Meinung Ausdruck gaben.

Da der Landtag die Art und Weise, wie dieses staatsrechtliche Verhältniß zu ordnen wäre, nicht detaillirte, so vermögen wir die möglichen Verschiedenheiten und Abweichungen der dießfälligen Ansichten nicht zu präcisiren.

Im Allgemeinen läßt sich jedoch behaupten, daß, wenn das Schicksal und eine gute Regierungspolitik diese Detaillirung hervorgerufen, und die Parteien in Folge dessen einen neuen Auflösungs- und Umgestaltungsproceß durchgemacht hätten, erst da ersichtlich geworden wäre, wie viele besonnene und friedliche Elemente auch die Beschlußpartei in sich barg.

Vorerst bestand also der Unterschied zwischen den zwei Parteien nur in der Art und den Formen, die sie angewendet wissen wollten.

Wir werden sehen, daß Deàk selbst zwar die Gesetzlichkeit der Adresse vertheidigt, die Unterbreitung derselben aber hauptsächlich mit Gründen der Politik und der Zweckmäßigkeit motivirte; er wünschte den Aus-

gleich zu befördern und unterordnete deßhalb den streng gesetzlichen Ge=
sichtspunkt dem politischen.

Die Abreßpartei fand es zweckdienlicher, daß auch von Seite der
Nation der Weg zur Versöhnung eingeschlagen werde, und im Allge=
meinen war bei ihr das Bewußtsein reger, daß in einem monarchischen
Staate die Ehrfurcht vor dem Landesfürsten eine der unentbehrlichsten
Garantien für den Fortbestand des Landes sei.

Sie wollte sich daher mit einer Adresse an Se. Majestät wenden
und so die Rechtsforderungen der Nation mit Beibehaltung jener Formen
verbinden, welche ein Volk dem Monarchen gegenüber zu beobachten ver=
pflichtet ist, und welche, den guten Willen und das Vertrauen des Landes=
fürsten anregend, geeignet waren, den Ausgleich zu fördern.

Wir haben mit dieser allgemeinen Skizze der Parteien dem Laufe
der Geschichte etwas vorgegriffen, dem war indessen nicht auszuweichen.

X.

Graf Ladislaus Teleky.

Die Verification der Deputirten dauerte vielleicht in keinem Par=
lamente der Welt so lange wie auf dem ungarischen Landtage. Es waren
schon fünf Wochen seit der Eröffnung verstrichen, und er hatte nicht nur
noch nichts gethan, sondern auch noch nichts gesprochen. Im ganzen
Lande wuchs die Ungeduld immer mehr, bei den Völkern jenseits der
Leitha hingegen nahm die Gleichgiltigkeit, in den Regierungskreisen der
lebhafteste Unmuth in gleichem Maße zu, und bald wurde der — vor=
erst geheime — Verdacht öffentlich, daß irgend ein perfider Calcul dieser
langen Zögerung zu Grunde liege. Außerhalb Oesterreichs aber begann
die in ganz Europa geweckte Neugierde zu erkalten.

Endlich brach der große Tag an, an welchem der Landtag seine
eigentliche Wirksamkeit beginnen sollte. Jedermann wußte, daß F r a n z
D e á k einen Abreß = Entwurf ausgearbeitet hatte, Graf Lad. Teleky
hingegen einen Beschlußantrag vorbereite.

Am 8. Mai wogte eine große Menschenmenge nach dem Museum,
in welchem die Sitzungen gehalten wurden und dessen unzweckmäßiger Saal
schon seit frühem Morgen so sehr mit Neugierigen überfüllt war, daß
die Deputirten kaum zu ihren Sitzen gelangen konnten.

Als Franz Deák, welcher der Held des Tages geworden war, erschien, gab sich das öffentliche Vertrauen und die allgemein für ihn gehegte Pietät in stürmischen Eljenrufen kund.

Aber kaum waren diese Rufe verhallt, sah man erst Einzelne mit entsetzten Mienen einander irgend eine böse Nachricht zuflüstern; die Nachricht und das Entsetzen flogen von Reihe zu Reihe, von Gruppe zu Gruppe, und schließlich sprach es der Präsident des Hauses laut aus: „daß Graf Ladislaus Teleky in der jüngsten Nacht ge= storben sei."

Dieser zarte Ausdruck bedeutete, daß sich Graf Teleky erschossen habe. — Die Bestürzung, der Schrecken und das Bedauern regte das ganze Haus in so mannigfacher Art auf, daß Franz Deák als Dol= metsch der allgemeinen Trauer über diesen Vorfall kurz erklärte, es sei unter dem ersten Eindrucke des Schmerzes unmöglich, den auf der Tagesordnung stehenden wichtigen Gegenstand in Angriff zu nehmen. Demzufolge wurde die Sitzung geschlossen.

Auf die große Menge wirkte die Nachricht unaussprechlich nieder= schlagend und doch zugleich auch aufreizend. Ladisl. Teleky, welcher sich auf dem früheren politischen Kampfplatze als Einer der Liberalsten gezeigt hatte, war immer populär. Die ihm von Allen gezollte Ver= ehrung wuchs in dem letzten Jahrzehend, steigerte sich nach seiner Ge= fangennehmung bis zur Schwärmerei (die Jugend begrüßte ihn auf den Straßen als künftigen Palatin), und potenzirte sich durch die Nachricht seines schrecklichen Todes bis zum Fanatismus, bis zur Vergötterung.

An einen Selbstmord wollte natürlich Niemand glauben, und ob= wohl die Untersuchung von Seite der Behörden, sowie auch die Er= klärungen der Familienglieder den Selbstmord als unzweifelhaft erscheinen ließen, vermochten sie doch nicht den Verdacht eines Meuchelmordes zu beheben. Die Volkspoesie ließ es nicht zu, daß er anders denn als Opfer und Märtyrer seines politischen Glaubens und seiner auf die Beglückung des Vaterlandes abzielenden großen Pläne gestorben sei. Auch Ausbrüche des wilden Fanatismus fehlten nicht. Es gab Einige, die, als Franz Deák die Sitzung verließ, mit den Fingern auf ihn zeigend riefen: „das ist der Mörder Teleky's."

Triviale Menschen sagten, daß Graf Teleky den Adreß=Entwurf Deák's gelesen, und, weil er eingesehen, daß er ein so ausgezeich= netes Werk nicht zu schaffen vermöge, sich aus verzweifelter Eitelkeit getödtet habe.

Die Eingeweihteren jedoch, besonders Jene, die den Grafen kann=
ten, waren in der Lage, auch ohne behördliche Constatirung des Fac=
tums das Räthsel des Ereignisses mit voller Gewißheit pſichologiſch
zu lösen.

Die tiefer Fühlenden ſahen hier eine jener furchtbaren Schickſals=
Tragödien vor ſich, in welchen das F a t u m eine Hauptrolle ſpielt, und
welche den dramatiſchen Regeln gemäß zwar verfehlt ſind, im Leben in=
deſſen doch vorkommen.

Die ſächſiſche Polizei hatte den Grafen L a d i s l. T e l e k y Ende
December 1860 gefangen genommen und an die öſterreichiſche Regie=
rung ausgeliefert.

Das war der Anfang der Tragödie, durch welche ſich bis zu Ende
das Fatum, ein höherer Zwang, zieht, deſſen ſich T e l e k y nicht mehr
zu erwehren vermochte.

Der Graf wurde nach Wien gebracht und dem Landesgerichte
übergeben. Tags darauf wurde er in Gegenwart des Juſtiz = Miniſters
L a ſ ſ e r verhört. Aber noch im Laufe des Verhöres gelangte an das
Präſidium des Landesgerichtes der Befehl, daß Graf T e l e k y Sr.
Majeſtät vorgeſtellt werde. Der Kaiser geruhte ihn in Gegenwart des
Baron V a y und Grafen C r e n n e v i l l e zu empfangen, und laut der
ämtlichen Wiener Zeitung ihm zu eröffnen, „daß ihm zwar jene ent=
ſchieden feindliche Geſinnung" bekannt ſei, welche Graf T e l e k y oft
und noch bis in die neueſte Zeit gegen das allerhöchſte Haus und die
Intereſſen der Monarchie an den Tag gelegt; nichtsdeſtoweniger fühle
ſich Se. Majeſtät bewogen, jede weitere Unterſuchung zu ſiſtiren und
ihm ſeine volle Freiheit wiederzuſchenken. Hierauf nahm Se. Majeſtät
der Kaiser das Verſprechen des Grafen T e l e k y entgegen, daß er alle
Oeſterreich feindlichen Beziehungen mit dem Auslande aufgeben, die
Grenzen der Monarchie nicht überſchreiten und ſich v o r e r ſt jeder poli=
tiſchen Thätigkeit enthalten wolle.

Eine aus der Hofkanzlei geſchöpfte Mittheilung ſagt ungefähr das=
ſelbe und ſetzt hinzu: T e l e k y nahm dieß an. Der Kaiser wollte ſich
entfernen, aber Graf T e l e k y folgte ihm einige Schritte und ſprach
ihm in tiefſter Rührung ſeinen Dank aus. Der Kaiser grüßte ihn huld=
vollſt und entfernte ſich in den Nebenſalon *).

---

*) Sürgöny vom 4. Jänner 1861. Wiener Briefe.

Der „Pesti Napló" hingegen bestätigt, indem er die über den besprochenen Vorfall circulirenden verschiedenen Behauptungen für unrichtig erklärt, die in der Wiener Zeitung enthaltene Schilderung als die
richtige *).

Teleky kam bald darauf nach Pest und wurde in einigen Wochen
zum Vertreter des Abonyer Bezirkes gewählt, welche Wahl er auch annahm.
Die Annahme dieser Sendung stand nicht sehr im Einklang mit
dem Sr. Majestät gegebenen Versprechen. Teleky selbst mochte Augenblicke gehabt haben, in welchen es seine redliche Seele vielleicht schwer
belastete, das Wort „vorerst" in so weitem Sinne genommen zu haben.
Aber konnte er denn die Wahl zurückweisen? Hundert Andere hätten
dieß vermocht, dem Grafen Teleky erlaubte jedoch seine Lage gerade
in Folge seiner Begnadigung nicht, sich in das Oberhaus zurückzuziehen,
oder sich gänzlich zu nullificiren. Er mußte auf dem vom Fatum vor-
gezeichneten Wege gleich Faust halb unbewußt, halb absichtlich vor-
wärtsgehen.

Und sobald Lab. Teleky auf das Feld der politischen Thätigkeit
getreten war, konnte er mit seinem Namen, seiner reinen patriotischen
Vergangenheit und seinen politischen Fähigkeiten unmöglich eine unter-
geordnete Stellung einnehmen. Und so wie durch seine Wirksamkeit in
dem letzten Jahrzehend seine Parteistellung angedeutet war, so wurde
er auch alsbald das Haupt der Partei, welcher er sich anschloß und
deren übrige Mitglieder er weit überragte. Dieß ist ein weiteres Glied
der ihn niederdrückenden Schicksalskette.

Sein Name gab der Beschlußpartei Gewicht und Ansehen. Viele,
die nicht nach ihrer eigenen Einsicht handeln, combinirten so: „Graf
Teleky hat hohe Verbindungen in Paris, er ist in die diplomatischen
Geheimnisse eingeweiht, und wer weiß, von was für großen Dingen er
Kenntniß hat. Offenbar in dieser Kenntniß leitet er seine Partei. Zu-
dem ist er ein guter Patriot, ein kluger Mann, ein Politiker; ihm kann
ich trauen, ihm schließe ich mich an."

Und so sah Teleky seine Partei erstarken, seine eigene Rolle
und seine Verantwortlichkeit in einem Maße zunehmen, welches ihn
selbst besorgt machte. Er, der sich so viele Jahre hindurch in hohen
politischen Kreisen, im Mittelpunkte der gebildeten Welt bewegte, konnte

---

*) ... Daß er sich vorerst jeder politischen Thätigkeit enthalten wolle, mußte
er versprechen und versprach es auch. „P. N." vom 6. Jänner.

sich bei allem Patriotismus nicht sehr beruhigt und gehoben fühlen, wenn er die Elemente und das politische Gewicht seiner Partei in Erwägung zog. Wenn man Jahre lang in den politischen Kreisen von Paris gelebt, hat man eine andere Weltanschauung als diejenigen, die ihre Pußtenwohnung oder ihr Landschloß nie verlassen oder höchstens doch nur, um einen Pester Markt zu besuchen.

Andererseits sprach er selbst es aus, wie unangenehm er es empfinde, daß seine persönlichen und politischen Freunde, mit welchen er in der Blüte seines Lebens, seit dreißig Jahren für liberale Reformen gekämpft hatte, jetzt ihm gegenüber standen und eine andere Partei bildeten. Ob in seiner Seele wohl Zweifel über den Erfolg und die Klugheit der Politik seiner Partei aufgetaucht waren? Ob sich Teleky während seines längeren Hierseins nicht richtigere Begriffe über unsere Verhältnisse verschafft, als diejenigen waren, mit welchen er nach langer Abwesenheit aus dem Auslande zurückgekehrt, und ob er nicht Augenblicke hatte, in denen er es für höheren Patriotismus gehalten, sich seinen Freunden anzuschließen? Dieß Alles wäre schwer zu beweisen, noch schwerer vielleicht in Abrede zu stellen. Aber konnte er Klugheit rathen, den Eingebungen der Vernunft Gehör verschaffen, oder einen Ausgleich als wünschenswerth bezeichnen?

Nein! — das Schicksal war unerbittlich!

Graf Ladislaus Teleky, der ein außerordentlich feines Ehrgefühl besaß, empfand schmerzlich die schiefe Stellung, in die er gerathen, ja er überschätzte die Mißlichkeiten derselben noch. Er sah sich überall von den Dämonen der Verdächtigung umkreist. Eine zufällige Unaufmerksamkeit von Seite eines alten Freundes, ein vielleicht aus Zerstreuung entsprungener Mangel an Herzlichkeit von Seite eines intimeren Bekannten verletzte ihn auf's tiefste. An seinem Herzen nagte gierig die Sorge, ob seine Begnadigung nicht einen Schatten auf ihn werfe? Briefe, die aus der Umgebung Kossuth's kamen, sprachen niedrige Verdächtigungen aus, und er glaubte solche Verdächtigungen in jedem Gesichte zu lesen.

Und so kommen wir wieder und wieder auf die eine Frage zurück, in welcher sich Alles concentrirt: Warum mußte er auch diese Gnade annehmen? Sagte ihm Herz und Verstand nicht, daß seine fatale Stellung ihm gebiete, für die königl. Gnade zu danken, und Seine Majestät zu bitten, ihn vor seine gesetzlichen Richter zu stellen, und wenn diese ihn verurtheilen, dem Gesetze freien Lauf zu lassen?

Konnte von Teleky Jemand, der ihn kannte, etwas anderes erwarten?

Man täuschte sich! Doch kann man ihn darum verurtheilen? Lab. Teleky war ein ritterlicher, muthiger Mann, er hatte dieß als Privatmann wie im öffentlichen Leben unter Gefahren und Duellen unzählige Male bewiesen. Aber sein Nervensystem war haupt= sächlich in den letzten Jahren ungemein leidend und aufgeregt. Ein ge= schwächtes, angegriffenes Nervensystem macht aber den stärksten Charak= ter unberechenbar. Was ihm in diesem Augenblicke ein Kinderspiel dünkt, erscheint ihm in dem nächsten als abschreckend riesiges Unternehmen. Bald gleicht er dem kühnen Adler, bald der furchtsamen Taube. Er bringt in die Höhle eines Löwen ein, wenn er sich darauf vorbereiten kann, aber eine Mücke ist im Stande ihn zu erschrecken, wenn sie ihn unerwartet überfällt. Was ihn im aufgeregten Zustande erheitert, bringt ihn in einem Momente der Abspannung in Verzweiflung. Und so ist er jetzt voll Lebenslust, und blickt mit Zuversicht in die Zukunft, und schon in der nächsten Minute greift er zur Pistole, um seiner Verzweiflung ein Ende zu machen.

Die körperliche Krankheit Teleky's verursachte seine Nerven= aufregung, welche durch die Umstände in hohem Maße gesteigert wurde. Seine Gefangennehmung, seine Transportirung nach Wien, die dort ein= getretene unerwartete Wendung, seine Begegnung mit dem Monarchen, gegen den er seine ausdauerndste Thätigkeit concentrirte, dessen huld= und würdevolles Benehmen gegen ihn, die Aufregung, welche diese außer= ordentlichen Eindrücke bewirkten, verdunkelten sein geistiges Auge, und räumten dem natürlichsten Instincte des Menschen die Oberherrschaft ein, welcher ihm zurief: „Nimm an die Gnade des Monarchen und danke!"

So führte die überwältigende Macht der Verhältnisse diesen edel= müthigen, geistvollen und hochstrebenden Mann bis in das Grab, das der Thränen der rechtschaffensten und besten Menschen, welcher Partei sie auch angehören, würdig ist.

XI

Die Adreß-Debatten.

Der 13. Mai war jener denkwürdige Tag, an welchem **Franz Deák** seinen Adreßantrag vor das Haus der Abgeordneten brachte.

In den einleitenden Sätzen schilderte er den jetzigen Zustand des Landes beiläufig wie folgt: „Außergewöhnlich ist die Lage, in welche wir geriethen. Es gab in unserem constitutionellen Leben auch sonst Fälle, in welchen der Landesfürst und die Nation bezüglich wichtiger staatsrechtlicher Fragen nicht übereinstimmten . . . aber damals standen Fürst und Nation auf einem und demselben Boden, auf dem Boden der gemeinsam anerkannten ungarischen Constitution, beiderseits berief man sich auf dieselben Gesetze, und nicht die Giltigkeit dieser Gesetze, son= dern ihre Auslegung war der Gegenstand der Verhandlung. Jetzt aber stehen wir nicht auf einer gemeinsam anerkannten Basis; nicht einzelne staatsrechtliche Fragen, nicht die Auslegung der Gesetze, sondern das Wesen unserer Verfassung und die Giltigkeit unserer Grundgesetze wird in Zweifel gezogen. Man will uns zwar auch eine Constitution geben, aber nicht diejenige, welche man uns mit Gewalt genommen. . . . Wir wollen aber keine gegebene Constitution, wir verlangen unsere ursprüng= liche Verfassung zurück."

Nachdem er so den Kern der Frage angedeutet, hob er hervor, daß nach Constituirung des Landtages über die Form und den Inhalt der ersten feierlichen Erklärung desselben zu beschließen sei.

„Wir haben drei Fragen vor uns", sagt der Redner: „Was wollen wir sagen? und wem wollen wir das sagen, was wir sagen müssen? und in welche Gestalt sollen wir das Ergebniß unserer Entschließung kleiden? Diese drei Fragen stehen in inniger Verbindung miteinander, und ich werde über alle drei meine unmaßgebliche Meinung aussprechen."

Hierauf erörtert er eingehend, was der Inhalt der ersten Erklä= rung des Landtages sein solle, und liest dann seinen formulirten An= trag vor.

Dieser ward mit allgemeinem Beifall aufgenommen, welcher sich bei einzelnen Stellen durch Zurufe der lebhaftesten Art kund gab, und wenn es diesem Werke später gelang, die Bewunderung der ganzen Welt zu erringen, so ist es nur natürlich, daß es in dem Herzen eines jeden

Ungarn und besonders der auf dem Landtage Anwesenden ein stolzes Selbstbewußtsein erweckte.

Nach einer kurzen Pause geht Sprecher auf die Begründung dessen über, warum diese Erklärung an den Regenten in Gestalt einer Adresse zu richten sei:

„Meine Meinung hierüber ist, daß wir das, was wir sagen wollen und müssen, demjenigen sagen, der den Landtag zusammenberufen, und ohne dessen Einberufung wir jetzt nicht hier berathen könnten: demjenigen, der die monarchische Gewalt factisch ausübt, Sr. Majestät F r a n z J o s e f. Wer da glaubt, daß wir nicht in Folge der Einberufung des Monarchen zusammen gekommen sind, sondern weil wir aus dem Einberufungsschreiben ersehen haben, daß unser Zusammenkommen nicht gewaltthätig gehindert werden wird, wäre meines Dafürhaltens im Irrthum."

„Ein ungarischer Landtag kann nie von selbst zusammenkommen, dieser wird immer entweder vom Monarchen oder von demjenigen, welcher hierzu vom Gesetze ermächtigt ist, einberufen. Im Jahre 1790, bei Anfertigung des Krönungs-Diplomes, stellte die Landes-Deputation den Antrag, daß in das Diplom eingetragen werde, der Landtag habe auch ohne Einberufung jedes dritte Jahr am 1. Mai in Pest zusammenzukommen. Dieser Antrag wurde jedoch von den Landständen selbst aus dem Grunde verworfen, weil sie die Einberufung des Landtages für ein Recht des Monarchen hielten. Auch der Ges. Art. VI 1848 ordnet an, daß der jährlich in Pest abzuhaltende Landtag von Sr. Majestät einberufen werde. Es gab allerdings in den älteren Zeiten unserer Geschichte Zusammenkünfte auch ohne ordentliche Einberufung, welche über öffentliche Angelegenheiten berathen und Beschlüsse gefaßt haben; diese wurden jedoch von der Nation nicht als Landtage anerkannt, ihre Beschlüsse nicht als Gesetze betrachtet, wie denn auch derlei Versammlungen manchmal ein trauriges Andenken zurück ließen. . . . . . Vor wem sollen wir daher aussprechen, daß dieß eine Ungesetzlichkeit, von wem sollen wir daher die vom Gesetze vorgeschriebene Einberufung der Nichteinberufenen und die Vervollständigung des Landtages verlangen? Ohne Zweifel von demjenigen, der u n s einberufen, und Jene einzuberufen unterlassen hat; von demjenigen, der allein die Macht hat, durch die nachträgliche Einberufung der bisher Nichtberufenen den Mangel zu ersetzen; von demjenigen, ohne dessen Ruf auch wir jetzt nicht hier beisammen wären, und auch Jene wahrscheinlich nicht kommen könnten."

Hierauf ging der Redner auf alle jene Einwendungen über, welche aus der Mangelhaftigkeit der Thronentsagung in Rücksicht ihrer Form gegen die Adresse erhoben werden können, und aus dem Gesichtspunkte der Zweckmäßigkeit: „damit nämlich der Verkehr mit der bestehenden Macht nicht entschieden unmöglich gemacht werde", empfiehlt er, die Lage nicht durch Berathung unzweifelhafter Thatsachen, welche nur neue Verwickelungen erzeugen könne, zu erschweren. Er begründete aus der historischen Praxis des ungarischen Staatsrechtes, daß auch an nicht gekrönte Könige Adressen gerichtet werden können. — Dann erörterte er das Unpassende der Idee eines „B e s c h l u s s e s." Einen Beschluß kann irgend eine Corporation nur in Betreff solcher Personen bringen, über welche sie zu verfügen das Recht hat. Durch Beschlüsse kann sie sich selbst oder ihre eigenen Mitglieder binden, aber einer auf gleicher Rechtsbasis stehenden Gewalt gegenüber hat ein Beschluß weder Kraft noch einen Zweck. Er läugnet im Allgemeinen die Zweckmäßigkeit eines Beschlusses. Denn wenn sich das Haus durch einen Beschluß selbst die Hände binden wollte, so sei dieß unnöthig, so lange die Ursache des Beschlusses besteht und die Majorität dafür ist; wechselt die Majorität, so bringt sie auch einen anderen Beschluß. Für Andere wird jedoch unser Beschluß nur dann bindend, wenn er zum Gesetze wird, wozu aber auch die Einwilligung dessen nothwendig ist, mit dem die Beschluß= partei nicht verkehren will. — Weiters erörtert er die Unhaltbarkeit der Idee eines Manifestes; und endlich sich auf einen hohen politischen Standpunkt erhebend, weist er auf die gefahrvollen Verhältnisse des Landes hin, empfiehlt die Politik der Vorsicht und Klugheit, und indem er sein Gewissen als Richter über sich selbst aufruft, überläßt er die Entscheidung der Einsicht des Hauses.

Diese bündige und gediegene Begründung der Adresse rechtfertigt unsere frühere Behauptung, daß vom Gesichtspunkte der Gesetzlichkeit genug Gründe für den B e s c h l u ß vorhanden waren, weil auch D e á k die Adresse meistens aus Gründen der Opportunität und Klugheits= politik vertheidigt, somit war schon die Beantragung einer Adresse von Seite D e á k's eine dem Gedanken der Versöhnung gemachte Concession, darauf berechnet, daß die Ausgleichung ermöglicht werde. Schon dieß zeigt, daß D e á k kein so starrer Jurist, als welchen man ihn jenseits der Leitha gern schildert, sondern ein wahrer Staatsmann sei.

Obwohl dieser Theil der Rede sich schon auf die eigentliche Partei= frage bezog, war er doch von enormer Wirkung. Einzelne Glieder der

Gegenpartei machten zwar stellenweise mit Hand und Kopf verneinende Bewegungen; aber die Zeichen der Zustimmung, der Applaus und die Eljenrufe waren selbst auf den Deputirten-Bänken so überwiegend, daß die Opposition nur als geringer Bruchtheil erschien.

Von gleicher Wirkung war der Epilog, in welchem Deák mit classischer Beredtsamkeit und hoher Einsicht erörterte, um wie Vieles vortheilhafter in der gefahrvollen Situation des Landes die Politik der Klugheit und Vorsicht, als die der Kühnheit sei. Je weiter Deák sprach, desto gehobener wurde die Stimmung des Publicums, und als er zu sprechen aufgehört hatte und die Ausbrüche der Begeisterung verstummt waren, erfaßte alle Herzen jene tiefe Bewegung, welche aus dem Be= wußtsein entspringt, Zeuge eines großen historischen Momentes ge= wesen zu sein.

Inzwischen erhob sich Paul Nyáry und beantragte, die Berathung erst nach einigen Tagen aufzunehmen, und fügte in ziemlicher Aufregung hinzu, er müsse mit Bedauern bemerken, daß Deák gleich bei seinem ersten Auftreten den parlamentarischen Usus verletzt habe, indem er noch von keiner Seite vorgebrachte Einwendungen beantwortet und somit die Berathung präoccupirt habe.

Die allgemeine Entrüstung über diese unerwartete Wendung sprach sich in einer allgemeinen Bewegung und Verwirrung aus. In einem weniger feierlichen Momente wäre diesem Impromptu ein Hohngelächter gefolgt. Nachdem die Ordnung wiederhergestellt war, antwortete Deák auf den Vorwurf eines unparlamentarischen Vorgehens mit großer Ruhe; — die Eingeweihten lächelten über die Rollenverwechslung, welche hier stattgefunden. Andere sagten: Nyáry verräth, daß Deák seine Gründe entkräftet habe, und daß er sich nun ärgere, wie der Fechter, dem man den Säbel aus der Hand geschlagen. Die Beschlußmänner murrten, daß einer ihrer Führer gleich bei seinem ersten Auftreten ihre Partei compromittire, und das Publicum nahm, die Sitzung verlassend, mit der gehobenen Stimmung auch einen Mißton in der Brust mit.

* * *

Am 16. Mai begann Kolomann Tisza, als erster Redner der Gegenpartei, die allgemeine Debatte, welche sich darum drehte: ob der Landtag an Se. Majestät eine Adresse schicken, oder ob er nur einen Beschluß fassen solle, in welchem die Incompetenz des Landtages aus=

gesprochen und in einigen Punkten angedeutet würde, was der Landtag zu thun beabsichtigte, wenn er gesetzlich ergänzt werden sollte.

Diese allgemeinen Debatten dauerten bis zum 5. Juni und bildeten ein wahrhaftes Unicum in der Geschichte des Parlamentarismus. Sie sind nicht den sonst üblichen Abreß=Debatten zu vergleichen, weil auch die Verhältnisse beispiellos waren. Hier war nicht davon die Rede, ob dem Ministerium ein Vertrauensvotum zu geben sei, weil noch gar keine constitutionelle Regierung existirte; hier konnte es sich nur darum handeln, auf welche Art die Verfassung und die constitutionelle Regierung am erfolgreichsten zu erwirken wäre.

Jede einzelne Rede, ob für den Beschluß oder für die Abresse ge= halten, wiederholte in Bezug auf die Hauptsache, das constitutionelle Princip nämlich, ein und dasselbe. Mit Ausnahme **Deák's**, welcher sehr weise „**einen Schleier über die Vergangenheit zog,**" blickte jeder Redner auf das verflossene Jahrzehend zurück, erging sich Jeder in mehr oder weniger heftigen Recriminationen über die damali= gen Handlungen der Regierung, über die neueren Rechtsverletzungen, über den 20. October, besonders über den 26. Februar, und stimmte dann kurz, oft ohne Begründung, entweder für den Beschluß, oder für die Abresse.

Es ging damals von Mund zu Mund, daß **Deák** einem Redner für die Abresse, der sich durch seine vorzügliche Rede und die Energie seiner Recriminationen auszeichnete, gesagt habe: „Ich danke für eine solche Unterstützung; wenn Ihr die Beschlußpartei in Recriminationen übertrefft, so ist das nicht die Art, die Ausgleichung zu fördern."

Jedenfalls eine charakteristische Anecdote, wenn es eine Anecdote ist.

Wir haben hier vorzügliche Reden gehört, welche das Verhältniß Ungarns zur Gesammt=Monarchie, so wie zu den übrigen Staaten Europas mit ausgezeichneter Sachkenntniß erörtern, oder den gerechten Zorn und Schmerz der schwergedrückten Nation über die neuerlichen Un= bilden ergreifend verdolmetschten; aber wir hörten mitunter auch leeren Schwulst, unwürdige Phrasen, tactlose Ausbrüche selbst gegen die Person Sr. Majestät, denen unter dem Schutze des Salvus conductus freien Lauf zu lassen keine Heldenthat war. Aber nachdem kein Gegenstand zur Debatte vorlag, und somit jede Rede eigentlich nur eine Variation der übrigen bildete, weil sie sich alle in demselben Ideenkreise bewegten: so war die Zuhörerschaft in kaum acht Tagen beinahe gänzlich ab= gestumpft und ermüdet. Selbst Deputirte, besonders jene, die schon

gesprochen hatten, begannen auf die Beendigung der Debatten zu brin=
gen. Die Mitglieder des Hauses hatten bereits so sehr die Lust zum
Hören — freilich nicht auch zum Reden — verloren, daß sie, wenn
es gegen 2 Uhr ging, und ein Redner gerade geschlossen hatte, massen=
weise aus dem Saale liefen, damit der Präses nicht etwa noch Einem
das Wort ertheile. Aber Jene, die sich schon seit Wochen auf ihre
Rede vorbereitet, konnten ihre Schwäche oder eigentlich ihren Muth
nicht bezwingen, denn nachgerade gehörte schon ein wahrer Heldenmuth
dazu, unter den Zeichen allgemeiner Gleichgiltigkeit, Unaufmerksamkeit
und Langweile noch eine halbe oder gar anderthalb Stunden zu pero=
riren. Endlich hieß es: die Adreß=Partei habe ihrem Rechte auf das
Wort entsagt, um die Beschluß=Partei, deren Mitglieder dann ununter=
brochen reden müßten, in ihrem „eigenen Fette ersticken zu lassen.“

Bis zum 3. Juni dauerte diese unfruchtbare Thätigkeit; am
4. Juni reassumirte Franz Deák die gegen die Adresse vor=
gebrachten Gründe, und antwortete hauptsächlich einem Neuling unter
den Abgeordneten, welcher mit wenig Sachkenntniß, aber um so größerer
Kühnheit Lehren über die pragmatische Sanction improvisirte, wie sie
bisher noch nie über die Lippen eines Ungars gekommen waren.

Dieser Abgeordnete warf nämlich Deák vor, daß er sich in sei=
nem Adreß=Entwurf überall, wo er die Grundgesetze und die Beziehun=
gen des Landes zum regierenden Hause und der österreichischen Monarchie
erörtert, respective vertheidigt, — immer auf die pragmatische Sanction,
jedoch nicht als auf ein einfaches Gesetz, ein einfaches Diplom, sondern
als auf einen in Folge gegenseitigen Uebereinkommens geschlossenen Grund=
vertrag berufe; — Er — der Abgeordnete hingegen — sehe einen Irr=
thum darin, daß die pragmatische Sanction auch nur im Geringsten als
Quelle und Garantie der constitutionellen Rechte des Landes angesehen
werde, weil von derselben in diesem Sinne auf dem Felde der unga=
rischen staatsrechtlichen Verhältnisse gar nicht die Rede sein könne.

Diese Anklage war zweischneidig und eben darum für uns eine
sehr gefährliche Waffe. Franz Deák stellte vorerst entschieden in Ab=
rede, daß er die pragmatische Sanction beinahe die einzige Garantie
der Grundgesetze des Landes genannt habe. Aber — sagt er — daß die
pragmatische Sanction kein einfaches Gesetz, kein octrohirtes Geschenk
oder Versprechen, sondern ein in Folge gemeinschaftlichen Uebereinkom=
mens geschlossener Grundvertrag ist, behaupte ich fest, und dieß werden,
glaube ich, auch unter unseren Feinden jenseits der Leitha nur Jene

läugnen, die Ungarn gern als erobertes Land betrachten möchten, und
deßhalb behaupten, daß sich das regierende Haus das Recht über dieses
Land mit den Waffen erkämpft habe.

Franz Deák zeigte nun mit Erschöpfung der hierher bezüglichen
historischen und juridischen Daten in einer zwei Stunden dauernden und
mit gespannter Aufmerksamkeit verfolgten Rede, daß die pragmatische
Sanction, — welche sowohl die Garantie der Rechte des erhabenen
Habsburg-Lothringischen Hauses in Ungarn, als auch eine unerschütter-
liche, obwol nicht die einzige Basis der Grundrechte des Landes bildet,
— **wirklich ein zweiseitiger Vertrag sei, welcher für
beide Theile unabweisliche Rechte und Verpflichtungen feststellt.**

Der Eindruck, welchen diese classische Rede hervorgebracht, wird
am besten durch die Aeußerung charakterisirt, die ein heftiger Verfechter
der Beschlußidee in einem Privatkreise machte: „Deák — sagte er —
verdient nach dieser Rede, daß ihm Se. Majestät vor der Burg ein
Monument setzen lasse."

*   *   *

Man kann sich keine Vorstellung von der Aufregung machen, mit
welcher die Abgeordneten, die Bewohner der Hauptstadt und die Intelligenz des ganzen Landes dem Resultate der auf den 5. Juni anbe-
raumten Abstimmung entgegensahen.

An diesem Tage geschah die Abstimmung über die Vorfrage, ob
Adresse? oder Beschluß?

Im Ganzen wurden eingereicht . . . . 307 Stimmen
für die Adresse stimmten 155   „
für den Beschluß 152   „

Es war daher eine Majorität von drei Stimmen für die Adresse.

Und groß war — wenn auch nicht die Freude — doch die Beruhigung, daß die Adresse durchgegangen, die Form beobachtet und der
Weg zur Ausgleichung offen geblieben war.

Und das Ganze war doch nur ein scheinbarer Sieg. Vierzehn
Abgeordnete, die beinahe ohne Ausnahme zur Beschluß-Partei gehörten,
hatten sich der Abstimmung enthalten. Es stand daher in ihrer Macht
— zu siegen oder nachzugeben.

Aber ihr Sieg hätte ihnen auch gefährlich werden können. Nach
der momentanen Stimmung zu urtheilen, wäre, wenn die Adresse ver-

worfen wurde, die allgemeine Indignation mit voller Wuth gegen die Beschluß=Partei ausgebrochen, welcher man in diesem Falle die Erfolg=losigkeit des Landtages und den Bruch zugeschrieben hätte. Solche Täuschungen kommen im Leben der Nationen vor!

* * *

Die Detail=Debatten über die Adresse zeigten bald, daß die Beschlußpartei, welche in der Majorität war, in ihren Concessionen gegen=über der Adreßpartei nur so weit ging, als sie eben gehen mußte, um sich die Last der auf sie fallenden Verantwortlichkeit zu erleichtern. Sie ließ die Adresse im Principe durchgehen, bereitete sich jedoch auf Modi=ficationen vor, welche den der Adresse zu Grunde liegenden politischen Gedanken vereitelten und vernichteten.

Es war schon an und für sich merkwürdig, daß das Haus, nach=dem es die Adresse angenommen, welcher, was Rechtswissenschaft, poli=tischen Tact, logisches Concept und würdevolle Haltung anbelangt, Niemand, aber auch Niemand im ganzen weiten Reiche etwas Eben=bürtiges an die Seite zu stellen vermocht hätte, — diese Adresse nicht derart angenommen hat, daß sie ohne Detail = Debatte hinaufgeschickt worden wäre. Die Detail = Debatte war um so weniger angezeigt, als sie doch keinen neuen etwa von Deák vergessenen staatsrechtlichen Grund zu Tage förderte, und keine wesentliche Verbesserung bezweckte, sondern höchstens auf die Entstellung des Geistes der Adresse abzielte. Diese merkwürdige Erscheinung hat nur Eine Erklärung, daß nämlich die Adresse nicht die der Beschlußpartei, nicht ihr Werk, nicht ihr Princip, und die Annahme derselben somit nur eine von der Vernunft eingegebene Con=cession an die Minorität war.

Viel merkwürdiger aber war noch der bei dieser Detail = Debatte beobachtete Vorgang, welcher allmälig den Charakter einer principiellen oder politischen Action verlor, und geradezu den einer schulmeisterlichen Correctur annahm. Ist es schon für zwei sehr ausgezeichnete Fachmänner schwer, ein fertiges wenn auch schlechtes Concept zu corrigiren: wie sollte es dann nicht ein wahres Unding sein, daß dreihundert Menschen, — mit Ausnahme von kaum fünfzig, lauter Männer, die nie in ihrem Leben ihre kostbare Zeit mit Abfassung diplomatischer Documente ver=geudeten, oder die, wenn auch sonst würdig und achtungswerth, doch in große Verlegenheit geriethen, wenn sie zufällig auch nur eine Schafs=Licitationskundmachung für eine Zeitung verfassen sollten, — daß solche dreihundert Individuen, sagen wir, von Punkt zu Punkt corrigiren sollen, was ein so besonnener und jedes Wort weislich erwägender Mann wie D e á k geschrieben.

Wir wollen uns nicht in die Einzelnheiten dieser Debatten einlassen, deren einziges Interesse darin besteht, daß sie lächerlich waren. Wir wollen nicht die Zeit vergeuden, wie f i e es gethan, die in dem D e á k'schen Texte einzelne Worte auslassen, andere zu-, vor- oder nachsetzen wollten, bis einer der Abgeordneten entrüstet aber erfolglos ausrief: „Wenn wir so fortmachen, was soll dann aus diesem Meisterwerke werden, das die Bewunderung der gebildeten Welt errungen hat!?"

Ein großer Theil der Vertreter kümmerte sich um das Urtheil der gebildeten Welt nicht. Dorfmaler corrigirten den Titian. Und nachdem sie einzelne Sätze zwei Stunden lange modificirt, ergänzt, zerrissen und wieder zusammengelöthet hatten, dämmerte ihnen allmälich die Ahnung auf, daß die Abresse D e á k's gleich einem Gußwerke ein Ganzes bilde, das man zwar zertrümmern, oder in das staubige Archiv geschichtlicher Documente werfen, aber nicht in Fasern zerreißen, nicht der Glieder berauben und noch weniger diese durch andere ersetzen und ergänzen kann.

Gleich bei dem Titel begannen die Debatten in ihrer ganzen Lebhaftigkeit.

D e á k gebrauchte die Aufschrift:

„Durchlauchtigster Kaiser und König!"

Die Legisten, die Gesetzeskundigen und die Puritaner strenger Gesetzlichkeit nahmen mit Recht an diesem Titel Anstoß, denn es ist klar, daß wenn der ungarische Landtag Se. Majestät als Kaiser und König titulirt, er ihn auch als solchen factisch anerkennt, für gesetzlich erklärt, und wenn Se. Majestät — auch ohne Krönung — gesetzlicher Kaiser und König ist, dann ist's mit unserer Constitution vorbei.

Aber die Frage war eine sehr schwierige.

Nennen wir ihn nur: „Durchlauchtigster Kaiser"? — Das könnte man dahin erklären, daß wir den „K a i s e r als Landesfürsten von Ungarn erkennen," und mit dem ungarischen Könige hätte es ein Ende.

Nennen wir ihn „König" — dann machen wir die Krönung überflüssig, erklären wir die abgelaufenen zwölf Jahre für gesetzlich, und wir sind gleichfalls verloren.

Aber, sagt einer unserer constitutionellen Veterane, die Thronentsagung unseres gekrönten Königs F e r d i n a n d V. ist ja nicht constatirt; und so können wir uns mit unserer Abresse auch nicht an

Franz Josef als „präsumtiven Kronerben" wenden; nennen wir ihn daher „durchlauchtigster Kaiser."

Oder setzen wir nur: „durchlauchtigster Herr", meint ein Vierter.

Gott bewahre! rief ein Abgeordneter, der allerdings „weit her" war, — das könnte man am Ende sowohl auf die Kaiser= als auf die Königswürde beziehen! und dann ist's um uns erst recht geschehen.

Ich aber möchte bitten, das Wort „Herr" wegzulassen, weil man hieraus leicht folgern könnte, daß wir seine Diener seien, bemerkte ein Fünfter.

Nennen wir ihn also den factischen Regenten Franz Josef! rief ein Neunter oder Zehnter... Die Geschichte muß es indessen zur Ehre des Hauses verzeichnen, daß berlei Albernheiten mit Zeichen des Unmuthes aufgenommen wurden.

Am treffendsten wurde diese Phase der Berathung durch den kausti= schen Witz des Grafen Julius Anbrássy charakterisirt, der das Haus ermahnte, es möge doch zusehen, daß es ihm nicht wie dem Herzog von Monaco ergehe, der Napoleon nicht als Kaiser anerkennen wollte, und am Ende — ausgelacht wurde.

Es fiel auf, daß statt des krankheitshalber abwesenden Deák keiner seiner Freunde dessen Antrag vertheidigte. Factisch beharrte Deák selbst nicht auf der von ihm vorgeschlagenen Titulatur, nachdem auch in früheren Zeiten verschiedene Titel gebraucht wurden. Deßhalb wünschte er auch in dieser Frage keinen ernsten Streit; allmälich jedoch nahm die Debatte eine Richtung, welche Jeden, der auch nur einige Kenntniß der politischen Verhältnisse besaß, mit lebhafter Unruhe erfüllte.

Es war vorauszusehen, daß berlei Debatten auch ernstere Folgen haben werden, als die, daß die Welt sie auslacht! — Nicht um die Wahl des Titels handelt es sich — denn es war ja keiner der in Frage gekommenen Aufschriften unwürdig oder unpassend — aber die ganze Debatte war dem Landesfürsten gegenüber tief verletzend, in ihrer Unschicklichkeit beispiellos und in Rücksicht auf das Land jedenfalls unnütz, weil hinsichtlich der Rechtsverwahrung über Nyáry's Antrag ohnehin die protokollarische Erklärung abgegeben worden war, daß aus der Titulatur kein Rechtsanspruch gefolgert werden dürfe. Die Giltigkeit einer solchen Verwahrung wäre jedem Titel gegenüber die gleiche gewesen*).

---

*) Der Titel, welchen das Haus annahm, „Fölséges ur" heißt nicht „Hoher Herr," sondern bedeutet genau so viel wie „Eure Majestät." — Fölség ist Majestät, fölségiség — Souveränetät. A. K.

* * *

Aber die Bestrebungen und Hoffnungen der Freunde des Aus=
gleiches wurden erst am 12. Juni durch die Majorität des Unterhauses
vernichtet.

Vom 20. October 1860 bis zum Provisorium war weder zufällig
noch absichtlich ein Schritt geschehen, welcher sich nur im entferntesten
mit den traurigen Folgen jener Mobification messen könnte, die ein
marmaroscher Deputirter bei dem Passus der Adresse über die Thron=
folge und Abdication beantragt und das Unterhaus angenommen hatte.

Diese Punkte des Adreß=Entwurfes lauten:

„Wir müssen auch unsere Stimme erheben bezüglich jener Ur=
kunden, welche die im Jahre 1848 erfolgte Thronabdankung Sr. Ma=
jestät Ferdinand V. behandeln. Indem Se. Majestät Ferdinand V. am
2. December 1848 der Kaiserkrone entsagte, gab er nicht eine besondere
Urkunde in Bezug darauf heraus, daß er auch der ungarischen Krone
entsage und verständigte auch Ungarn nicht eigens von seiner Abdankung.
Die Abdankungs=Urkunde ist somit, vom ungarischen staatsrechtlichen
Standpunkte aus, der Form nach mangelhaft, denn Ungarn war nie
eine mit dem österreichischen Kaiserstaate verschmolzene Provinz; es besaß
eine eigene Krone, eine eigene constitutionelle Selbstständigkeit und der
ungarische König hätte nur mit Ungarns Wissen und Zustimmung auf
den ungarischen Thron verzichten können.

Wir legen daher feierliche Verwahrung dagegen ein, als könne
aus der allgemein gehaltenen Abdankung vom 2. December die Schluß=
folgerung gezogen werden, daß Ungarn eine Provinz der österreichischen
Kaiserkrone; festhaltend an unserer verfassungsmäßigen Selbstständigkeit
protestiren wir auch dagegen, daß jene Abdankung ohne Wissen und Zu=
stimmung der Nation erfolgt ist. Nachdem sie denn aber doch factisch
und unabänderlich geschehen, wünschen wir behufs künftiger Sicherstellung
der Rechte des Landes: Se. Majestät möge bewirken, daß zur nach=
träglichen Reparirung des Formfehlers Se. Majestät Ferdinand V. eine
Urkunde ausstelle, welche direct an Ungarn gerichtet sei und in der
Se. Majestät Ferdinand V. den Landtag davon verständige, daß er schon
am 2. December 1848 der ungarischen Krone wirklich entsagt habe.
Ferner möge Se. Majestät auch von Sr. kaiserlichen Hoheit Franz Carl
eine gleichfalls an Ungarn gerichtete Verständigung darüber bewirken,
daß auch Se. kaiserliche Hoheit bereits im Jahre 1848 auf jenes Erb=

recht verzichtet habe, welches nach der Thronentsagung Sr. Majestät Ferdinand V. im Sinne der pragmatischen Sanction ihm zugestanden wäre.

Wir werden diese Urkunden seiner Zeit landtäglich verhandeln; wir wünschen dieselben auch in das Gesetz einzutragen, damit wenigstens nachträglich ergänzt werde, was rechtmäßig schon vorher hätte geschehen sollen, und von unserer feierlichen Verwahrung behufs künftiger Sicherstellung unserer Rechte, so wie von der nachträglichen Zustimmung des Landtages im Gesetze selbst eine Spur vorhanden sei."

Hierauf erhob sich Gabriel Báraby und sprach wie folgt:

„Was diese Thronentsagung betrifft, tauchen bei diesem Gegenstande, meiner unmaßgeblichen Ansicht nach, drei Fragen auf. (Hört!)

Hat Ferdinand V. dem Throne Ungarns entsagt und in voller Form Rechtens? und wenn ja, ist Franz Joseph der unbezweifelte Thronfolger? und wenn alles das, dürfen wir uns darüber in der Abresse aussprechen?

Ich bin in der schwierigen Lage, alle diese drei Fragen mit Nein beantworten zu müssen.

Was in Wirklichkeit bei dieser Abbication vor sich ging, welche Mysterien daran geknüpft sind, untersuche ich nicht. So viel steht unzweifelhaft fest, daß jene Entsagungsurkunde, welche der Abgesandte des Oberhauses, Herr Obergespan Gozsbu, auf den Tisch des Hauses niederlegte, sich in nichts unterscheide von den ursprünglich in deutschem Originaltext abgefaßten und erst später aus besonderer Gnade in's Ungarische übersetzten Patenten, mit denen die Wiener Regierung zwölf Jahre hindurch den Boden dieses Landes so überschüttet hat, wie der Hagel die üppigen Saatfelder. Diese Abbications-Urkunden, welche in keiner gesetzlichen Form erlassen, auf keinem gesetzlichen Wege uns zukamen und auch hier nicht pertractirt wurden, sind demnach dem neunhundertjährigen Throne des St. Stephan berogirende Scarteken.

Und in der That, wenn man dem Throne Ungarns in solcher Weise entsagen und auf solchem Wege darüber verfügen könnte, würde es sich wahrscheinlich nicht gelohnt haben, für die Vertheidigung dieses Thrones durch so viele Jahrhunderte so viel kostbares Blut zu vergießen.

Allein, wenn auch dieß Alles widerlegt würde, woran ich zweifle, so viel ist unbestreitbar, daß — wie es der Abreßantrag so schön darlegt — Ferdinand V. damals, als er der Kaiserkrone entsagte, nicht auch zugleich der ungarischen Krone entsagt hat, nicht blos beßhalb, weil Ungarn keine österreichische Provinz, sondern weil zu dieser Entsagung auch die Wissenschaft und Zustimmung der Nation erforderlich gewesen wäre.

Wir besitzen in dieser Beziehung ein klares Gesetz, denn in der Einleitung zu den auf dem Landtage von 1608 vor der Krönung ge= brachten Gesetzen erkennt Mathias II. ausdrücklich an, daß Rudolph die Regierung ihm auf den Wunsch der Stände des Landes übergeben habe: „ad demissam statuum et ordinum Regni Hungariae instantiam ple- narie traderet, et concederet." Ja er erkennt auch an, daß Rudolph's Anerbieten dazu nöthig war, damit er, nämlich Mathias II., gekrönt werde: „Verum etiam scripto suo peculiari, ut Nos in futurum ip- sorum Regem acceptare, proclamare, et coronare possent et valerent, fraterne recommendaret."

Es ist wahr, daß Alles das, als vor der Krönung geschehen, uns nicht überraschen kann, denn die Fürsten sprachen alle seit 300 Jahren stets anders vor der Krönung, und anders nach derselben. So viel jedoch steht unzweifelhaft fest, daß Ferdinand V. ohne Wissen und Hin= zuthun der Nation der Krone Ungarns nicht entsagen konnte, ja auch gar nicht entsagt hat.

Nach alledem ist — ganz abgesehen von der mangelnden Gegen= zeichnung eines ungarischen verantwortlichen Ministers — hier nicht von einem Formfehler, nicht von der factisch und unabänderlich geschehenen Abdication, sondern von einer so wesentlichen Handlung die Rede, die in Bezug auf Ungarn mit allen ihren Consequenzen nichtig ist.

Doch wenn dieß Alles nicht so wäre, wie ich es hier anspruchs= los mitzutheilen die Ehre habe, sondern so wie es in dem Adreß=An= trage dargelegt wird, auch dann entsteht die Frage, wer ist der legale Thronerbe — ist es Erzherzog Franz Carl, oder der gegenwärtige österreichische Kaiser Se. Majestät Franz Joseph? In dieser Beziehung können uns nur mit allen gesetzlichen Erfordernissen versehene Documente aufklären.

Und wenn dann diese Schriften herabgelangen und jene Dinge, welche die Fama uns bereits zugetragen, uns als Thatsachen bestätigen, wird dann nicht auch dem gehrten Hause eine ernste Frage aufsteigen? Werden wir nicht auch dann auf III. Ges. Art. von 1790 hinweisen?

Ich will nicht sagen, was das Pester Comitat und noch viele an= dere Comitate in ihren Adressen von 1790 aussprachen, daß nämlich durch achtjährige ungesetzliche Regierung die durch die pragmatische Sanc= tion festgesetzte gesetzliche Erbfolge abgerissen wurde; ich muß jedoch er-

klären, daß, nachdem der Thronerbe nach Vorschrift und unter den Be=
schränkungen des III. Gesetz=Artikels von 1790 ein eben so gesetzlicher
Herrscher ist, wie ein gekrönter König, ich auch nicht eher einen gesetz=
lichen Thronerben anerkennen kann, in so lange ich keinen auf das Ter=
rain der Verfassung und der Gesetzlichkeit getretenen Herrscher vor mir
sehe; denn würde ich anders handeln, so hieße dieß, meines bescheidenen
Dafürhaltens, der Fortsetzung des bisherigen absoluten Systems auch für
die Zukunft den Stempel der Gesetzlichkeit aufdrücken.

Was endlich die Frage betrifft, ob wir der factischen Macht unsere
dießbezüglichen Ansichten erklären können? so bin ich überzeugt, daß wir
uns vor Vervollständigung des Landtages im Sinne des G. A. V : 1848
und Restituirung des im Ges. Art. III. umschriebenen Ministeriums
nicht in diesen fundamentalsten Theil der Gesetzgebung einlassen können,
und eben deßhalb weder einen Rath noch eine Weisung ertheilen, noch
ein Versprechen leisten, noch auch Verbindlichkeiten übernehmen dürfen,
was doch Alles, meiner Auffassung nach, im Abreß=Entwurf geschieht, weil
wir damit unsere in der Ferne befindlichen Brüder und jene avitische
Verfassung verletzen würden, für deren Vertheidigung so viel tausend
Heldensöhne des Vaterlandes verbluteten; denn wenn wir sie einmal
unter unseren Füßen erschüttern lassen, werden wir hinfort jene Grundlage
vergebens suchen, auf welcher wir den großen Tempel unserer nationalen
Wohlfahrt und Freiheit durch unsere gesetzliche Thätigkeit wieder her=
stellen wollen.

Die auf den Thronwechsel sich beziehenden Punkte des Abreß=
entwurfes könnte ich daher nur dann unterstützen, wenn wir ein
gänzlich vervollständigter Landtag wären und einem außer jedem Zweifel
stehenden gesetzlichen und gesetzlich regierenden Thronfolger gegenüber
stünden; so kann ich jedoch dieselben nicht unterstützen, weil die Ab=
sätze 12, 13 und 14 in dem gegenwärtigen Falle zu einem solchen Ar=
chimedespunkte für uns sich gestalten könnten, worauf die Wiener Me=
chaniker sich stellend, uns aus unserer gesetzlichen, starken Position leicht
verdrängen und auf das unabsehbare Feld ungesetzlicher Unterhandlungen,
Vereinbarungen werfen könnten.

Es ist möglich, daß ich irre, dieß ist jedoch meine Ueberzeugung.

Darum wage ich, unter Hinweglassung der Absätze 12, 13 und 14
des Abreßentwurfes, folgendes Amendement vorzulegen:

„Was ferner die Thronentsagung Sr. Majestät des Königs Fer=
dinand V. betrifft, so erklären wir — jetzt abgesehen davon, daß die

hierauf bezüglichen Documente uns nicht in gesetzlicher Form und auf legalem Wege mitgetheilt wurden — daß bis zur vollständigen Inte= grirung unseres Landtages im Sinne des V. Ges. Art. von 1848 und der Wiederherstellung der durch den III. Artikel desselben Jahres be= zeichneten Organe der Landtag sich nicht in die Verhandlung der erwähnten Documente einlassen und auch über die Thronveränderungsfrage nicht äußern könne."

Deák hörte diesen unerwarteten Antrag mit sichtlichem Unwillen an, und schlug bei einem drastischen Ausbrucke zornig auf den Pult. Seine Entgegnung, welche er ex abrupto und lauter und energischer als gewöhnlich sprach, war die eines geübten Parlaments=Redners, der immer mit sich im Reinen ist.

Zunächst hob er hervor, daß die in Frage stehenden Absätze zu= sammenhängend, und sowohl in Bezug auf den logischen Gang der Abresse als auch auf die Gesetze des Landes ihrem ganzen Umfange nach wesent= lich sind. Er zeigte, daß die Modification von dem Standpunkte der Rechtsverwahrung aus überflüssig sei, weil die Abresse in dieser Hinsicht Alles sagte. Er erörterte mit der Einfachheit des nüchternen Ver= standes, was ohne Ironie kaum zu demonstriren war, weil jeder Ver= nünftige einsehen konnte, daß Ferdinand V. factisch abgedankt, zwölf Jahre lang factisch nicht regiert hat und wir nicht die Macht besitzen, diese Thatsache zu ändern. Wir sind daher auf das Dilemma angewiesen, entweder Ferdinand V. zu zwingen, wieder die Regierung anzuneh= men, oder dahin zu trachten, daß jener Regent, welcher die factische Macht in Händen hat, auch zugleich gesetzlich gekrönter König werde; außer diesen zweien gibt es keine Möglichkeit, wenn wir anders die jetzige abnorme Lage nicht in die Länge ziehen wollen.

Die unangreifbare Logik Deák's bezeichnete die Absicht des An= tragstellers und seiner Partei; sie war offenbar auf dieses Dritte gerichtet.

Aber wie handgreiflich dieß auch war, spielte Redner doch nicht darauf an, sondern bewahrte seine objective Ruhe, und entwickelte, daß in dem, was die Abresse über die Beseitigung der Mängel in der Ab= dication sage, das Wesentlichste über diese Frage enthalten sei. „Wenn — sagt er — wir dasselbe entweder ganz auslassen, oder dem bean= tragten Amendement anpassen würden, so entstünde in dem logischen Zusammenhange der Abresse eine Lücke, und es wäre nicht zu verstehen, warum wir an Se. Majestät Franz Josef und nicht an Ferdinand V. eine Abresse richten."

„Eine solche Adresse, welche an Ferdinand V. gerichtet worden wäre, würde die ganze Frage abschneiden; denn sieht sie die Abdankung für ungeschehen an, so würde sie auch jetzt noch Ferdinand V. als regierenden König Ungarns betrachten. Ein Beschluß anstatt der Adresse würde die Anregung der Frage entweder beseitigen oder auf eine spätere Zeit aufschieben. Eine Adresse jedoch abgehen zu lassen und in der Adresse alles dasjenige aufzuführen, dessen Erfüllung wir von Sr. Majestät verlangen, bevor wir uns über die Krönung berathen können; die den Rechten des Landes zugefügten Verletzungen aufzuzählen, welche eine unverzügliche Heilung erheischen, und über die durch die Art der Thronentsagung verursachte Rechtsverletzung zu schweigen; nicht auszusprechen, was wir eben zu einiger Nachholung des Verabsäumten im Interesse unserer Rechte für nothwendig halten; gerade darüber nicht zu sprechen, was mit dem Thronfolgerechte des die Krönung Verlangenden in Verbindung steht, oder blos das auszudrücken, daß wir über das Alles erst nachher sprechen werden: das Alles würde die Adresse nicht nur mangelhaft machen, sondern sie gänzlich umstürzen." (Allgemeine Zustimmung.)

Weiteres antwortete er auf die Bemerkung, daß wir Sr. Majestät keinen Rath ertheilen sollen, weil er schon selbst wisse, was er in seinem Interesse zu thun habe, Folgendes:

„Nach meiner Ansicht ist es immer eines unserer größten Uebel gewesen, daß unsere Herrscher nie wußten, was sie zu thun hatten zur ganzen und vollständigen Wiederherstellung der Constitution und Gesetzlichkeit. Eben was diese Thronentsagung anbelangt, glaubte Se. Majestät, es genüge, wenn er diese Abdankung, welche Ferdinand V. im Jahre 1848 herausgab, dem Landtage jetzt in ungarischer Uebersetzung übersendet; wir können uns jedoch mit einer solchen Mittheilung nicht begnügen, wir fordern zur Sicherung der Rechte des Landes mehr, und das ist es, was wir in der Adresse vortragen.

„Ueberhaupt theile ich auch gar nicht jene Ansicht, daß wir dem Herrscher, oder dem, der die Macht factisch ausübt, gerade dann, wenn er auf ungesetzlichem Boden steht, keine Rathschläge ertheilen sollen. Es ist die bitterste Klage der Völker, daß ihre Könige keine guten Rathgeber haben, und die Repräsentanten der Nation sind hauptsächlich berufen, ihren guten Rath und die Verweisung auf den rechtlichen Weg bei jeder Umgehung des Gesetzes vor der höchsten Macht rückhaltslos auszusprechen.

„Noch vor einigen Tagen, schloß Deák seine Rede, war die Frage, ob das Haus seine Ansichten in einem Beschlusse ausspreche, oder eine Abresse an Se. Majestät Franz Josef zu richten sei, zwischen beiden Theilen des Hauses eine Streitfrage; die Majorität des Hauses stimmte für die Abresse, nun wird die Abresse nicht mehr im Namen der Majorität, sondern des Hauses hinaufgesendet werden, sowie auch die Gesetze, welche oft von der Majorität festgestellt werden, nicht die Gesetze jener Majorität, sondern des Landes sind. Wenn politische Meinungen verschiedener Tendenz einander gegenüber stehen, hat jede Meinung ihre eigene Logik, ihre eigenen Grundsätze und Ideenverkettungen. Es kann die eine, es kann die andere zweckmäßig sein; den logischen Ideengang der einen jedoch zerreißen, aus ihrer Ideenverkettung ein Glied herausreißen, und die von ihr abweichende Logik, die Principien und Ideen der andern hineinfügen, heißt so viel, als sie vernichten. Das Haus beschloß die Abresse, und nun einen wesentlichen Punkt derselben, einen solchen Punkt, ohne welchen im Ganzen kein Zusammenhang, herausreißen, und dieß Alles in Folge jener Grundsätze und Ansichten thun, welche die weitläufig besprochenen Grundsätze und Ansichten der Widersacher der Abresse waren, ist so viel, als den Beschluß des Hauses umstoßen.

„Wenn die Majorität, die Abresse verwerfend, darin übereingekommen wäre, blos in einem Beschlusse die Ansichten des Hauses auszusprechen, hätte ich mich ganz gewiß enthalten, in der auf Grund des Beschlusses entstandenen Urkunde eine Lücke in dem Zusammenhang, oder durch Einschaltung dem Beschlusse gegenüber stehender Ansichten einen Widerspruch hervorzurufen, denn die Beschlüsse des Hauses achtend, hätte ich nicht wollen können, daß dieselben nicht nach der Absicht derjenigen zu Stande kommen, von benen sie ausgegangen.

„Dieß halte ich für Billigkeit im parlamentarischen Leben. Ich weiß zwar, daß die Abresse jetzt schon Eigenthum des Hauses ist, welches sie verändern, modificiren und aus ihren einzelnen Bestandtheilen eine ganz neue andere bilden kann, ich werde das Recht der Majorität nicht in Zweifel ziehen, aber ich läugne nicht, daß ich die Billigkeit, zu der ich in politischen Dingen stets bereit war, auch von jenen wünschte, ja nach einigen Antecedentien erwarten zu können glaubte, welche die Abresse nicht wollten; ich kann wahrlich nichts dafür, wenn ich mich in dieser meiner Hoffnung getäuscht."

* * *

Mehr als zwanzig Deputirte begehrten öffentliche und namentliche Abstimmung. Es wurden 254 Stimmen abgegeben. Für den ursprüng= lichen Entwurf waren 120, gegen denselben 134 Stimmen.

Da, nachdem man den ursprünglichen Text verworfen hatte, zwei Modificationen vorgeschlagen waren, so galt es nun, zwischen diesen beiden zu wählen.

Das rief einen jener nicht seltenen Fälle hervor, welche zeigen, wieviel Mängel und Widersinn im parlamentarischen System liegen, trotz der scheinbaren Vernunftgemäßheit desselben.

Wie wir sagten, handelte es sich um zwei Modificationen: die oben erwähnte von Bárabh, die andere vom Grafen Julius Teleky. Der Präsident ließ daher die Frage zur Abstimmung kommen, ob Bárabh's Antrag angenommen werde oder nicht; die denselben an= nehmen, mögen sich erheben.

Deák hatte treffend bemerkt, es könne auch eine dritte Classe von Stimmenden geben, derjenigen nämlich, welche über diesen Gegen= stand überhaupt kein Votum abgeben wollen. Diesen gegenüber erklärt der Präsident, daß er, im Falle keine namentliche Abstimmung erfolgt, ihnen nichts Anderes empfehlen könne, als — nicht gegenwärtig zu sein.

Nach dieser Mittheilung verläßt Deák den Saal. Viele folgen ihm. Es ist unbegreiflich, daß ihm nicht Alle folgten, welche früher für die Beibehaltung des Deák'schen Entwurfes gestimmt. Was kann Diesen daran liegen, welche der beiden Modificationen acceptirt wird, wenn sie einmal erklärt haben, überhaupt keine Modification zu wollen? Zwischen dem Entwurf und den beiden Modificationen bestand derselbe principielle Unterschied.

Wenn die 120, die früher für den Entwurf gestimmt, den Saal verlassen, so ist das Haus nicht vollzählig, denn dazu sind 161 Mit= glieder nothwendig; es wäre also nicht beschlußfähig gewesen; beide Modificationen fallen, und die ganze künstliche Maschinerie stockt.

Indeß blieb ein großer Theil der Adreßpartei, der sich wahr= scheinlich im ersten Momente nicht zu orientiren wußte, im Saal, und Bárabh's Modification erhielt die Majorität.

Im Laufe der Abstimmung herrschte große Aufregung unter den Deputirten; in der Vorhalle erklärte Deák Einigen von der Beschluß= partei, wenn sie einmal die Adresse durchgehen gelassen, hätten sie auch

darauf achten müſſen, daß ein ſolcher, die Sache in ihrem Weſen an=
greifender Antrag nicht geſtellt werde.

So wurde jener politiſche Gedanke zu Grunde gerichtet, welcher
Deák bei Abfaſſung ſeines Abreß=Entwurfes leitete.

Wie ſo? wird man fragen. Läßt ſich von Báraby's Antrag
etwas Anderes ſagen, als höchſtens, daß er die Ausgeburt einer bis
zur Manie entarteten Geſetzlichkeit iſt?

Das leidet keinen Zweifel. Das Uebel war nur, daß die Abreſſe
an dem betreffenden Orte, wohin ſie gerichtet war, einen anderen Ein=
druck zu machen hatte. Die Brandmarkung der Unterhandlung als un=
geſetzlich; der circulus vitiosus, daß man einen Monarchen, der ſich
noch nicht auf dem Boden des vollkommenſten Conſtitutionalismus und
der Geſetzlichkeit befindet, auch nicht als geſetzlichen Thronerben aner=
kennt; dem ungeſetzlichen Thronerben aber keinen Weg offen läßt, um
den geſetzlichen Boden betreten zu können; die Erklärung, daß wir uns
vor der Actibirung der 1848er Geſetze und vor Wiederherſtellung des
Miniſteriums nach G. A. III. über die Frage des Thronwech=
ſels nicht äußern können: Alles das konnte und mußte
Oben nur als eine zum 14. April führende offene Thür
betrachtet werden.

Von einer Abreſſe, welche einem der mächtigſten Monarchen der
Welt ſolche Dinge ſagt, einen Erfolg, eine Förderung des Ausgleichs
zu erwarten, das wäre maßlos einfältig geweſen.

Die theils niedergeſchlagene, theils gereizte Stimmung, welche
in Folge dieſes Reſultates in der Hauptſtadt herrſchte, beweiſt, wie
ſehr unſere politiſche öffentliche Meinung entwickelt iſt. Dieſe Stim=
mung verbreitete ſich bald darauf über das ganze Land, und bewog
einige Wochen ſpäter die meiſten Comitate, an Deák beſondere Ver=
trauensboten zu ſenden.

Die Beſchlußpartei hatte ſich indeß erſt nachträglich über die Trag=
weite ihres Votums orientirt, und erſchrack ſelbſt über ihren Triumph.
Als Beweis deſſen iſt der Umſtand zu betrachten, daß das Redactions-
Comité über Antrag Tiszas die letzten Worte der Báraby'ſchen
Modification: „Wir können uns über die Frage des Thronwechſels nicht
ausſprechen," wegließ. Tisza hatte nämlich geltend gemacht, daß in
einem früheren Abſatze dasſelbe mit andern Worten geſagt ſei.

Báraby erklärte gleichfalls, daß er gegen dieſes Amendement
nichts einzuwenden habe.

Franz D e á k jedoch — offenbar von der richtigen Erkenntniß ge=
leitet, daß die Weglaffung des letzten Satzes der Klugheit nicht ent=
spreche, nachdem das ganze B á r a b y'sche Amendement, weil factum in-
fectum fieri nequit, nicht zu beseitigen war — wollte verhüten, daß das
Haus sich ohne Grund bemüthige und setzte auseinander, daß die B á r a=
b y'sche Modification, nachdem sie durch die Majorität des Hauses an=
genommen worden, nicht mehr dem Antragsteller, sondern dem ganzen
Hause gehöre, dieses aber von einem Beschlusse, den es gestern gefaßt,
morgen nicht zurücktreten könne.

Die B á r a b y'sche Modification wurde daher in ihrer ursprüng=
lichen Fassung beibehalten.

* * *

Die so modificirte Adresse wurde dem Oberhause übersendet. Auch
dort veranlaßte sie eine mehrtägige rhetorische Ueberschwemmung. Der
eine Theil des Publicums hoffte, der andere fürchtete, daß die Herren
des Oberhauses die Adresse modificiren, d. h. auf den ursprünglichen
Entwurf D e á k' s zurückführen werden. Das Oberhaus nahm jedoch die
Adresse unverändert an.

Den 14. Juni wurden die beiden Präsidenten des Landtags ab=
gesendet, um die Adresse Sr. Majestät persönlich zu überreichen.

Der durch die Debatten verursachten Aufregung folgte jetzt eine
Pause von einigen Tagen. In größter Ruhe verrichtete nun der Land=
tag seine übrigen Arbeiten, unter welchen die wichtigste das Elaborat
des für die Behandlung der Nationalitätsfrage niedergesetzten Comité's
war, von dem wir später ausführlicher sprechen werden.

In der Hauptstadt und von da aus im ganzen Lande wechselten
die verschiedensten und entgegengesetztesten Gerüchte mit einander ab.
Bald hieß es, Se. Majestät werde die Abgesandten des Landtags gar
nicht empfangen, bald circulirte das Gerücht, Se. Majestät werde die
Adresse nicht mit einem königl. Rescript, sondern mit einem M a n i f e st
beantworten, in welchem der durch die Debatten über den Titel und
das Successionsrecht tief verletzte Monarch Ungarn gegenüber an die
Völker der übrigen Provinzen appelliren werde. — Die Gemäßigten er=
schrecken über diese Nachricht; die Träumer, die schon einen französisch=
italienisch = österreichischen Krieg sehen, freuen sich. Jene sind herab=
gestimmt; diese rennen heiter in ihr Verderben. Den andern Tag gehen
große Hoffnungen von Mund zu Mund; das Ministerium wird bewilligt,

ja es werden sogar schon Namen genannt. Bald scheint wieder das Gespenst des Provisoriums aufzutauchen, und mancher große Held beginnt sich für seine Heldenthaten und großen Worte — zu entschuldigen. Unter solchen Schwankungen der öffentlichen Meinung gelangte das seinem Inhalte nach höchst unerwartete e r s t e k ö n i g l i c h e R e s c r i p t vom 30. Juni herab. Es lautet folgendermaßen:

Königliches Rescript.

„F r a n z J o s e f I., von Gottes Gnaden Kaiser von Oesterreich, apostol. König von Ungarn, Böhmen, Galizien und Lodomerien, dann König der Lombardei, Venedigs und Illyriens, Erzherzog von Oesterreich u. s. w. — Wir entbieten Unseren Gruß und Gnade den Reichsbaronen, geistlichen und weltlichen Würdenträgern, und Repräsentanten Unseres getreuen Ungarn und der mit ihm verbundenen Theile, die auf dem durch Uns auf den 2. April einberufenen Landtag sich versammelt haben. Geliebte Getreue! Obgleich Wir jene landtäglichen Berathungen, welche in Betreff Unserer Allerhöchsten Herrscherrechte im Repräsentantenhause gepflogen wurden, so wie auch die gegen das Uns, als dem erblichen Könige Ungarns, gesetzlich zustehende unläugbare Erbfolgerecht gerichteten Ausfälle mit ernstem Befremden vernahmen; so glaubten wir dieselben doch mehr als Ausflüsse der momentanen Erregtheit einzelner leidenschaftlicher Redner, denn als getreue Ausdrücke der Gefühle Unseres einberufenen Landtages betrachten zu können. — Nachdem jedoch jenen irrigen Anschauungen sowohl in der Form als auch in der Fassung der an Uns gerichteten allerunterthänigsten Adresse bestimmter Ausdruck gegeben wurde, so erachten Wir es zur Wahrung jener, Unserer fürstlichen Person und Unseren königlichen Erbrechten schuldigen unterthänigen Ehrerbietung, welche der Thron und dessen Würde mit Recht erheischt, die aber in jener Adresse der Magnaten und Repräsentanten, von der gesetzlichen Gepflogenheit abweichend, beseitigt worden ist, — für Unsere höchste Pflicht, die Adresse, welche mit Verletzung der königlichen Rechte, nicht an den erblichen König Ungarns gerichtet ist, zurückzuweisen; hegen jedoch das lebhafte Verlangen, Uns über die in der Adresse der Magnaten und Repräsentanten enthaltenen hochwichtigen Fragen offen aussprechen zu können, daher Wir die Magnaten und Repräsentanten ernstlich auffordern: Uns die Adresse, unter Beachtung des vom 1790er Krönungs- Landtage befolgten Vorganges, in solcher Gestalt zu unterbreiten, daß die Annahme derselben mit der, von Uns

gegen jegliche Angriffe zu wahrenden Würde der Krone, und mit Unseren
ererbten Herrscherrechten in gebührendem Einklange stehe. Die Wir Euch
übrigens mit Unserer kaif. kön. Huld und Gnade dauernd gewogen blei=
ben. Gegeben in Unserer Reichs = Hauptstadt Wien in Oesterreich am
30. Tage des Monats Juni im Jahre 1861.

Franz Josef m. p.

Baron Nikolaus Vay.

Eduard Zsebényi."

Der Ton, welcher in diesem königlichen Refcripte herrschte, war
ein so würdevoller, der Geist desselben entsprach so ganz der Art, welche
im Verkehr zwischen dem monarchischen Ungarn und dessen Königen seit
Jahrhunderten Brauch war; es faßte die Majorität, welche so große Feh=
ler begangen, so scharf gerade bei ihrer schwachen Seite, daß man kühn
behaupten kann, jenes Refcript sei das Gelungenste, was seit dem
20. October geschehen und geschrieben worden ist.

Der Eindruck, den es machte, läßt sich schwer beschreiben.

Das königl. Refcript fand allgemein die größte Anerkennung. Die
Hinweisung auf unsere vaterländischen Gesetze und auf die versöhnlichen
Absichten Sr. Majestät erweckte eine gleiche Versöhnlichkeit selbst in den
Herzen derjenigen, die sonst nicht mit sonderlichem Vertrauen nach Wien
blickten.

Viele jauchzten vor Freude, und zwar schon deßhalb, weil die Ex=
tremen eine Lection bekommen hatten.

Die Beschlußmänner verbargen und verriethen in den verschieden=
sten Variationen ihre Beschämung, ihren Zorn.

„Seht Ihr," — sagte der Eine — „haben wir nicht vorausgesagt,
daß wir, sobald wir eine Abresse absenden, gleich auf das Terrain der
Unterhandlungen gedrängt werden?"

„Wir geben doch nicht nach," — sagte der Zweite — „wir können
den Landtag nicht compromittiren."

„Das Ganze ist nur ein Manöver von Deák," sagte ein red=
seliger, beliebter Volkstribun.

Bei der Abreß=Partei hieß es: „Seht, das wäre nicht geschehen,
wenn man Deák's Entwurf angenommen hätte. Seht Ihr, daß Ihr
nichts von Politik versteht? Nachdem Ihr die Abresse principiell an=
genommen, werdet Ihr jetzt aus Consequenz nachgeben müssen."

„Ja! die ganze Diplomatie tadelte die Manier Eurer Debatten, Eure Modificationen, — die ganze Diplomatie ist gegen uns."

„Hm! — erwiedert ein Vollblut = Extremer achſelzuckend — die ausländiſchen Diplomaten wollen Oeſterreich zu Grunde richten, deßhalb ſprechen ſie ſo."

Der 5. Juli machte allem Schwanken ein Ende. Das Unterhaus entſprach der Aufforderung des königlichen Reſcriptes ohne Wiberrede.

Nach achtundvierzigſtündiger Ueberlegung wurden ſie feierlich be= ſeitigt jene affectirten patriotiſchen Beſorgniſſe, welche die Mobificationen des Deák'ſchen Abreß=Entwurfes geboren, in der Hauptſtadt die Partei= leidenſchaften entflammt, im ganzen Lande ſo viel böſes Blut gemacht, den Monarchen im Gefühle ſeiner Würde tief verletzt und jenen Ränke= ſchmieden, die unſere Conſtitution fortwährend untergraben, ſo viele will= kommene Vorwände zur Verdächtigung unſerer Loyalität geboten haben. Aber die ſchönen Phraſen, die großen Worte, die Rechtsconſequenzen platzten beim erſten Worte des Monarchen wie Seifenblaſen!

* * *

Das war ein ſehr wichtiger Moment für die Möglichkeit eines Ausgleichs, und es hing von der Klugheit der Regierungsmänner ab, denſelben zum Beſten der ganzen Monarchie zu benützen. — Nach der Abſtimmung vom 5. Juli war es klar, daß das energiſche Auftreten des Monarchen, gepaart mit den Ausbrücken der Achtung des ungariſchen Staatsrechts, mit dem Tone des Wohlwollens und der Verſöhnung, — den Landtag des Jahres 1861 gleichfalls zu jener glücklichen Wendung hätte bewegen können, deſſen Beiſpiel unſere Vorfahren an dem Land= tage von 1790 erlebten. Auch dieſer hatte unter der Herrſchaft müthen= der Leidenſchaftlichkeit begonnen, und endete mit einer Ausſöhnung zwiſchen Thron und Nation. Ebenſo begann der Landtag 1843/4 in Uneinigkeit und Zwietracht, und ging in gegenſeitiger verſöhnlicher Stimmung auseinander.

Nach den erſten Anzeichen einer Annäherung von Oben ſchien ſich die Beſchlußpartei zu besorganiſiren und in ihre verſchiedenen Elemente auflöſen zu wollen. Die Stellung der Gemäßigten bekam mehr Halt, die der Extremen wurde unhaltbar.

Es war aber leidlich für die Paralyſirung des guten Einbrucks geſorgt, welchen das königliche Reſcript hervorgebracht hatte. Das Reſcript wurde dem Wiener Reichsrathe mitgetheilt, was nach ungariſcher Auffaſſung ſchon an und für sich eine Verletzung Ungarns ist, dessen Beziehungen zu seinem Monarchen in keinem Falle weder vor die Competenz des Reichs= rathes, noch vor die irgend einer anderen Körperschaft gehören. Ab= gesehen davon, vollzog sich die Thatsache in Begleitung von Worten und Scenen, welche nebst einem Vertrauensvotum für den Staatsminister, auch eine aufregende Demonstration gegen Ungarn enthielten. Das Ganze schien nur darauf berechnet zu sein, den Gemäßigten in Pest ihre Stellung auf's neue zu erschweren, die Geneigtheit zur Annäherung und das etwaige Platzgreifen des Vertrauens zur Staatsgewalt in Vor= hinein zu ersticken. Im Allgemeinen tauchte sogar der Verdacht auf, jener ärgerliche und aufregende Schritt sei nur in Scene gesetzt worden, um die Deputirten irre zu leiten; in Folge dieses Verdachtes wollte Alles nüchtern bleiben, und „justament" stimmte Alles dafür, — dem königl. Rescript zu huldigen . . . .

Das sind die Hauptumrisse der Geschichte der ersten Abresse.

XII.

Die Nationalitätsfrage auf dem Landtage.

Den Zeitraum von der Verlesung des königlichen Rescripts, welches als Antwort auf die erste Abresse erfolgt war, bis zur Unterbreitung der zweiten Abresse benützten die Comité's zu verschiedenen Arbeiten, von welchen wir, als die merkwürdigste, die **Nationalitätsfrage** erwähnten.

Benützen auch wir diesen Zwischenraum, um die hervorragenderen Momente in der Entwicklung der Nationalitätsfrage seit October 1860 in Augenschein zu nehmen.

Auch vor dem 20. October zeigte sich unter den Völkern ver= schiedener Zunge in Ungarn eine Bewegung, als deren Ursache das Nationalitätsgefühl zu betrachten ist. Doch es war nur ein leises Ge= räusch, das man bei dem Getöse der Alles überdröhnenden Staatsver= waltungs=Maschine kaum zu hören vermochte. Nach dem October wurde die Bewegung lauter und wechselte auch theilweise die Richtung.

In den Feldzügen des Jahres 1848/9 verschwendeten die bruder= mörderischen Völker unseres Vaterlandes Blut und Vermögen in ihrer Nationalitätsschwärmerei. Anfangs schlugen Croaten, Serben, Rumänen die Magyaren. Später schlugen die Magyaren die Croaten, Serben und Rumänen. Das österreichische Heer, mit dem russischen vereint, warf endlich die Magyaren nieder. Damals wurde Allen die Waffe aus der Hand genommen, damit sie dieselben weder gegen einander, noch für sich führen können.

Die an ihren Wunden schwer darniederliegenden Völker begannen über ihre Thaten nachzudenken, die sie besser früher bedacht hätten. Die nicht-magyarischen Völker fragten sich: was haben wir gewonnen? Gleichberechtigung mit den Magyaren; d. h. so viel als die gleiche Verpflichtung, der Machtvollkommenheit der deutschen Bureaukratie zu huldigen.

Diese gleichberechtigte Sclaverei erzeugte allmählich ein gewisses Gemeingefühl unter den verschiedenen Nationalitäten. Es erfolgte eine gegenseitige Annäherung, zuerst auf dem literarischen, später auf dem socialen Gebiete. Bis zu einem gewissen Punkte herrschte Eintracht unter ihnen, zwar nur eine negative, d. h. Einstimmigkeit in dem, was sie nicht wollten, — Eintracht dem bureaukratischen System gegenüber.

Seit dem 20. October war diese Eintracht nicht mehr so innig. Das Motiv derselben hatte aufgehört. Die Octoberhandschreiben stellten einen Theil der Constitution im Princip wieder her, sicherten die Integrität des Landes und den Gebrauch der ungarischen als diplomatischen Landessprache. Der ungarischen Nation war das zu wenig, genug jedoch, um die Eifersucht der übrigen Nationalitäten gegen die Ungarn zu entflammen. Die Bewegung der Nationalitäten wechselte nun die Richtung und wandte sich gegen die Magyaren, deren Suprematie Alle fürchten, — ohne sich jedoch mit der Wiener Regierung ausgeglichen zu haben.

Die verständigeren Männer unter den einzelnen Nationalitäten hatten während der zehn Jahre des Absolutismus die Wohlthaten der ungarischen Verfassung schätzen und zurückwünschen gelernt; allein die durch die Constitution gebotene bürgerliche Freiheit befriedigt sie nicht. Die Verständigeren unter diesen Politikern wollen auch im Kreise ihres eigenen Stammes ein nationales Leben begründen, und zwar mit dem aufrichtigen Vorsatze, die Einheit der ungarischen Krone nicht zu gefährden. Andere gehen weiter; sie rechnen auf eine in nächster Zukunft erfolgende Auflösung des östlichen Europas, und wünschen ein Staatsgebiet, und wäre es noch so klein und sein Rechtstitel noch so unbestimmt, welches beim Eintreten jenes Falles entweder der Anſatz zu einer neuen Staatenbildung wäre, oder leicht einem ſolchen Staate angeſchloſſen werden könnte, zu welchem es zufolge der Stammverwandt= ſchaft ſich eben hinneigen würde. Wir wollen nicht verdächtigen, wir conſtatiren nur die Thatſachen; ja wir geben ſogar zu, daß dieſelben ſehr natürlich ſind.

Wie immer dem auch ſein mag, genug, die Bewegung der Natio= nalitäten begann ſeit dem 20. October ſich in der Vermehrung ſlaviſch= rumäniſcher Blätter, in der Entſtehung eines ſlaviſch=rumäniſchen Cen= tralorgans in Wien, in zahlreichen, an den Thron gerichteten Petitionen, auf dem ſerbiſchen Congreß, in den rumäniſchen Verſammlungen, end= lich auf dem croatiſchen Landtage zu bekunden.

Die brennendſten Wunden der Nation waren die Verletzung der Integrität des Landes, die Errichtung einer ſerbiſchen Wojwodſchaft und die Einverleibung der Murinſel in Croatien.

In einem der a. h. Handſchreiben vom 20. October wurde der k. k. Feldmarſchall=Lieutenant Graf Mensdorf = Pouilly mit der Miſſion betraut, die Art der Wiedereinverleibung der principiell be= reits aufgehobenen Wojwodina zu ermitteln, und die vorzüglichſten Per= ſönlichkeiten dieſes Verwaltungsgebietes ohne Unterſchied der Nationalität und Religion einzuvernehmen. Graf Mensdorf=Pouilly entledigte ſich dieſer Sendung mit eben ſo vielem Tact als Wohlwollen. Die Wojwodina wurde wieder einverleibt, bald darauf auch die Murinſel.

Doch wie groß auch die Erbitterung über die frühere gewaltſame Lostrennung dieſer Landestheile geweſen, ihre Wiedereinverleibung machte keine freudige Wirkung im Lande, und bewog Niemanden zu Dank. So groß war noch Anfangs 1861 der innige Glaube an die vollſtändige Erſchöpfung Oeſterreichs, daß man jedes Entgegenkommen von Seite der Regierung nur dem Gefühle ihrer Schwäche und Ohnmacht zuſchrieb.

Die Serben ihrerſeits, obwohl mit der Organiſation der Bach= ſchen Wojwodina unzufrieden, nahmen dennoch an der einfachen Wieder= einverleibung derſelben und nicht weniger auch daran Anſtoß, daß ſie in Betreff ihrer Rechtsanſprüche erſt nachträglich vernommen werden ſollten.

Zunächſt war es der greiſe Patriarch Rajacſics, der in einem an den Hofkanzler gerichteten Schreiben Proteſt gegen die Wiederein= verleibung und gegen jene allerhöchſten Anordnungen einlegte, nach welchen Vertrauensmänner zu berufen waren, die in Betreff der reli= giöſen und nationalen Anſprüche der ſerbiſchen Nation Vorſchläge aus=

arbeiten sollten; — er forderte energisch die Einberufung des in diesen Angelegenheiten einzig competenten serbischen Congresses.

Bald darauf erschien auch ein Schreiben des bei einem Theil der Serben einigen Einfluß besitzenden k. k. Generals Stratimiro=vics an Franz Deák. Der Grundgedanke des Briefes ist in folgenden bemerkenswerthen Zeilen ausgedrückt: „Nicht die Unterordnung unter die ungarische Krone, — welche auch ich im Interesse unserer gemeinsamen Zukunft für nothwendig halte, sondern die Art, wie sie vor sich gegangen, ist unpolitisch, ungerecht. — Aber auch das leidet nicht den geringsten Zweifel, daß die Principien der Gleichberechtigung der einzelnen Nationalitäten verletzt würden, wenn man diese Revision nur einseitig durch den ungarischen Landtag vornehmen lassen wollte, ohne die Vertreter der serbischen Nation zu hören. „Demnach kann ich nur den Congreß der serbischen Nation als die geeignete Vertretung be=trachten, welche zu Vorlagen bezüglich der näheren Modalitäten der Vereinigung mit Ungarn, zu einer, im Einvernehmen mit dem ungarischen Landtag vorzunehmenden Revision unserer Privilegien und zu deren Inarticulirung in das Gesetz berufen ist."

In diesen Worten ist die Auffassung und die Stimmung der Majorität der serbischen Nation annähernd ausgedrückt.

Die Stimmen, welche den Congreß forderten, mehrten sich, und der Congreß konnte in der That als unvermeidlich erscheinen, wenn man eine Einigung auf dem Wege des Landtages erzielen wollte.

Es wirkten jedoch auch anderweitige Einflüsse mit, welche den Congreß noch vor dem ungarischen Landtage zu Stande brachten; und so erschien denn ein allerhöchstes Handschreiben, welches den Congreß einen Monat vor Einberufung des ungarischen Landtags nach Carlo=witz berief.

*   *   *

Das allerh. Handschreiben vom 5. März war ursprünglich an den Staatsminister gerichtet, und erschien in der Wiener Zeitung. Es war auffallend, daß das amtliche Blatt der ungarischen Regierung dasselbe nicht mittheilte. Erst einige Tage später veröffentlichte der „Sürgöny" ein an den Hofkanzler Baron Vay adressirtes allerh. Handschreiben gleichen Inhalts, welches den Kanzler beauftragt, im Einvernehmen mit dem Staatsministerium für den bewilligten serbischen Congreß einen

königl. Commissär vorzuschlagen, und in Betreff der demselben zu er=
theilenden Instructionen Vorschläge zu unterbreiten.

Anfangs April wurde der serbische Congreß durch General
Philippovics als k. Commissär eröffnet. In den Debatten daselbst
machten sich durchgängig dieselben zwei Partei=Schattirungen bemerkbar,
welche wir oben bereits charakterisirten.

Die eine Partei ist eher geneigt, die Bürgschaft ihrer nationalen
Wünsche in Wien zu suchen; sie beruft sich auf Privilegien. Ein Theil
dieser Partei verhielt sich überhaupt, sowohl Ungarn als Oesterreich
gegenüber, gleichgiltig, und lebt nur in den Träumen einer fernliegenden
nationalen Zukunft.

Die andere Partei wünscht sich endlich dauernd mit der ungarischen
Nation auszugleichen, und glaubt diese Vereinbarung nur dadurch zu
erreichen, daß die serbische Nation ihre bisher auf Grundlage einseitiger
kaiserlicher Privilegien beanspruchte Sonderstellung gesetzlich feststellen
lasse, und ihre nationalen Ansprüche mit den Anforderungen der Ein=
heit der ungarischen Krone in Einklang bringe.

Gleichsam zwischen diesen Parteien stand Georg Stojakovics,
gewesener Advocat und später Präsident des Ober=Landesgerichts, gegen=
wärtig Referent der ungarischen Hofkanzlei, welcher mit einem fertigen
Programme vor den Congreß trat, das auch in seinen Hauptpunkten
von der Majorität desselben angenommen wurde. Folgende Adresse
wurde demnach an Se. Majestät gerichtet:

Die Adresse des serbischen National=Congresses.

„Eure k. k. Apostolische Majestät!
Allergnädigster Herr!

Die treugehorsamst gefertigten, auf dem ausnahmsweise einberu=
fenen National = Congresse versammelten Vertreter der serbischen Nation
aus der bestandenen Wojwodschaft und dem Temeser Banate erachten
es für ihre heiligste Pflicht, vor Allem den Ausdruck ihrer tiefsten Dank=
gefühle zu den Stufen des erhabenen Thrones Eurer Majestät für die
Allerhöchste Gnade niederzulegen, mit welcher Eure Majestät der serbi=
schen Nation, in Würdigung ihres allgemein ausgesprochenen Wunsches,
zu gestatten geruhten, zu einem National = Congresse zusammenzutreten
und auf diese Art die Gelegenheit zu gewinnen, jene Garantie = Bedin=
gungen, welche anläßlich der Wiedervereinigung der bestandenen Woj=
wodina mit dem Königreiche Ungarn, zur Sicherstellung ihrer Privilegial=

Rechte, vorzüglich aber der serbischen Nationalität und Sprache, noth= wendig geworden, der gemeinsamen Berathung zu unterziehen, und die= selben in bestimmt formulirten Anträgen Eurer Majestät aus dem Con= gresse unterthänigst zu unterbreiten.

Die ohne vorläufige Vernehmung des National = Congresses und ohne dessen Zustimmung ausgesprochene Wiedervereinigung der Wojwod= schaft mit dem Königreiche Ungarn hatte die serbische Nation mit tiefer Betrübniß und gegründeten Besorgnissen über die Zukunft ihrer nationa= len Existenz erfüllt. Allein durch die Allerhöchste Entschließung Eurer Majestät vom 5. März l. J. wurde in den Herzen der getreuen ser= bischen Nation das alte, von ihren Vorfahren ererbte Vertrauen wieder erneuert, und die Hoffnung geweckt, daß Eure Majestät Allergnädigst geruhen werden, die von Allerhöchstihren Vorfahren glorreichen An= denkens den Serben verliehenen Rechte in Allerhöchsten Schutz zu nehmen und dieselben dießmal zur praktischen Geltung gelangen zu lassen.

Zu dieser Hoffnung berechtigt die Congreß = Abgeordneten anderer= seits auch die Ueberzeugung, daß ihre auf dem ungarischen Landtage versammelten Mitbürger den Wünschen der Serben und den wohlmei= nenden Absichten Eurer Majestät in Bezug auf die serbische Nation entgegenkommen, daß die Magyaren jene Achtung, welche sie für ihre eigenen Rechte in Anspruch nehmen, den Rechten Anderer nicht versagen und gegen eine Nation gerecht sein werden, welche mit ihnen seit Jahr= hunderten zusammenlebt, welche stets das Glück und Unglück mit ihnen gleich getheilt, und welche außergewöhnliche Verdienste für den gemein= samen Herrscher und für das gemeinsame Vaterland Ungarn hat.

Mit diesen Gefühlen traten die Congreß=Abgeordneten zur Lösung ihrer Aufgabe und wichen bei ihren Beschlüssen und Anträgen nicht von der Basis der seit Altersher bestehenden Privilegien der Serben, fest überzeugt, daß sie das, was der Nation zugesichert wurde, mit Recht verlangen dürfen, und daß sie die festesten Bürgschaften ihrer nationalen Existenz noch heutigen Tages eben in jenen Bedingungen finden werden, in welchen solche ihre Vorfahren suchten, als sie sich in den Staaten Eurer Majestät niederließen.

Der Inhalt der erwähnten Privilegien bezieht sich a) auf die Freiheiten der orientalisch=orthodoxen Kirche; b) auf die politisch=nationa= len Rechte der Serben. Nur die letzteren durften bilden und bildeten den Gegenstand der Berathungen und Beschlüsse dieses Congresses; wir behalten aber der serbischen Nation vor, die auf die serbische Kirche,

Schulen und Fundationen Bezug nehmenden Rechte auf dem allgemeinen Congresse aller in der Monarchie wohnenden Serben zu verhandeln, in dieser Beziehung besondere Verfügungen zu beschließen und die erforder= lichen Anträge Eurer Majestät aus dem allgemeinen Congresse in Unter= thänigkeit zu unterbreiten, wie dieß in dem an den serbischen Patriarchen erlassenen Allerh. Handschreiben Eurer Majestät vom 5. März l. J. der ganzen serbischen Nation vorbehalten erscheint.

Die politisch = nationalen Rechte der Serben werden hauptsächlich in dem Diplome des weiland Kaisers und Königs von Ungarn, Leopold I. glorreichen Andenkens, vom 6. April 1690, dann in den Privilegien vom 21. August 1690, vom 20. August 1691 und vom 4. März 1695 aufgezählt.

In dem ersterwähnten Diplome wird der serbischen Nation die freie Wahl des Nationalwoywoden ausdrücklich zugesichert. In demselben Diplome wird weiter gesagt: „Excusso autem jugo Turciso omnia in formam stabilem et ordinem debitum pro futuro ad votum et satisfactionem vestram redigemus." Ferner: „promittimus insuper, donamus et con-cedimus omnibus et singulis liberam bonorum sive mobilium sive im-mobilium, quocunque Turcis in confinibus suis ademerint, posses-sionem."

In dem Freiheitsbriefe vom 20. August 1691 hieß es: „volumus ut sub directione et dispositione proprii Magistratus eadem gens Ra-sciana perseverare et antiquis privilegiis eidem a Majestate Nostra benigne concessis, ejusque consuetudinibus imperturbate frui valeat."

Schließlich spricht der hochherzige Kaiser und König in dem Pri= vilegium vom 4. März 1695: „decrevimus — ut populus omnis in praesidiis, oppidis, confiniis et ditionibus nostris, locis videlicet sibi per memorati consilii Nostri Aulae Bellici commissionem concessis — — libero sui ritus exercitio — — uti et frui possit valeatque."

Wird nun der Sinn dieses Wortlautes der serbischen Privilegien gehörig aufgefaßt, wirft man einen Blick auf die damaligen wirkenden Ursachen der Einwanderungen der Serben in die österreichischen Staaten, und werden die in diesen Privilegien vorkommenden Ausdrücke in den modernen Staatsstyl übersetzt und in die gegenwärtige Form eingekleidet, so ergeben sich aus denselben folgende p o l i t i s c h = n a t i o n a l e Rechte der Serben.

1. Der Anspruch auf e i n e i g e n e s T e r r i t o r i u m, d. i. a u f e i n e n e i g e n e n D i s t r i c t in dem K ö n i g r e i c h e U n g a r n. Die

Ausdrücke: „damus omnibus bonorum immobilium, quocunque Turcis in Confinibus ademerint, possessionem," ferner: „ut populus omnis in praesidiis, oppidis, confiniis et ditionibus nostris, locis videlicet sibi concessis" deuten schon nach ihrem grammatikalischen Wortlaute dahin, daß den Serben in jenen Ländereien, welche von den Türken zurück= erobert werden würden, ein bestimmtes Gebiet versprochen, ja daß ihnen ein solches zur Zeit, als das Privilegium vom 4. März 1695 erlassen wurde, durch die Commission des k. k. Hofkriegsrathes bereits angewiesen worden war.

Es läßt sich gar nicht voraussetzen, daß die serbische Nation, welche vor ihrer Einwanderung in die österreichischen Staaten ihr specielles Gebiet bewohnte, auf demselben im Genusse nationaler Institutionen, unter einem Nationaloberhaupte ein patriarchalisches Leben führte, und welche in die k. k. Staaten in Masse herüber ging, daß dieselbe unter dem ihr zugesicherten Besitze unbeweglicher Güter, welche den Türken werden entrissen werden, etwas anderes verstanden oder etwas anderes verlangt habe, als ein bestimmtes, geographisch bezeichnetes Gebiet, auf welchem sie nach Vertreibung des Feindes der Christenheit unter dem Schutze und der milden Regierung der damaligen römischen Kaiser die Wohlthaten ihrer nationalen Einrichtungen im Frieden fort genießen würde. Diese Voraussetzung wird ferner auch durch den Umstand ge= rechtfertigt, daß den Serben gleichzeitig gestattet wurde, ihr nationales Oberhaupt frei zu wählen und unter der Leitung ihrer eigenen Magistrate nach eigenen hergebrachten Gewohnheiten zu leben; welche Zugeständ= nisse nur in Verbindung mit einem eigenen Gebiete und innerhalb eines bestimmten geographischen Umkreises Sinn und Bedeutung haben können.

So verstand die obenerwähnten Stellen der Privilegien der im Jahre 1790 in Temesvar abgehaltene serbische Nationalcongreß, als er in seinen Postulaten, erster Abtheilung Punkt 8, und zweiter Abtheilung Punkt 1, die Excindirung des Temeser Banats für die Serben ansuchte. In gleichem Sinne faßten die serbischen Privilegien auf, die auf Befehl Sr. Majestät des Kaisers und Königs Leopold II. zusammengesetzte und mit der Begutachtung der vorerwähnten Postulate beauftragte ge= mischte Hofcommission. Schließlich geruhten auch Eure Majestät in gleicher Art die serbischen Privilegien allergnädigst auszulegen, als mit dem a. h. Patente vom 18. Nov. 1849 die serbische Wojwodschaft con= stituirt wurde.

2. Aus dem Wortlaute derselben Privilegien resultirt ferner für die Serben der Anspruch auf e i n e e i g e n e , i h r e m C h a r a k t e r und i h r e n B e d ü r f n i s s e n e n t s p r e c h e n d e i n n e r e A d m i n i ﬆ r a t i o n , mit d e m g e w ä h l t e n W o h w o d e n a n d e r S p i ß e . Darauf deuten die Worte des Diploms vom 6. April 1690: „omnia in formam stabilem et ordinem debitum pro futuro ad votum et satisfactionem vestram redigemus." Dieß bedeutet ferner die Stelle: „volumus ut sub directione et dispositione proprii Magistratus gens Rasciana perseverare valeat." Daß denselben Sinn den serbischen Privilegien auch der Kaiser und König L e o p o l d I . beigelegt, dafür liegt der Beweis in dem in Folge der a. h. Entschließung erflossenen Rescripte des k. k. Hofkriegsrathes vom 31. Mai 1694, in welchem die Unabhängigkeit der serbischen Nation von jeder ungarischen Comitatsautorität bestimmt ausgesprochen wurde. Den unwiderlegbarsten Beweis für diese Auslegung liefert aber die a. h. Entschließung Eurer Majestät vom 15. December 1848, mit welcher der serbischen Nation, unter Bestätigung ihres letzten Wohwoden S t e p h a n S u p l i k a c , gleichzeitig eine innere Administration und nationale Organisirung mit klaren und deutlichen Worten allergnädigst in Aussicht gestellt wurde."

In der Beurtheilung der serbischen Frage ist diese Petition des National=Congresses der Leitfaden. Der Congreß bestand aus den hervorragendsten Mitgliedern der serbischen Nation, welche zur Formulirung der nationalen Ansprüche nach der Auffassung der Serben wohl berufen sind; obgleich kein Zweifel obwaltet, daß viele durch Vermögen und Intelligenz ausgezeichnete Serben die in der Adresse ausgesprochenen Ansichten und Wünsche des Congresses nicht theilen.

Es ist hier nicht angezeigt, sich über dieselben in eine Discussion einzulassen. Die Schwäche ihrer juridischen Motivirung ist in die Augen fallend; denn die Petition springt von der Thatsache, daß die Serben, vor türkischer Thrannei sich flüchtend, in Ungarn Wohnsitze erhielten, auf die Beanspruchung eines politischen Gebietes über, und aus der Thatsache, daß der k. k. Hofkriegsrath ihnen ein Gebiet überließ, das nicht ihm, sondern Ungarn gehört, deducirt sie dem Lande gegenüber ein Recht auf ein abgesondertes Territorium, und endlich aus der Thatsache, daß sowohl Privilegien als auch vaterländische Gesetze ihnen die freie Ausübung ihrer Religion sichern, folgern sie die gänzliche nationale Absonderung und eine besondere Regierung.

Uebrigens ist die Frage gar nicht vom juridischen Gesichtspunkte aus zu betrachten.

In juridischer Hinsicht ist hier kein Streit möglich. In Oester= reich gibt es nur ein positives Recht, auf welchem der Thron, der österreichische Staatsverband und Ungarn fußt: und dieses ist das hi= storische Recht.

Doch ist die Frage eine politische: Was kann und was muß man unter Heilighaltung des historischen Rechtes gewähren? Gar kein positives oder natürliches Recht kann als Motiv dafür angeführt werden, daß ein bisher noch nie bestandenes Staatsgebiet gegründet werde, wo die serbische Sprache die diplomatische sei, und eine serbische National= Regierung walte, während Diejenigen, welche dieses beanspruchen, die absolute und relative Minorität auf eben jenem Gebiete bilden.

Hingegen ist ohne geographisches Gebiet eine derartige nationale Organisation, welche sämmtliche Serben des Landes dem Wojwoden in der serbischen Sonder=Regierung unterordnete, ein solcher extraterri= torialer Zustand der Serben — bei den Anforderungen der heutigen Staats = und Regierungsformen — eine Unmöglichkeit, welche, wenn sie auch propter bonum pacis — um des lieben Friedens willen — ins Leben träte, doch nicht von Dauer sein und nur neue Verwirrungen erzeugen könnte.

Die Lösung dieser Frage wird demnach wahrscheinlich kein Rescript, ja nicht einmal ein Landtag zu Stande bringen, sondern die Zeit und die Entwickelung der Ideen und der europäischen Verhältnisse, auf welche man unseres Erachtens — nolle velle — die Beendigung aller natio= nalen Zwistigkeiten wird verweisen müssen.

*   *   *

Während die Serben in ihren alten kaiserlichen Privilegien (welche, wie die Serben wohl wissen, keine Gesetzeskraft besitzen, die sie jedoch nicht wegwerfen können, so lange sie nicht im Gesetze einen Ersatz er= halten) für ihre Bestrebungen concrete Grundlage fanden und ihre Wünsche formulirten: — fehlte es auch den übrigen Nationalitäten, welche die Vortheile der ausnahmsweisen Stellung der Serben nicht besitzen, nicht an thätigen Wortführern.

In erster Reihe sind die Rumänen zu nennen.

Die rumänische Bewegung zweigt sich nach drei Richtungen ab.

Die Rumänen in Ungarn stehen ohne Hintergedanken auf dem Boden der ungarischen Constitution; auf diesem Gebiete vertheidigen sie ihre nationalen Ansprüche durch energische und fähige Repräsentanten, die sich auf die Geltendmachung ihrer nationalen Sprache in den Schulen, so wie in der Verwaltung der Gemeinde und des Comitates beschränken.

Bei den Rumänen Siebenbürgens ist jene Parteischattirung die überwiegende, welche sich eine nationale Organisation der Rumänen zum Ziele setzt, und auch ein rumänisches Territorium beansprucht.

Schließlich vereinigen sich alle in dem Punkte, daß sie ihre Kirche von dem Joche der serbischen Hierarchie befreien und unter nationalen Bischöfen, oder vielleicht unter dem Schirme eines nationalen Patriarchen selbstständig organisiren möchten.

Die Bestrebungen der ungarischen Rumänen haben sich im Köварer District und im Krassoer Comitat am entschiedensten kund gegeben.

Vorzüglich war es das Krassoer Comitat, welches im Widerspruche mit dem October-Diplom die rumänische Sprache zur amtlichen des Comitats machte. Der Statthaltereirath hatte diesen Beschluß annullirt, weil er die frühern Gesetze sowohl, als das October-Diplom verletzt und den statutarischen Rechtskreis des Comitats überschreitet. Die Tagespresse behandelte die Frage vom politischen Standpunkte aus, und neigte sich vorwiegend zu der Ansicht, es könne die Sprache der innern Administration der Comitate in dem das Volk berührenden niedereren Kreise derselben von den nationalen Localverhältnissen abhängig gemacht werden, es sei dieß zur Erreichung des Zweckes der Administration nothwendig, daher vom Standpunkte der Zweckmäßigkeit zu betrachten. Andererseits müsse aber im Verkehr des Comitats und der städtischen Jurisdictionen unter einander, wie auch mit den Landesbehörden e i n e Sprache herrschen, wenn wir anders kein Babel wollen; und dazu ist, abgesehen davon, daß sie in jeder Beziehung die Suprematie besitzt, durch das h i s t o r i s c h e R e c h t u n d d a s G e s e t z die ungarische Sprache berufen.

Und wenn die Zeit gekommen sein wird, in welcher jede Partei genügende Kaltblütigkeit besitzen wird, die Sache ohne nationale Eifersucht oder propagandistische Hintergedanken rein vom Standpunkte einer administrativen Nothwendigkeit zu betrachten, dann werden diese von der Presse verfochtenen Principien auch zur Geltung kommen.

Die sonstige Stimmung und Stellung der Rumänen trat im Verlaufe des Landtags noch klarer hervor.

Zwischen den Rumänen Ungarns und den Ungarn besteht zwar weder ein gänzlich hingebendes Vertrauen, noch gegenseitige Befriedigung; doch ist es ein beachtenswerthes Symptom, daß während die hervor= ragenderen Männer der Serben in unsern constitutionellen Bewegungen eine so passive Stellung einnahmen, daß es schwer zu bestimmen ist, ob sie nicht berechnet gewesen? sind die Rumänen sowohl im Comitat als auch auf dem Landtage in der politischen Arena erschienen, und wenn auch als nationale Opposition, haben sie doch immerhin einen constitu= tionellen Standpunkt eingenommen.

Während die Serben kaum durch ein, zwei Mitglieder auf dem Landtage vertreten waren, welche dort nicht einmal als Dolmetscher ihrer nationalen Wünsche und Ansprüche betrachtet werden konnten, er= schienen die Vertreter der rumänischen Intelligenz in großer Anzahl und kämpften auf dem Landtage, indem sie sich mehr oder minder der unga= rischen Auffassung näherten oder stufenweise sich von derselben entfernten.

Im Verlaufe der Abreß=Debatten kam es auch zu kleinen natio= nalen Scharmützeln, in welchen jedoch von keiner Seite Tact oder höhere Auffassung entwickelt wurden; sie wurden als Vorpostengefechte mit der regellosen und unbedachten Hitze der Ueberraschung geführt.

Insbesondere hatte der von der Einberufung Siebenbürgens han= delnde Satz der Adresse einen solchen bemerkenswerthen Conflict zur Folge. Der Abreß=Entwurf forderte die Vollziehung der factischen Ver= einigung Siebenbürgens; „sie verweigern, hieße nicht, Siebenbürgen nicht mit Ungarn vereinigen, sondern es von Ungarn losreißen."

In Bezug auf diese Stelle brachte Babes im Namen der Ru= mänen folgenden Modifications=Antrag ein: „Wir wünschen im Namen Siebenbürgens, daß in Betreff der Modification des Wahlgesetzes be= züglich Siebenbürgens eine Conferenz eröffnet und der Erfolg derselben dem Hause vorgelegt werde." In der Motivirung des Antrags sagt der Redner, auch er wünsche die Union nicht nur mit Siebenbürgen, sondern auch mit der Bukowina, welche unter dem Rechtstitel der ungarischen Krone an Oesterreich gekommen sei. Die Union sei nur für Magyaren und Szekler Gesetz, aber nicht auch für die rumänische Nationalität, welche zwei Dritttheile der Bevölkerung des Landes ausmacht. Der siebenbürgische Landtag sei im Jahre 1848 nicht berechtigt gewesen, ohne Vernehmung des rumänischen Volks in die Verschmelzung Siebenbürgens mit einem andern Lande einzuwilligen. Redner bringt ferner die Klagen der Walachen vor, daß sie von der Regierung bei allen Ernennungen für die Dicasterien und Comitatsbehörden trotz aller Gleichberechtigung ignorirt werden; daß sie daher keine große Lust zur Union haben wer= den, besonders wenn diese mit Gewalt durchgesetzt werden sollte. Das Verhältniß Siebenbürgens zu Ungarn sei dasselbe wie das Croatiens: ein bilateraler Vertrag.

Diese seltsamen, doch die Auffassung der Rumänen charakterisiren= den Behauptungen wurden mit großem Lärm aufgenommen. Der Prä= sident bemerkte, der Redner habe in seiner Auseinandersetzung Vieles erörtert, was nicht zur Sache zu gehören scheine; doch sei es das Recht des Antragstellers, seine Modificationen zu motiviren.

Im Hinweis auf die Empfindlichkeit, welche in der Natio= nalitätsfrage herrscht, ermahnt er ferner die Deputirten zur reiflichsten Erwägung und zu gegenseitiger Geduld.

Auf die Verdächtigungen, welche ein der ungarischen Anschauung entschieden freundlicher rumänischer Deputirter gegen die „in Seide und Tuch gekleideten Rumänen" aussprach, antwortete ein anderer rumänischer Deputirter (Bláb): „Die rumänische Intelligenz hat von der ungarischen gelernt, ihre Nationalität zu pflegen, zu entwickeln und zu vertheidigen. Man soll keine zweischneidigen Waffen gebrauchen. Hat nicht Fürst Windischgrätz im Jahre 1849 gesagt, nur die Hefe des Volkes und einige Aufwiegler wünschen die 1848er Gesetze, nicht aber die Nation? Verdächtigen wir uns daher nicht gegenseitig, sondern warten wir die eigentliche Verhandlung der Nationalitätsfrage ab."

Georg Popa spricht im Geiste des Deputirten Babes und protestirt gegen die Annahme, als wünschten Ungarn und Siebenbürgen die Union. Der Rumäne sei kein Feind der Union, aber er wolle ge= hört werden.

F. Beninczky findet die ganze Debatte nicht am Platze, da die Adresse die Nationalitätsfrage nicht entscheiden wird.

Aber der Zündstoff wirkte in den Gemüthern fort. Bei einem andern Punkte der Adresse bezüglich „der Gleichberechtigung ohne Unter= schied der Religion und der Nationalität" wollte Georg Popa „ohne Unterschied der Geburt" hinzugefügt haben; — auf den Umstand hin= zielend, daß die Geburt in Ungarn noch immer ein Vorrecht gewähre, und zwar das größte, das Recht der Legislation — indem auch die 1848er Gesetze das Oberhaus unangetastet lassen.

Eine derartige Anspielung auf einen der wesentlichsten und ältesten Factoren unseres constitutionellen Lebens, auf das Oberhaus, wäre, wenn durch irgend einen ungarischen Demokraten ausgesprochen, gleichfalls mit verdammenden Zurufen aufgenommen worden. Im Munde eines rumänischen Deputirten war der Angriff des Zusammenhangs mit national= demokratischen Tendenzen verdächtig. Samuel Bonis gibt diesem Ver= dacht einen ebenso hitzigen als tactlosen Ausdruck, indem er sagt: Ge= wissen Herrn genügt es nicht mehr mit der Nationalitätsidee zu agitiren, sie gehen schon weiter; er müsse gestehen, daß der Antrag des Vor= redners stark nach Wien rieche. (Ungeheurer Eindruck; Beifalls= zeichen von Seite der Majorität.)

Popa erwidert, ihn leite weder Leidenschaft, noch nehme er von Wien Instructionen an.

Ein anderer Redner nennt den Deputirten Babes „kaiserlich königlichen Doctor" und läßt noch andere heftige Worte fallen, für welche er jedoch schließlich in versöhnenden Ausdrücken um Verzeihung bittet. Auch die Rumänen sprechen später versöhnlich.

Eine ähnliche hitzige und unfruchtbare Debatte entstand bei einer andern Gelegenheit bezüglich des in der Adresse mehrmals wiederkehren= den Ausdrucks „ungarische Nation," für welches die Rumänen „Land" (ország) gesetzt wissen wollten.

Die Kaltblütigeren machten das Haus wiederholt darauf aufmerk= sam, daß über eine so wichtige Frage, wie die der Nationalität, nicht zufällig und nebenher verhandelt werden dürfe, besonders da ohnehin die Niedersetzung eines Comité's beabsichtigt war, welches in dieser Frage einen ausführlichen Antrag ausarbeiten sollte.

In diesen Debatten fand man auf Seite der Rumänen kleinliche Auffassung und gereizten Ton, auf Seite der Ungarn tactlose Rauhheit und den Verdacht, daß die Rumänen durch reactionären feindseligen Geist geleitet werden. Es ist beachtenswerth, daß ungarischerseits eben die Männer der Beschlußpartei sich zu den unpassendsten Ausbrüchen hin= reißen ließen, während sie doch sonst in einigen Phrasen ein Arcanum Dupplicatum zur Gewinnung der Nationalitäten zu besitzen glaubten.

Diese Partei kam daher durch diese Debatten einigermaßen in Verlegenheit, welche sie durch gewisse allgemeine Sätze verbergen zu können glaubte. — Man bekam die Worte zu hören: „man dürfe vor den Nationalitäten nicht erschrecken; — man lasse sie sich aussprechen." Die Gemäßigten beider Parteien schöpften diesen verstimmenden Scenen gegenüber nur aus der Hoffnung Trost, daß je tiefer wir in die Na= tionalitätsfrage einblicken, desto sicherer werde sich das Bewußtsein her=

ausbilden, baß der **Preis** einer Ausföhnung mit Oesterreich und dem regierenden Hause nicht so groß sei, wie der, welchen die Nationalitäten fordern, und den unsere ungeschickten Agitatoren, ohne die Höhe desselben zu kennen, eher zu geben bereit wären, als daß sie zu Oesterreich halten.

Die Wahrheit scheint in der Mitte zu liegen; insofern wenigstens als es, wenn überhaupt je, doch in keinem Falle gelingen wird, die Nationalitäten zu beruhigen, ihre grenzenlosen Ansprüche herabzustimmen, bevor nicht das Verhältniß des Landes zum regierenden Hause, respective zu den übrigen Ländern Oesterreichs, in's Reine gebracht ist. Ein Beweis für diese Behauptung liegt in dem Benehmen der siebenbürger Rumänen seit einem Jahre, deren Schwankungen immer den Unsicherheiten entsprachen, die in diesem Jahre in unsern staatsrechtlichen Beziehungen zu Tage traten.

In den unzähligen Petitionen, welche die Rumänen Siebenbürgens nach Wien sandten, ist nebst den vielfachen Klagen wegen der nicht gehörigen Verwendung der Männer ihrer Nationalität in den Aemtern, nur die Forderung eines **National-Congresses** bestimmt wahrzunehmen. Hinter der Berufung auf Volkszahl und Gleichberechtigung gibt sich in balb mehr, balb minder unbestimmter Form, aber immer der Gedanke kund: daß die Rumänen die nationale Suprematie in Siebenbürgen besitzen; daß Siebenbürgen ein rumänisches Land sei, oder wenigstens der durch Walachen bewohnte Theil seines Territoriums dazu decretirt werden müsse. Sie beobachten Fluth und Ebbe unseres Zerwürfnisses mit Oesterreich auf das aufmerksamste und bitten und fordern so lange, als sie ihrer Meinung nach etwas bitten und fordern können. — —

Halb im Bewußtsein der Haltlosigkeit ihrer Forderungen, halb aus jenem Mißtrauen, welches sie in gleichem Maße gegen die Wiener Regierung und die ungarische Nation hegen, — fordern sie das Meiste, und hoffen das Wenigste.

Wir sprechen nicht von den **Slovaken** Oberungarns, deren bescheidene Ansprüche zur Höhe der serbischen und rumänischen Forderungen emporzuschrauben, geistig und materiell unbedeutende Schwärmer oder eigennützige Menschen sich eifrig, doch erfolglos bemühen; wir sprechen nicht von den **Ruthenen**, deren Intelligenz mit der ungarischen in der Anhänglichkeit an die alte Verfassung und an das Vaterland in Eins verschmolz.

Es bleibt uns also nur noch übrig der Croaten zu gedenken; und in der That könnten ihre Municipal=Bewegungen seit dem 20. October und die Leistungen ihres Landtages ein besonders anziehendes Capitel in der jüngsten Geschichte Europas bilden, doch das liegt außerhalb unserer Aufgabe; wir dürfen es nur oberflächlich berühren.

Die Croaten nehmen den sonderbarsten, einen wahrhaft unbefinir= baren Standpunkt ein. Oesterreich gegenüber berufen sie sich auf das historische Recht; Ungarn gegenüber werfen sie das historische Recht von sich, welchem gemäß Croatien ein Nebenland Ungarns ist, und decretiren es zu einem selbstständigen Königreich. — Die ungarische Verfassung, welche sie von Ungarn gelernt und entlehnt haben, in welcher nicht das Geringste slavischen Ursprungs ist, wollen sie beibehalten, aber sie sehnen sich nach der Krone Zwonimirs, sie, die alles, was sie Gutes genossen und noch heute genießen, von der ungarischen Krone des heiligen Stefan, des heiligen Ladislaus ererbt haben. Bei all' dem fordern sie die Mur= insel im Namen der Integrität ihres Landes; dagegen bitten sie auf Rechnung der Integrität Ungarns um die Organisirung der serbischen Wojwodina und deren Anschluß an Croatien.

Sie reißen sich von Ungarn los, weil sie kein „erobertes Land" sind; anderseits fordern sie Dalmatien g e g e n dessen Willen für sich. Ihrer Behauptung nach gehört Croatien nicht zu Ungarn, aber auch nicht zu den österreichischen Provinzen. Es bildet einen dritten Staats= körper im Reiche, dessen staatsrechtliche Grundlage noch ein Geheimniß ist. Und — damit dem Witze die schärfste Pointe nicht fehle — vermag das Land die Erhaltungskosten des Symbols seiner Selbstständigkeit, der croatischen Hofkanzlei, nicht zu decken, müssen die übrigen Provinzen des Reiches diese Parade bezahlen. Schließlich bringen die Croaten in Be= treff Ungarns auf das Princip der Gleichberechtigung der Nationalitäten und Sprachen, während sie im „dreieinigen Königreich" die croatische Sprache zur ausschließlichen Landes= und Lehrsprache machen wollen, unbekümmert um das überwiegend italienische Dalmatien, wie um die zahlreichen deutschen und magharischen Einwohner.

Indessen datirt diese croatische Politik nicht erst vom Jahre 1861. Wenn wir zurückblicken, so finden wir schon vor dem Jahre 1848 den Ursprung jener Partei, deren Politik im Jahre 1861 die überwiegende war, — und das ist die illyrische. Auf die Regierung gestützt, brachte diese Partei vor 1848 — wie im Jahre 1861 die croatisch=ungarische Partei zum Schweigen, aber nicht der Wiener Regierung zu Liebe.

Die Idee des Illyrismus hat schon vor 1848 bestanden, es existirte nämlich damals das Streben: von Ungarn aus Nationalitäts= gründen abzufallen und Agram zum literarischen und politischen Mittel= punkte des südslavischen Reiches zu machen.

Die croatische Jugend begeisterte sich vor 1848 für die Ideen des Illyrismus; und die damals Jünglinge waren, sind heute Männer, und üben auf die Angelegenheiten ihres Landes einen entscheidenden Einfluß aus. — Die Erfahrung hat sie nicht klüger gemacht, ihre nationale Politik bedarf einer neuen Reihe von Täuschungen. So wie sie sich i. J. 1848 einbildeten (wenigstens kann man nicht sagen, daß sie sich nur den Anschein gaben), daß Jellachich gegen die Ungarn einen Nationalkrieg führe, und erst später einsahen, daß Jellachich's schwaches croatisches Heer nichts anderes als ein österreichisches Armeecorps zu allgemein=öster= reichischen Zwecken sei; ebenso glaubten sie im Jahre 1861, Croatien werde, sobald es von Ungarn abfällt, sofort ein selbstständiges Land sein.

Die Verfassung vom 4. März, später das Bach'sche System zer= störte auf kurze Zeit die Illusionen; halb mit Zorn, halb mit Scham sagte man damals: „Croatien hat als Lohn bekommen, was Ungarn zur Strafe erhielt"; aber man kam nicht zur Ueberzeugung, daß Croatien nur unter dem Schutze und Schirme Ungarns constitutionell bleiben kann.

Die Täuschung dauerte wieder nicht lange.

Es ist schwer, ohne Ironie von dieser croatischen Großstaatspolitik zu sprechen, wenn wir bedenken, daß in der, 60 Millionen betragenden slavischen Völkerfamilie, die croatische Nation die freieste politische Verfassung genoß, und diese Verfassung eine ungarische ist; wie denn auch der Nationalgeist der Slaven, sich selbst überlassen, niemals aus der Despotie des Familien= und Staatsoberhauptes herausgekommen ist, und nirgends den Formen der heutigen Civilisation sich nähernde In= stitutionen zu schaffen vermochte. Selbst der fähigste slavische Stamm, die in hervorragendem Maße „freien" Polen brachten auch nur eine Combination von Ungebundenheit und Sclaverei — ein Zerrbild der Freiheit zuwege.

Und diese croatische Großstaatspolitik verrät der croatische Land= tag. Wir wollen uns nicht dem Vorwurfe der Parteilichkeit aussetzen und citiren daher, indem wir über den croatischen Landtag ein Urtheil fällen wollen, das slavische Organ „Ost und West."

„Der croatische Landtag" — sagt dieses Blatt — „konnte sich darüber nicht täuschen, daß die zweifellose höhere Bestätigung der Los=

trennung von Ungarn jede fernere Unterhandlung mit diesem Lande zu einer leeren Formalität mache, und daß, nachdem dadurch zwischen Ungarn und Croatien eine wahre chinesische Mauer errichtet worden — Croatien ganz von der Gnade der Wiener Regierung abhängig wird; denn daß das von Ungarn losgerissene Croatien im österreichischen Staats= organismus eine größere Selbstständigkeit erlange, wird sich wohl Nie= mand einbilden, der die Machtverhältnisse Croatiens, wenn auch nur oberflächlich, kennt."

„Doch statt diese Wahrheit vor Augen zu haben, glaubte der croa= tische Landtag Oesterreich gegenüber dieselbe Rolle spielen zu können, welche er Ungarn gegenüber gespielt; er erklärte trotz der Geschichte dreier Jahrhunderte, Croatien und Oesterreich hätten keine gemein= schaftlichen Angelegenheiten, und glaubte damit die Selbst= ständigkeit Croatiens gerettet zu haben."

So urtheilt über den gegenwärtigen Werth der croatischen Politik ein Organ, welches für die slavischen Bewegungen besondere Sympathien besitzt. Das zukünftige Interesse und Ziel dieser Politik, die Frage: welche Aussicht ist vorhanden, daß Croatien Kern und Führer eines aus den benachbarten südslavischen Provinzen zu bildenden Reiches werde? geht über den Rahmen dieser Schrift hinaus und hat uns nicht zu beschäftigen; die Croaten mögen über die Fruchtbarkeit und praktische Ausführbarkeit solcher Pläne mit sich selbst zu Rathe gehen.

Der ungarische Standpunkt Croatien gegenüber ist einfach und in der ersten Adresse genau formulirt. Es heißt in derselben: „Was Croatien betrifft, fordern wir nicht, daß der geringeren Anzahl ihrer Vertreter gegenüber unsere Majorität über die Forderungen und Be= dingungen entscheide, welche Jene vielleicht zu stellen haben werden.

„Croatien besitzt sein eigenes Territorium, hat seine eigene Stellung, war nie Ungarn einverleibt, sondern stand im Verbande mit uns und war unser Genosse, der an unsern Rechten und Pflichten, an unserem Glück und Mißgeschick Theil nahm. Wenn daher Croatien jetzt als Land an unserer Gesetzgebung Theil nehmen will, wenn es früher mit uns in's Reine zu kommen wünscht bezüglich jener Bedingungen, unter wel= chen es seine staatsrechtliche Stellung mit Ungarn zu verbinden bereit ist, wenn es sich darüber mit uns verständigen will, wie eine Nation mit einer Nation, werden wir es nicht zurückweisen, und wünschen blos, daß Croatien nicht verhindert werde, seine Vertreter in unseren Landtag zu senden und dadurch sowohl uns als ihnen Möglichkeit und Gelegen=

9

heit geboten werde, die Verständigung auf staatsrechtlicher Grundlage beginnen zu können."

Aber bei der Stimmung der in Croatien herrschenden Partei blieb diese auf den Weg des Ausgleiches hinweisende zarte Anspielung ebenso wirkungslos, wie D e á k' s Ausspruch: „Wir lassen in unserer Consti= tution ein Blatt für Croatien frei." Der Landtag zu Agram erklärte: zwischen Croatien und Ungarn bestände blos eine Personal=Union, wie mit jeder andern Provinz der österreichischen Erbländer; — von welch' großem Werthe daher auch die Erhaltung des Jahrhunderte hindurch bestandenen Verhältnisses zu Croatien sei, es blieb nichts Anderes übrig, als folgende Erklärung der zweiten Abresse:

„Wenn sich jedoch Croatien ganz von uns lossagen, in die Reihe der österreichischen Provinzen treten, sich unter die Legislation und Ver= waltung derselben stellen will, können wir es daran nicht hindern, aber wir können dieß unsererseits auch nicht als gesetzlich und constitutionell betrachten."

*　　*　　*

In diesen und ähnlichen Erscheinungen konnte der Landtag Beweg= gründe genug finden, sich mit der Nationalitäten=Frage zu beschäftigen und zur Ausarbeitung eines dießbezüglichen Gesetzvorschlages eine Com= mission niederzusetzen.

Diese brachte Anfangs August ihr Elaborat vor das Haus.

In der Motivirung ihres Vorschlages entwickelte die Commission die Ansichten und Grundsätze, von welchen sie sich habe leiten lassen.

Zwei Wege standen ihr offen: entweder mußte sie sich in die For= derungen der einzelnen Nationalitäten, wie sie die Slovaken in der Szt. Martoner Petition, der serbische Congreß in seiner Abresse u. s. w. formulirten, separat einlassen, oder allgemeine, für alle Nationalitäten in gleicher Weise geltende Principien aufstellen.

Die Commission wählte den letzteren Weg, und mit Recht; denn abgesehen von der Priorität, welche historisches Recht und das Bestehen eines ungarischen Königreichs der ungarischen Sprache in der obersten Verwaltung verleihen, — macht die durch das Gesetz ausgesprochene und in einer vernünftigen Staatspolitik begründete Rechtsgleichheit, und die Rechtsgemeinschaft im Genusse der Constitution, jede alte und neue ausnahmsweise privilegirte Stellung unmöglich.

Die Commiſſion läßt ſich nicht in die Erörterung deſſen ein, wie
ſehr eine geſonderte nationale Organiſation, oder gar die Forderung
eines geſonderten Territoriums den heutigen Staatsbegriffen widerſpricht,
wie beiſpiellos beides in der Geſchichte der Neuzeit ſei, wie ſehr es
jedes ſtaatsrechtliche Verhältniß erſchüttert und die Aufgabe der Admi=
niſtration unlösbar macht; — ſie betrachtet dieſe Forderung einfach
vom Standpunkte der Thatſachen und ſagt:

„In Folge des Umſtandes, daß die einzelnen Nationalitäten in
dieſem Lande zerſtreut, vermiſcht gefunden werden, würde die Erfüllung
ihrer concreten Forderungen entweder derartige Territorial=Veränderun=
gen, Arrondirungen erheiſchen, welche die politiſche Einheit des Reiches
gefährden, oder zur gänzlichen Unterbrückung der das Territorium der grö=
ßeren Nationalitäten bewohnenden kleineren nationalen Stämme führen.“

Von dieſen Anſichten ausgehend weiſt die Commiſſion weiter mit
Recht auf die autonome Adminiſtration in politiſchen, religiöſen und
Schulangelegenheiten, — alſo auf eine Selbſtverwaltung hin, welche
jeder Nationalität das weiteſte und ſicherſte Terrain bietet, ſich geltend
zu machen und zu entwickeln.

Nach dieſen vortrefflichen Auseinanderſetzungen hätte eigentlich die
Commiſſion ihre Vorlage ſchließen können, o h n e einen Geſetz=Entwurf
hinzuzufügen, denn, inſoweit man es mit dieſem auf die Befriedigung
der nationalen Stimmführer abgeſehen hatte, war er zwecklos, weil von
den Anſprüchen und Wünſchen derſelben principiell himmelweit entfernt.

Nichtsbeſtoweniger ſprach die Commiſſion folgende zwei, doctrinäre
und doch nicht conciſe, — allgemeine, und eben beßhalb weitgehende
Auslegungen zulaſſende Hauptgrundſätze aus:

a) „d a ß d i e B ü r g e r U n g a r n s j e d e r Z u n g e i n p o l i t i=
ſ c h e r B e z i e h u n g n u r E i n e N a t i o n, d i e d e m h i ſ t o r i ſ c h e n
B e g r i f f e d e s u n g a r i ſ c h e n S t a a t e s e n t ſ p r e c h e n d e e i n=
h e i t l i c h e u n d u n t h e i l b a r e u n g a r i ſ c h e N a t i o n bilden; und
b) daß a l l e i m L a n d e w o h n e n d e n V ö l k e r, a l s: d i e
U n g a r n, S l a v e n, R u m ä n e n, D e u t ſ c h e n, S e r b e n, R u=
t h e n e n ꝛc. a l s g l e i c h b e r e c h t i g t e N a t i o n a l i t ä t e n z u b e=
t r a c h t e n ſ i n d, w e l c h e i h r e b e ſ o n d e r e n n a t i o n a l e n A n=
ſ p r ü c h e i n n e r h a l b d e r S c h r a n k e n d e r p o l i t i ſ c h e n E i n h e i t
d e s L a n d e s a u f G r u n d l a g e d e r p e r ſ ö n l i c h e n u n d A ſ ſ o=
c i a t i o n s f r e i h e i t, o h n e j e d e w e i t e r e B e ſ c h r ä n k u n g f r e i
z u r G e l t u n g b r i n g e n k ö n n e n.

9 *

Von diesen Principien ausgehend beantragte die Commission sodann folgenden Gesetz-Entwurf:

„A. Von den Nationalitäts-Rechten der Einzelnen und der Körperschaften.

1. Jeder Staatsbürger ist berechtiget, in den an seine eigene Gemeinde- oder Municipalbehörde, so wie an die Staatsbehörden gerichteten Eingaben seine Muttersprache zu gebrauchen.

2. Andere Gemeinde- oder Municipalbehörden sind nur solche Eingaben anzunehmen verpflichtet, welche in einer, in der betreffenden Gemeinde oder dem betreffenden Gebiete üblichen Sprache verfaßt sind.

3. Bei den Gemeindeberathungen kann Jeder in seiner Muttersprache sprechen.

4. Die Geschäftssprache der Gemeinde wird durch die Gemeindeversammlung bestimmt, derart jedoch, daß auf Verlangen der Minorität auch ihre Sprache bei der Geschäftsführung in Anwendung komme.

5. Die Gemeindevorsteher sind verpflichtet, in ihren amtlichen Berührungen mit den einzelnen Bewohnern sich der Sprache dieser zu bedienen.

6. Die kirchlichen Gemeinden verfügen frei über die Verwaltung ihrer eigenen Angelegenheiten überhaupt, und insbesondere über die Wahl der bei der Führung der Matrikel und in den Elementarschulen zu gebrauchenden Unterrichtssprache.

7. Jede Religionsgenossenschaft und jede Nationalität ist gleichmäßig berechtigt, die Hilfe des Staates für solche Gemeinden in Anspruch zu nehmen, welche ihre eigenen kirchlichen und Erziehungslasten zu tragen außer Stande sind.

8. Jeder Religionsgenossenschaft und Nationalität steht es frei, Mittel- und höhere Schulen zu errichten; die Wahl des Lehrsystems und der Unterrichtssprache an solchen Schulen steht, wie bei den von einzelnen Confessionen und Nationalitäten bereits bisher gegründeten gleichen Schulen, unter Wahrung des Aufsichtsrechtes der Regierung, den gründenden Individuen oder Corporationen zu.

9. Bei den Staatslehranstalten gehört die Bestimmung der Unterrichtssprache zu den Aufgaben des Unterrichts-Ministeriums, welches bei diesen seinen Anordnungen auf die in dem Districte der betreffenden Schule üblichen Sprachen Bedacht zu nehmen verpflichtet ist.

10. Bei der Landes-Universität sind Lehrstühle für Sprache und Literatur sämmtlicher im Lande wohnenden Nationalitäten zu errichten.

B. Von den Municipien.

11. Bei den Versammlungen der Municipien kann Jeder, der zu sprechen berechtigt ist, sich seiner Muttersprache bedienen.

12. Die Sprache des über die Berathungen zu führenden Protokolles und der Geschäftsführung der Municipal=Beamten bestimmt die General=Versammlung; dabei bleibt jedoch allen auf dem Gebiete des Municipiums wohnenden Nationalitäten das Recht vorbehalten, die Führung des Protokolles auch in ihrer Sprache zu fordern.

13. Für den Fall, daß, als die Sprache der Protokollführung des Municipiums nicht die ungarische Sprache angenommen würde, sind diese Protokolle, wegen geeigneter Ausübung des Aufsichtsrechtes der Staats= behörden, auch in ungarischer Sprache zu führen.

14. Die Municipal=Beamten sind verpflichtet, sich in ihren Be= rührungen mit den ihnen unterstehenden Gemeinden und Einzelnen, na= mentlich aber sowohl in civilrechtlichen als mündlichen strafrechtlichen Verhandlungen, der Sprache derselben zu bedienen.

15. Die Municipien corresponidiren untereinander in ungarischer Sprache, doch ist es gestattet, daß solche Municipien gemischter Zunge, deren Geschäftssprache die gleiche ist, mit einander in dieser corre= sponidiren.

16. Solchen Municipien, in deren Mitte die von einem einzelnen Municipium angenommene Geschäftssprache, oder die in dem Gebiete eines solchen von Einzelnen und Corporationen gebrauchte Sprache nicht üblich ist, müssen sämmtliche Beilagen auch in authenticirter ungarischer Ueberseßung mitgetheilt werden.

17. Mit den Staatsbehörden verkehren die Municipien in unga= rischer Sprache.

C. Von den Staatsbehörden.

18. Die Geschäftssprache der Staatsbehörden ist die ungarische.

19. Die Staatsämter und Würden sind im Sinne des G. A. V vom J. 1844 ohne Rücksicht auf Nationalität, nach individueller Fähigkeit und Verdienst zu besetzen.

20. Die betreffenden Ministerien sind verpflichtet darauf zu achten, daß bei den Aemtern der einzelnen Staatsbehörden solche Individuen aus der Mitte der verschiedenen Nationalitäten in genügender Anzahl verwendet werden, die mit den zur Erledigung der von den Municipien gemischter Zunge und von den ihnen unterstehenden Einzelnen und Cor= porationen unterbreiteten Geschäftsstücke erforderlichen Kenntnissen aus=

gerüstet sind; diese Rücksicht ist auch bei Besetzung der Obergespanswürde zu beobachten.

D. Vom Landtage.

21. Die Berathungs= und Geschäftssprache des Landtages ist die ungarische.

22. Die Gesetze sind auch in den Sprachen sämmtlicher im Lande wohnenden Nationalitäten in landtäglich zu veranlassenden beglaubigten Uebersetzungen zu promulgiren.

23. Sämmtliche den obigen Anordnungen entgegenstehenden Ge= setze, namentlich die im §. 3 des Ges. Art. V vom J. 1847/48, im §. 2 lit. e. des Ges. Art. XVI desselben Jahres und im §. 7 des Ges. Art. VI v. J. 1840 enthaltenen Beschränkungen, so wie auch die in den Siebenbürger Approbatis und Compilatis vorkommenden, die rumänische Nationalität verletzenden Decrete werden auch neuerdings aufgehoben.

24. Die derart festgestellten Rechte sämmtlicher, auf dem Landesterritorium befindlichen Nationalitäten werden als Grundgesetz proclamirt und unter den Schutz der Nationalehre gestellt.

Jener enge Verband, welcher in diesem Lande zwischen den na= tionalen und confessionellen Verhältnissen besteht, macht es zur Unmög= lichkeit, die in einander fließenden Ansprüche streng zu sondern, weßhalb wir wünschen, es möge ausdrücklich erwähnt werden, daß alle jene Punkte, welche sich auf die kirchlichen Gemeinden und Schulen beziehen, als Ausflüsse jener unserer vaterländischen Gesetze zu betrachten sind, welche die autonomen Rechte der einzelnen Confessionen normiren, und deren Aufrechthaltung ihrem vollen Inhalte nach — namentlich der die Rechte der Protestanten beider Confessionen und der griechischen nicht= unirten Kirche garantirenden Grundgesetz=Artikel XXVI und XXVII v. J. 1790/91 — wir an dieser Stelle besonders hervorzuheben erachten."

* * *

Wir sind keine Freunde der Codification sogenannter Grundrechte. Wir halten es für unnöthig zu beweisen, daß die Sonne leuchtet. — Es gibt Dinge, die sich von selbst verstehen, die zu erörtern über= flüssig ist.

Was aber in der Politik überflüssig, das ist auch schädlich.

Es gibt Viele, die ein Nationalitäts=Gesetz für ganz überflüssig erachten. Wir sind nicht der Ansicht.

Ein Gesetz ist überall nothwendig, wo öffentliche und Privat-Interessen in Collision gerathen können; die Sprache aber ist in unserer
Zeit ein Interesse des Herzens; dieses bedarf der Schonung, ja der
Pflege, so weit das Gemeinwohl und der Zweck des Staates es gestatten.
Dieses Gesetz muß aber kurz sein, es hat sich nicht auf Alles zu
erstrecken, was überall sein k a n n und sein d a r f, sondern soll blos
bestimmen, was sein m u ß? Das Gesetz über die Nationalität, oder
besser gesagt über die Sprachen hat nicht zu detailliren, in welchen
Kreisen, wie und in wie weit sich die Nationalitäten frei bewegen dürfen,
und ob es ihnen frei steht, ihre Muttersprache da und dort zu benutzen;
sondern es hat, den Staatszweck wohl erwägend, zu bestimmen, in welchen Kreisen das ungarische Idiom als diplomatische Landessprache ausschließlich zu benutzen sei? Hiefür genügt ein einziger Paragraph.

Allein das Elaborat der Commission erstreckt sich, ganz nach der
casuistischen Methode der österreichischen Juristen, auf alles Mögliche;
es berührt Sachen, die auf ein ganz anderes Gebiet gehören, welche
entweder durch andere Gesetze geordnet sind — wie z. B. die Ausübung
der Religion, das Lehrsystem, welche mit der Regelung der Verhältnisse
zwischen Staat und Kirche zusammenhängen; — oder es will auf dem
Papiere regeln, was füglich der allmälichen Lebensentwickelung überlassen werden kann. Wenn auch diese freie Bewegung hie und da Reibungen nach sich zöge, so ist denselben durch Verordnungen auf dem
Papier doch nicht vorzubeugen. Der Commissions-Entwurf zählt lang-
athmig auf, wo, in wie weit, wann und wem es erlaubt sei sich der
Muttersprache zu bedienen, — wofür die Sanctionirung eines eigenen
Gesetzes gar nicht erforderlich ist.

Das Gutachten der Commission wurde seitdem in den verschiedenen
nationalen Organen ungünstig beurtheilt. Gegen dasselbe haben zwei
romanische Vertreter, Mitglieder der Commission, ein Separat-Votum
eingebracht.

Dieses Separatgutachten besaß alle aufgezählten Mängel und Schattenseiten des Commissions-Entwurfes schon deßhalb in reicherem Maße,
weil es auch länger war. Der Geist desselben charakterisirt die Bestrebungen des Tages, welche jede Regierungs-, Verwaltungs- und Cultur-
rücksicht engherzig dem sprachlichen Interesse unterordnet. Er will eine
neue Arrondirung größerer und kleinerer Verwaltungsbezirke nach der
Sprachen-Majorität der Nationen, er will mit einem Worte in diesem
polyglotten Staate eine unerhörte zerstörende Operation vollbringen

welche mit der raffinirtesten Subtilität dazu ausgedacht wäre, daß sie Ungarn von der Bahn der westlichen Civilisation um neun Jahrhunderte zurückwerfe, zurück in die Zeit der Völkerwanderung und Ländereroberung.

*   *   *

Wenn wir die durch die Nationalitäts-Idee erzeugte Bewegung, ohne dieselbe gering zu schätzen oder zu fürchten, gründlich sondiren, müssen wir zu dem Resultate gelangen, daß selbst bei dem besten Willen zur Befriedigung ihrer Vertreter und Leiter kein Mittel, keine Concession ausreicht.

Ihre Pläne, ihre Wünsche, ihre Ansprüche hängen mit Hoff= nungen zusammen — und nähren sich von Hoffnungen. So lange diese Hoffnungen nicht enttäuscht und auf das Maß des Möglichen reducirt werden: so lange wird jede Concession in ihren Augen von unbedeutendem Werthe sein und höchstens eine scheinbare Beruhigung erzeugen.

Die Erfüllung dieser Hoffnungen würde sowohl Oesterreichs, als Ungarns Auflösung bedingen. Dieses ist demnach wieder ein Punkt, wo die Existenzfragen, die Lebensbedingungen Oesterreichs und Un= garns sich berühren.

Es herrscht in Oesterreich der Nisus und das oft in drohender Gestalt erscheinende Bestreben, die Ansprüche der Nationalitäten auf Kosten des ungarischen öffentlichen Rechtes zu begünstigen. Auch in Ungarn gibt es eine Parteischattirung, welche anstatt sich mit Oester= reich zu vergleichen, lieber den Nationalitäten die größten Concessionen machen, ja das historische Recht des Landes in den Kauf geben möchte. So sehen wir die Vertreter dieser Extreme in gleicher Weise beflissen, die Ansprüche der Nationalitäten fortwährend zu steigern, sehen sie mit Ge= fährdung des Staates um die Gunst der Nationalitäten licitiren.

Die erwähnten österreichischen Politiker sind nichtsdestoweniger ge= zwungen, ihre Lieblingsneigung zu zähmen, denn die Gefahr, welche in den Nationalitätsbestrebungen liegt, ist für Ungarn wie für Oester= reich gleich groß. Man kann nicht in Ungarn die rumänischen und sla= vischen Elemente zu herrschenden erheben, auf diese die Staatsorgani= sirung basiren, für sie Territorien ausschneiden, zugleich aber jenseits der Leitha die deutsche Suprematie aufrecht erhalten, die Slovenen igno= riren, die Böhmen und Polen unterdrücken, die Ruthenen mißbrauchen und verhöhnen.

Andererseits wäre es eine unglückliche Kurzsichtigkeit von Seite der Ungarn, zu glauben, daß Ungarn, wenn es von Oesterreich sich losreißt, das historische Recht Oesterreich gegenüber verwirft, dann den historischen Rechtsboden den Nationalitäten gegenüber wahren, die Krone Stefans des Heiligen und das alte ungarische Staatsrecht auf der Basis des Nationalitäten-Princips aufrecht erhalten könnte.

Ungarn wie Oesterreich, vereint oder getrennt, können sich nur auf dem historischen Rechtsboden erhalten; wenn sie diesen Boden verlassen und sich auf die Theorie der Nationalitäten stützen, wird Alles zweifelhaft, Alles der zufälligen und überwiegenden Kraft preisgegeben.

Die Ansprüche der Nationalitäten — das Streben nach der Ausbildung und Pflege ihrer Sprache, wie der Geltendmachung ihrer selbst — sind also nicht zu verachten, ja sogar im gemeinschaftlichen Cultur-Interesse zu fördern; aber diese Ansprüche müssen mit dem historischen Rechte in Einklang gebracht werden.

Und doch wie wenige von den Leitern der verschiedenen Volks-stämme dürfte eine solche Auffassung befriedigen!

Es braucht eben Zeit, bis sich die Ansprüche der Nationalitäten zum natürlichen Niveau des Möglichen herablassen werden.

Es braucht eben Zeit, bis es sich herausstellt, ob ein südsla-visches Reich unter kroatischer, oder — was wahrscheinlicher wäre — unter serbischer Hegemonie, oder ob ein Dako-Romanien zu Stande kommen könne, auf Kosten dreier Mächte, nämlich von den Abfällen des österreichischen, russischen und des fadenscheinigen türkischen Reiches.

Es braucht Zeit, bis die Idee der Nationalitäten, welche das Jahrhundert erschüttert, jene historische Phase durchläuft, welche die Idee des Glaubens aus ihrer Exclusivität endlich in das Stadium der gegenseitigen Duldung, der Toleranz hinüberführte.

Diese Zeit kann lange dauern. Die Völker müssen bis dahin viele Täuschungen erleben. Werden diese wohl wieder Blut kosten? — Wer kann uns dieß vorhersagen!

Aber diese Zeit wird, sie muß kommen.

XIII.

Von der Herablangung des königlichen Rescriptes bis zur Auflösung des Landtages.

Gegen Mitte Juli hielt das immer öfter auftauchende Gerücht von der Abdankung des Baron Nicolaus Vay die Gemüther in Span= nung. Ist es wahr? Ist dem nicht so? fragte man in den Clubs, wie auf den Straßen. Die Tagesblätter trugen nur dazu bei die Verwirrung zu steigern. Der „Lloyd" bestätigt die Nachricht als eine eventuell mög= liche. Der „Sürgöny" läugnet sie mit officiellem Seligkeitsgefühl. Der „Pesti Napló" schenkt ihr auf Grund einer Privatmittheilung Glauben. Jedes dieser Journale schöpfte selbstverständlich immer aus den „verläß= lichsten Quellen."

Die Entlassung des Baron Vay und des Grafen S z é c s e n war daher ein aufregendes Ereigniß; — obwohl die October = Regierung factisch längst zu sein aufgehört hatte und zu dieser Zeit nur noch dem Namen nach lebte.

Was wollte Baron Vay? Welche Politik verfolgte er? und ver= folgte er überhaupt eine? Nur Wenige im Lande könnten diese Fragen mit Bestimmtheit beantworten. Aber d a s ungefähr war eine allbekannte Thatsache, daß die ungarischen Regierungsmänner in diesem „supremen" Momente, als sie mit dem auf die Adresse zu gebenden königl. Rescript zum ersten Mal ein Programm aufstellen sollten, unter sich selbst un= einig waren.

Das bis jetzt halbwegs verschleierte Schwanken zwischen 1847 und 1848, zwischen dem 20. October und 26. Februar gab sich nun, als das H a n d e l n eine Einheit erforderte, in drei, vier verschiedenen Rescripts=Vorschlägen kund. Dieses war das letzte Factum, welches den Regenten von der Haltlosigkeit der Regierung überzeugte und ihn zu raschem Entschlusse bewog.

Am Morgen des 18. Juli erhielten die Excellenzherren Baron Nicolaus Vay und Graf Anton S z é c s e n — vielleicht bevor noch die Tinte auf dem neuesten Rescripts=Entwurf des Letzteren getrocknet war — ganz unerwartet jenes königliche Handschreiben, durch welches sie „auf ihr Ansuchen" ihrer Würden enthoben worden. Zum Hofkanzler wurde Graf Anton F o r g á c h ernannt.

Vier Tage später erschien das vom neuen Kanzler signirte, vom 21. Juli datirte königliche Rescript. Die Details dieses Documentes werden wir bei der Beurtheilung der beiden Abressen später besprechen. Hier wollen wir nur im Allgemeinen bemerken, daß dieses Rescript, welches durch seinen losen innern Zusammenhang mehrere Federn und verschiedene Anschauungen verrieth, nicht selten mit sich selbst in Widerspruch verfiel, bezüglich der in der Landtagsabresse kundgegebenen Ansichten bald günstig, bald ungünstig lautete — im Ganzen einen sehr verstimmenden Eindruck gemacht hat.

Es erinnerte einigermaßen an den Charakter der October-Urkunden, insoferne es dieselben principiellen Widersprüche enthielt; denn es sagt an einer Stelle:

„Wie schon Unsere, für den gegenwärtigen Landtag lautenden Einberufungsschreiben bekunden, daß es Unser fester Wille ist, das alt-ehrwürdige Herkommen hinsichtlich des Krönungs-Diploms in seiner ganzen Vollständigkeit aufrecht zu erhalten, — so anerkennen Wir zur Beschwichtigung der gereizten Gemüther und zur erwünschten Beseitigung aller grundlosen Besorgnisse auch jetzt offen, daß Unser Königreich Ungarn sowohl hinsichtlich der Personen, als auch des Systems und der Form der Regierung in einer, seiner ererbten Verfassung entsprechenden Art regiert werden soll, daß also die Verschmelzung der zur Krone des heiligen Stefan gehörigen Länder mit der Monarchie, so wie sie nicht in Unserer Absicht liegt, eben so Unserem väterlichen Herzen fern ist.“

Daraus können wir wohl die autonome Verwaltung der inneren Angelegenheiten des Landes, wie sie im G. A. 1790: X. festgestellt wurde, folgern.

Weiter aber heißt es:

„Wir geben daher den auf dem Landtag versammelten Magnaten und Repräsentanten allergnädigst zu wissen, daß Wir jene G. A. des Jahres 1848, welche mit der nöthigen Wahrung der untrennbaren Interessen Unseres Gesammtstaates, namentlich aber mit Unseren Entschließungen vom 20. October 1860 und vom 26. Februar 1861 in Widerspruch stehen, wie Wir sie überhaupt bis jetzt nie anerkannt haben, so auch in Zukunft nicht anerkennen werden, da Wir Uns hiezu nicht für persönlich verpflichtet halten. — Da aber das Recht des Antragstellens und der Initiative in Betreff der nöthigen Modificationen nicht Uns allein im Wege königlicher Propositionen gebührt, sondern auch andererseits in die Hände der Nation selbst gelegt ist, so wird es nicht allein das Recht, sondern auch die Pflicht der Vertreter der Nation sein, bei ihren bezüglichen Anträgen die Basis zu finden, auf welcher mit Rücksicht auf den nicht gestörten historischen Rechtsboden es möglich sei, das Land hinsichtlich seiner Verfassung und seiner nationalen Interessen zu beruhigen. Wir erklären demzufolge, daß, bevor das durch Uns zu erlassende Krönungs-Diplom in landtägliche Verhandlung genommen werden kann, die Revision der 1847/48er Gesetze im Geiste der pragmatischen Sanction und auf eine den Interessen des Gesammtstaates entsprechende Weise, wie dieß bereits am 20. October 1860 allergnädigst angeordnet wurde, vorausgehend zu bewerkstelligen sein wird."

Der erste Absatz bietet für den fernern Ausgleich einen Ausgangspunkt, indem er den X. Gesetz-Artikel des Jahres 1790 anerkennt; allein in den späteren zwei Punkten wird die vorläufige Abänderung der wieder nicht anerkannten Gesetze von 1848 kategorisch verlangt. Es wird hiebei nicht ein constitutioneller Ausgleich in Aussicht gestellt oder ausgesprochen, daß Se. Majestät die dießfälligen Vorschläge in Erwägung ziehen wolle, sondern die Revision wird mit dem Befehle verlangt, daß die Gesetze von 1848 mit dem Patente vom 26. Februar — welches Ungarn als gesetzlich nicht anerkennen kann — in Einklang gebracht werden, und daß aus unsern alten Gesetzen Alles zu streichen sei, was dem Patente widerspricht. Das heißt: im ersten Absatz wird unsere Constitution anerkannt, und in dem folgenden wird sie einseitig aufgehoben.

Das Grundprincip des Rescriptes ist also — die kaiserliche Machtvollkommenheit.

Wir halten es für überflüssig uns in die Einzelnheiten des Rescriptes einzulassen; so wie es überflüssig war in dem Rescripte sich auf unsere früheren Gesetze zu berufen — selbst wenn diese Berufungen gegründet gewesen wären — denn mit der Machtvollkommenheit des Regenten läßt sich nicht debattiren.

Einige Tage hindurch herrschten denn auch im Publicum Zweifel darüber, ob der Landtag auf das königliche Rescript antworten werde oder nicht. Man sagte, Deák halte eine Erwiederung für zwecklos, weil mit dem Rescript die volle Gewißheit gegeben sei, daß die weiteren Unterhandlungen nicht zum Ziele führen werden.

Indessen erkannte man es doch als angezeigt, namentlich auf die Gesetzes-Citate zu antworten, welche das Rescript enthielt, die aus denselben geschöpften Gründe zu widerlegen, und in umfassender Weise zu erläutern und festzustellen, was in der ersten Adresse zur Constatirung der gesetzlichen Rechtsstellung des Landes gesagt worden war.

Diese Aufgabe fiel natürlich Franz D e á k zu, dem Verfasser der ersten Adresse.

Wie er den großen Anforderungen entsprochen, das wollen wir weiter unten in's Auge fassen. Sie viel ist Thatsache, daß nach dem Rescripte die Adreß= und Beschlußpartei sich so innig aneinander schlossen, als es die kleinen nie ganz zu beseitigenden persönlichen Rücksichten nur immer gestatten mochten. Die Erklärung hiefür ist jedoch nicht in dem Passus der zweiten Adresse zu suchen, durch welchen der Landtag es bedingungsweise ausgesprochen, daß „auch wir in Folge des königlichen Rescriptes gezwungen sind den Faden der Landtagsberathungen für ab= gerissen zu betrachten;" wie es denn auch nicht richtig ist, was so häufig behauptet wird, daß nämlich D e á k diesen Satz nur der Be= schlußpartei zu Gefallen aufgenommen: die Erklärung für das innige Aneinanderschließen der beiden Parteien liegt eben in dem charakterisirten Hauptgedanken des Rescriptes, das die Grundprincipien unserer Con= stitution einfach negirt, die Basis, auf welcher der Landtag stand, ver= wirft und somit jede weitere gesetzliche Unterhandlung unmöglich macht.

Dieser viel besprochene Passus der zweiten Adresse anerkannte nur eine offenkundige T h a t s a c h e, ein Factum, welches folgen m u ß t e und eingetreten wäre, was immer den Inhalt der Adresse gebildet hätte.

Die Staatsgewalt und der Landtag hatten Standpunkte einge= nommen, welche mit einander nicht zu vereinbaren waren. Von diesen einander schroff gegenüberstehenden Standpunkten aus war eine Ver= ständigung nicht möglich. Dieß zu constatiren und die vom 20. October datirende Geschichtsperiode abzuschließen — war demnach eine von Vielen anerkannte Nothwendigkeit der Situation.

Es herrschte nur darüber einiger Zweifel, ob eine Auflösung oder eine Vertagung des Landtages erfolgen werde.

Die besonnenen, von der Leidenschaft der Regierungs= wie der Parteimänner gleich freien Politiker hatten der letztern Maßregel den Vorzug gegeben, weil sie dem Zwecke des Augenblickes vollkommen ent= sprach und doch den spätern Entschließungen volle Freiheit wahrte, während die A u f l ö s u n g des Landtags auf die Zukunft eine große Schwierigkeit vererbte.

Besser sagte die Auflösung dem Grundgedanken des Rescriptes, dem Standpunkte der Staatsgewalt, mit einem Worte jener Richtung

zu, die seit dem 26. Februar immer überwiegender, schließlich alleinherr=
schend wurde und die mit einem beneidenswerthen Gefühle von Sicher=
heit jene Schwierigkeiten der Zukunft überläßt, welche sie nicht versteht,
ja wohl gar nicht sieht, bis sie nicht zur Riesengröße herangewachsen.
In Folge des Rescriptes vom 21. August wurde der Landtag am
22. August aufgelöst.

Tags zuvor hielt die Deputirtenkammer eine Sitzung, in welcher
Franz Deák den Antrag stellte, das Haus wolle einen Protest aus=
sprechen, „gegen Alles, was bisher ungesetzlich geschah und ferner un=
gesetzlich geschehen wird.“ Unter seinen Motiven führte er den IV. Ge=
setz=Artikel von 1848 an, welchem zufolge der Landtag nicht aufgelöst
werden kann, bis nicht das Ministerium die Rechnungen vom ver=
flossenen Jahre und das Budget vom nächstfolgenden vorgelegt und der
Landtag bezüglich derselben Beschluß gefaßt hat.

Ferner bemerkte Deák: „Der erwähnte Gesetz=Artikel ordnet
auch an, daß drei Monate nach Auflösung des Landtages der neue
Landtag sich versammeln solle. Wenn daher der Landtag nach der Auf=
lösung nicht zu der im Gesetze bestimmten Zeit einberufen wird, so
wird die Bestimmung des Gesetzes auch hiedurch neuerdings verletzt sein.“

Der Protest wurde einstimmig unter den Ausbrüchen einer Be=
geisterung angenommen, wie sie selbst in den an Lärm und Eljenrufen
überreichen ungarischen Versammlungen selten sind. Der Tumult war
der Wiederhall der damaligen Aufregung.

Indessen sollte auch die Beschlußpartei noch ein Lebenszeichen von
sich geben.

Wie bekannt wurde bei Annahme des ersten Adreß=Entwurfes —
mit Zustimmung Deák's — durch die Majorität auch jener Antrag
Koloman Tisza's gutgeheißen, daß das Haus seine Ansichten über das,
was zu thun sei, dem Principe nach formulire und als Beschluß kundgebe.

Die Adreßpartei, respective Deák, erhob dagegen keine Ein=
wendung, offenbar aus dem Grunde, weil er der Sache, nachdem die
Adresse durchgegangen war, keine Bedeutung beilegte.

Sei es, daß Deák die ganze Beschlußidee als eine unschuldige
Unterhaltung gering achtete, obwohl ihr die andere Partei mit so vielem
Ernst und Eifer anhing, oder daß er den Beschlußmännern nur ein
Beispiel geben wollte, wie sie sich dem schon angenommenen Adreß=
Entwurfe gegenüber zu benehmen gehabt hätten — genug an dem, er
mengte sich nicht in die Details des Beschlußantrages.

Bei Annahme der Adresse wurde zur Ausarbeitung des Beschlusses eine Commission niedergesetzt. Diese brachte nun ihr Gutachten in der Sitzung vom 15. Juli ein und Melchior Lónyai sollte den darauf bezüglichen Antrag stellen.

Indeß wurde bei dem ersten Versuche der Ausführung das Un= praktische und Unpolitische der ganzen Idee klar. Man fühlte wie schwer es sei, gewisse Principien — wie z. B. in der Nationalitätsfrage auszu= sprechen, ohne auf der einen oder andern Seite sich die zu Feinden zu machen, die man sich zu Freunden gewinnen wollte; oder in der Zehent= frage, wo wir den Bauer nicht unzufrieden machen wollen, aber eben= sowenig auf Staatsunkosten ihm ein neues Geschenk an den Hals werfen konnten; denn wie immer sich auch die Dinge gestalten mögen, wenn selbst der kühnste der Träume — ein selbstständiger ungarischer Staat — zu Stande käme, träte er gleich am Tage seiner Geburt eine derartige Erbschaft von Passiven an, deren Interessen das Budget jeden= falls zur Genüge belasten würden.

Um daher durch die allgemeine und öffentliche Erörterung so kitzlicher Fragen nicht mehr zu schaden, als man nützen konnte, war es am zweckmäßigsten den Antrag der commissionellen Behandlung zu= zuweisen.

Ueberdieß fragten wir auch einander: wozu taugt, zu welchem Zwecke dient dieser ganze Beschluß, welcher nahezu beispiellos in der Geschichte des Parlamentarismus dasteht? Er diente höchstens dazu, daß der Landtag seinen guten Willen . . . durch Worte documentire! — Worte, auf welche in unserer vielbetrogenen Zeit Niemand mehr etwas gibt.

Allein jetzt, in diesem feierlichen Schlußmomente hatte Niemand etwas dagegen, daß der Landtag es ausspreche, was er gethan haben würde, wenn er thun hätte können, und folgender Beschlußantrag Tisza's wurde angenommen:

„Da das Repräsentantenhaus dadurch, daß es gegen Recht und Gesetz nicht vervollständigt wurde, so wie durch den Mangel der gesetz= lichen Regierungsorgane daran verhindert wurde, über die wichtigsten, unser Vaterland betreffenden Fragen, und unter denselben auch über die weiter unten bezeichneten, Gesetzentwürfe zu verfassen, so erklärt das Repräsentantenhaus auch bis dahin, wo es hiezu befähigt sein wird, zu= folge der von ihm bereits angenommenen und in seiner Mitte mehrmals ausgesprochenen Principien, daß es:

1. bie Befriedigung ber mit ber territorialen und politischen Integrität des Landes nicht in Widerspruch stehenden, wie immer geartеten Ansprüche aller im Lande wohnenden Nationalitäten, nach ben in ben Abressen entwickelten Principien;

2. bie Einführung ber vollständigen bürgerlichen und politischen Rechtsgleichheit für alle verschiedenen Religions-Confessionen, und bie Ausbehnung berselben auf bie Israeliten, und

3. bie Aufhebung aller mit bem Urbarialwesen verwandten Besitzverhältnisse, ohne Verletzung des Eigenthumsrechtes, auf ber Basis ber Billigkeit gegen beide Parteien und ber Entschäbigung, respective ber Ablösung, — zu ben ersten und wichtigsten Aufgaben eines zur Creirung neuer Gesetze befähigten Landtages zählt."

XIV.

Die Bedeutung der beiden Adressen.

Wir sind mit unserem geschichtlichen Rückblicke bei bem Punkte angelangt, wo wir uns fragen müssen: „Welche Erfolge hatte ber nach zehnjährigem Absolutismus und unter schweren Kämpfen errungene Landtag? Hatte er überhaupt einen Erfolg? Ober ist es wahr, baß er ohne einen Erfolg erzielt zu haben, aufgelöst wurde?"

Der Landtag des Jahres 1861 hat ein Werk aufzuweisen, wie es unsere Gesetzgebung in ihren tausendjährigen Kämpfen für die Bewahrung ber Rechte des Landes würdiger und größer n i e zu Stande gebracht — bas sind bie beiden Abressen.

Wir können heute untergehen; wenn aber ein Geschichtsforscher nach einem Jahrtausende in irgend welcher Urkundensammlung diese beiden Documente auffindet, so wird er klar erkennen, baß hier eine Nation zu Grunde gegangen, welche ein stolzes Bewußtsein ihrer Rechte gehabt und rechtschaffen bemüht war ihre Pflicht zu thun.

Fassen wir diese beiden Abressen in's Auge! Was enthalten sie? Welche Richtung haben sie? Und wie entsprechen sie bem Zwecke?

Was war ber Zweck?

Versetzen wir uns auf ben Standpunkt des Reichstages von 1861, zwischen ben zehnjährigen Absolutismus, bas October-Diplom und bas Februar-Patent. Mitten in ber europäischen Ideenverwirrung, welche unter conservativen Vorwänden Revolution macht und mit revolutionären Mitteln conserviren will — inmitten dieses scheußlichen Chaos von Theorien und Principien — konnte da die erste Aufgabe des Landtages eine andere sein, als die gesetzlichen Rechte des Landes in unbestreitbarer Weise festzustellen und die historische Rechtsgrundlage mit allen ihren Consequenzen festzuhalten — jener Grundlage, auf welcher allein Oester= reichs wie Ungarns Recht, Beruf und Lebenskraft beruht, auf welcher allein der Thron felsenfest steht, auf welcher allein die Monarchie eine Machtstellung in Europa beansprucht und einnimmt?

Geben wir das historische Recht auf und Alles in diesem Reiche ist — Chaos.

Die Weltgeschichte, die man das Weltgericht nennt, wird es nicht ohne theilnahmsvolle Bewegung verzeichnen können, daß diese Nation, nachdem sie Jahrhunderte hinburch unter so vielen Opfern immer und immer wieder für ihre Rechte gekämpft, und diese immer und immer wieder durch neue Gesetze gekräftigt hatte, trotz des heißesten Ver= langens nach geistiger und materieller Entwickelung, trotz der glühendsten Sehnsucht nach dem friedlichen Fortschritte, welcher die Völker groß macht, immer und immer wieder zum Kampfe für ihr gutes Recht ge= drängt wird und als sie dann auf dem Wahlplatze erschien und ihre Stimme für dieses gute Recht erhob, mit Hohn überschüttet wurde, weil „sie um Rechte streitet, während sie Nützlicheres thun könnte."

Es ist wahr, daß die Rechte des Landes unzweifelhaft, klar und Allen, „die es angeht" — wie die Formel sagt — wohl bekannt sind; das Hauptverdienst der beiden Abressen liegt aber darin, daß sie vor der großen Welt unsern Standpunkt klar bezeichneten, und sie Ziel und Zweck unseres theils nicht verstandenen, theils mißverstandenen Kampfes kennen lehrten.

Als Rechtsvertheidigung sind die beiden Abressen solche Meisterwerke, daß selbst die Feinde des ungarischen Rechtes ihren Werth nicht gering schätzen können und nur behaupten: sie wären einseitige juristische Plai= doyers ohne politischen Geist und zeitgemäßes Endziel.

Wir haben es schon früher betont, daß die Uebersendung der Abresse an Se. Majestät an und für sich ein Act der Politik ist; denn vom strengen Gesichtspunkte der Gesetzlichkeit aus wäre ein solcher Act nicht zu Stande gekommen.

Aber gerade in den Abschnitten der beiden Abressen über das Recht in der Erörterung der Gesetze, darin nämlich, daß sie, wie erwähnt, das historische Recht und die pragmatische Sanction zum Ausgangspunkte genommnen, darin liegt der politische Geist und Endzweck der beiden Abressen; dadurch haben sie eben, trotz der scheinbaren Erfolglosigkeit des Landtages, eine großartige Tragweite, welche die zukünftige Ent= wickelung der Reichsgeschichte wohlthuend beeinflussen wird, vorausgesetzt, daß dieses Reich und mit ihm Ungarn noch eine Zukunft hat, was wir allerdings nicht bezweifeln.

Das historische Recht enthält nicht nur Vortheile für Ungarn, sondern auch Pflichten gegenüber Oesterreich. Die Gegner des geschicht= lichen Rechtes sollten doch das nicht vergessen.

Das große politische Resultat der beiden Abressen ist demnach, daß der 1861er Landtag ohne Vorbehalt oder die Möglichkeit des Rücktrittes den Standpunkt des Staatsverbandes mit Oesterreich annahm und zur Geltung erhob.

Das ist eine große Errungenschaft und wird als solche von Allen hochgehalten, die die Verhältnisse Ungarns und die Stimmung kennen, welche während der letzten zwölf Jahre sich in unserem Vaterlande ent= wickelt hat.

Der Landtag des Jahres 1861 hatte die erste Abresse mit Stimmen= mehrheit, die zweite einstimmig angenommen, und es somit feierlich und unwiderruflich documentirt, daß das Land in dem Staatsverbande mit Oesterreich die Grenze seiner gesetzlichen Selbstständigkeit anerkennt und mit dessen Aufrechterhaltung seine Rechte auszugleichen bereit ist.

Die Abresse vom 6. Juli sagt:

„Wir wollen den Bestand der Monarchie nicht gefährden und sind bereit, das, was wir thun dürfen, und was wir ohne Verletzung unserer Selbstständigkeit und unserer verfassungsmäßigen Rechte thun können, selbst über das Maß der strengen gesetzlichen Verpflichtung hinaus, auf Grundlage der Billigkeit und aus Rücksichten der Politik auch wirklich zu thun; damit unter der drückenden Last, welche das widersinnige Ver= fahren des bisherigen absoluten Systems angehäuft, nicht der Wohlstand der Erbländer und mit demselben der unsrige zusammenbreche, und die verderblichen Folgen der abgelaufenen schweren Zeiten von ihnen so wie von uns abgewendet werden. — Aber nur als selbstständiges, unab= hängiges, freies Land wollen wir mit ihnen als mit freien unabhängigen Ländern verkehren, nur auf diesem Wege werden wir unsere Interessen und die ihrigen in Einklang bringen können, und mit Entschiedenheit weisen wir jede Unterordnung, jede Einverleibung zurück, sei es auf dem

Gebiete der Gesetzgebung, sei es auf dem Gebiete der Verwaltung, denn
dieß würde eine Aufopferung unserer Selbstständigkeit bedeuten, in welche
zu willigen uns schlechterdings unmöglich ist."

Und mit diesen Schlußzeilen gelangen wir plötzlich zu der Frage
aller Fragen: wie nämlich auch fürder dieser Staatsverband erhalten
werden solle? Auf welche Art er bestehen könne, und wie er einzurichten
sei, damit er seinem Zwecke zu entsprechen vermöge, welcher nur in der
gemeinschaftlichen Sicherstellung beider Reichsbestandtheile liegt? Daß
Ungarn den österreichischen nichtungarischen Ländern als gleichberechtigter,
selbstständiger Theil zur Seite steht, das ist gewiß; daß es mit diesen
in der Gesetzgebung nicht zusammenschmilzt — das ist natürlich; aber
daß es mit denselben auch auf dem Gebiete der **Regierungs-**
Action nicht zusammenfließe, das ist schwer anzunehmen.

Dieser Staatsverband setzt de facto und de jure gemeinschaftliche
Angelegenheiten, gemeinschaftliche Hauptinteressen voraus; der Regent ist
ein gemeinschaftlicher. An einer Stelle sagt auch die Abresse, daß selbst
die Personalunion ein Band bilde, aus welchem gemeinschaftliche Ver=
hältnisse folgen; auch die 48er Gesetze anerkennen das Vorhandensein ge=
meinschaftlicher Reichsangelegenheiten. Wie sollen also diese gemeinschaft=
lichen Angelegenheiten gehandhabt werden? Oder, da diese Angelegen=
heiten zu den wichtigsten gehören und in den Kreis der Regierungs=
Action, nicht aber in den der öffentlichen Verwaltung fallen, so fragen
wir: wie sollen sie geführt werden, wenn wir unsererseits ein Zusammen=
schmelzen in der Regierung entschieden zurückweisen?

Hierauf gibt die Abresse folgende — unserer Auffassung nach —
den Verhältnissen nicht entsprechende Antwort:

„Wir können die Regierung und Verwaltung Ungarns von keinem
andern, als dem Könige von Ungarn abhängig machen, und dieselbe nicht
mit der Regierung anderer Länder vereinigen; wir wollen daher
weder an dem Reichsrathe, nach an irgend einer Volks=
vertretung der Monarchie Theil nehmen, wir können das
Recht derselben, über die Angelegenheiten Ungarns zu verfügen, nicht
anerkennen und sind blos geneigt mit den constitutionellen Völkern der
Erbländer, als selbstständige freie Nation mit einer andern selbstständigen
freien Nation, unter voller Wahrung unserer Unabhängigkeit, von Fall zu
Fall, zu verkehren."

Wir wollen uns nicht in eine Erörterung der Personal= und
Realunion einlassen; es war auch Schade über so vielumfassende,

theoretische Begriffe in der Adresse und im Rescripte zu debattiren. Unserer Meinung nach kommen wir der Wahrheit am nächsten, wenn wir sagen, daß zwischen den beiden Theilen des Reiches nach dem ungarischen öffentlichen Rechte eine Personal=, factisch aber eine Real= Union bestanden habe.

Ein großer Theil jener Angelegenheiten, welche wir als gemeinsame anerkennen müssen, sind vor 1848 absolutistisch entschieden worden; ziemlich ohne unsern Einfluß; das Land remonstrirte, protestirte immer und brachte stets neue Gesetze; mit einem Worte es wahrte seine Rechte; aber die Dinge gingen wie vordem. Jetzt wollen es die Völker nicht, daß diese Angelegenheiten absolutistisch behandelt werden; auch Se. Majestät hat es ausgesprochen, nicht mehr absolutistisch regieren zu wollen; es entsteht daher die Frage: wenn die Völker des Reiches nicht auseinander laufen wollen, wie organisiren wir eine Regierung für diese gemeinschaftlichen Angelegenheiten?

Die Adresse sagt: „Wir sind geneigt von Fall zu Fall in Unter= handlung zu treten." Aber das Staatsleben besteht nicht aus „Fällen;" es sind dieß bestehende, perpetuelle Interessen, welche eine systematische Behandlung beanspruchen, welche eine Continuität der Ueberwachung, der Ausführung, mit einem Worte des Gouvernements fordern.

Besteht z. B. die Finanzregierung darin, daß von Fall zu Fall, etwa wenn eine Anleihe nothwendig geworden, die Landtage einberufen werden, um ihr Ja oder Nein zu sagen und dann nach Hause zu gehen? Bedingt das gemeinschaftliche Finanz = Interesse des Reiches nicht eine Finanzpolitik, ein ganzes System von Regeln und Principien und eine Continuität desselben, welche eine ununterbrochene Ueberwachung und Einflußnahme der beiden Landtage des Reiches erheischen?

Doch wie soll dieser Einfluß ohne eine permanente Organisation ausgeübt werden?

Wenn wir daher von dem Dualismus des Reiches, welcher gesetz= mäßig und historisch ist, und so wie die beiden Adressen von jenem heilig wahren Princip ausgehen, daß die Länder der ungarischen Krone einerseits und die übrigen österreichischen Länder anderseits zwei einander coordinirte, nicht aber subordinirte Theile sind, welche einen Staaten= bund bilden: so ist es, sei diese Verbindung auch noch so locker, unserer Auffassung nach unumgänglich nothwendig, daß sie zur Erledigung ihrer gemeinsamen Bundesangelegenheiten irgend ein Mittel der beständigen Berührung schaffen.

Wir theilen vollkommen die Erklärung der Adresse, daß Ungarn weder an dem durch den 26. Februar geschaffenen Reichsrath, noch an irgend einer Volksvertretung des ganzen Reiches theilnehmen kann.

Auch das Naturrecht lehrt uns, daß der in der menschlichen Gesellschaft lebende Mensch verpflichtet ist, einem Theile seiner natürlichen Rechte für den Gewinn zu entsagen, daß ihm die Gesellschaft seine übrigen Rechte gewährleistet und ihm die Mittel zur Erreichung seiner menschlichen Bestimmung sichert.

Ungarn genießt ohne Zweifel dadurch, daß es ein Glied des österreichischen Staates ist, die Garantie großer Wohlthaten. Dieser große Völkerbund, welcher beständig eine halbe Million Bewaffneter kampfbereit hält, erweckt bei den anderen Mächten, wenn sie schlimme Absichten hegen sollten, eine größere Zurückhaltung, als das auf sich selbst beschränkte Ungarn. Auf dem Throne des Reiches aber sitzt eine solche Familie, welche seit Jahrhunderten eine große Macht entwickelte, ihren Rechten Achtung verschaffte und auf diese Weise die Integrität unseres Vaterlandes und die Unversehrtheit der heiligen ungarischen Krone bisher immer sicherte und auch ferner sichern wird, so lange nicht das Princip des Raubes an die Stelle des europäischen Staatsrechtes tritt.

Wenn dieser Staatsverband nicht blos für den anderen Theil, sondern auch für Ungarn nützlich ist, so sagt der Verstand und das eigene Interesse, daß es auch seine Rechte nicht ganz unabhängig ausüben könne, sondern auf die Rechte seines Bundesgenossen und auf jene Interessen, welche durch dieses Verhältniß selbst hervorgerufen wurden, Rücksicht nehmen müsse.

In solcher Allgemeinheit betrachtet ist also Ungarn gehalten, wohl nicht für ewig seinem Rechte zu entsagen, doch aber in der Ausübung des Rechtes sich bis zu jenen Grenzen einzuschränken, welche die Lebensbedingung des Bestehens dieses Staatsverbandes sind, so wie auch das Individuum verpflichtet ist, nicht allen, aber doch so vielen seiner natürlichen Rechte zu entsagen, als der Zweck des Staates erfordert.

Es ist eine historische Thatsache, daß Ungarn schon seit viertehalbhundert Jahren nicht im Stande war, seine volle staatliche Selbstständigkeit aufrecht zu erhalten. Es hat ferner auch die Combination viel Wahrscheinlichkeit für sich, daß Ungarn, wenn es im sechszehnten Jahrhundert nicht unter das türkische Joch gerathen wäre und — bildlich gesprochen — sich nicht in den unter dem Hause Habsburg bestehenden Staatenbund geflüchtet hätte, später auf dieselbe Art wie Polen die

Beute einer anderen Macht, besonders Rußlands geworden wäre. Jeden= falls kann Ungarn, so lange der österreichische Staatsverband die Ga= rantie der Unverletzbarkeit der heiligen Krone bildet, nicht seine volle staatliche Selbstständigkeit, sondern nur jenes Maß derselben fordern, welches sich mit der Aufrechthaltung und mit der Mission dieses Staats= verbandes verträgt, denn dieser Verband liegt ja — und beherzigen wir dieß wohl — auch in seinem eigenen Interesse, er ist die Verdoppelung seiner eigenen Sicherheit, seiner eigenen Macht.

Die menschliche Weisheit ist aber nicht im Stande solche Modali= täten zu ersinnen, wie die gemeinsamen Angelegenheiten des Reiches er= ledigt werden könnten, ohne daß die Selbstständigkeit des Landes in der praktischen Anwendung einige Beschränkung, einigen Abbruch erlitte.

Andererseits aber ist keine Rabulistik im Stande die Behauptung auch nur halbwegs plausibel zu machen: der Fortbestand und die Macht des österreichischen Staatsverbandes erfordern, daß Ungarn, sei es in eine wirkliche, sei es in die Pseudo = Volksvertretung des 26. Februar eintrete. Ja es gibt sehr viele verständige Männer — und man gestatte uns zu wünschen, daß wir zu den Verständigen gehören mögen, — welche im Gegentheil der Ansicht sind, daß eine solche Central = Volks= vertretung sicher den Zerfall des Reiches nach sich zöge.

Jedenfalls ist es zu berücksichtigen, daß Ungarn seine Ansicht be= züglich einer solchen Volksvertretung genug verständlich dahin erklärte, daß sie gerade jene theuersten Schätze Ungarns gefährde, wegen deren Sicherung die Aufrechthaltung des österreichischen Staats= verbandes im Interesse Ungarns liegt, und wegen welcher es auch ferner bereit ist Opfer zu bringen . . . .

Das Resumé dieser Erwägungen besteht daher in Folgendem: Es ist nicht genug, bezüglich der gemeinsamen Angelegenheiten des Staates von Fall zu Fall in Berührung zu treten, sondern es sind dauernde Institutionen nothwendig; diese dürfen jedoch nicht octrohirt werden, sondern sie sind im Wege des Uebereinkommens mit der ungarischen Legislative zu Stande zu bringen; endlich ist eine Central = Volksver= tretung nicht nothwendig, ja sie kann sogar nicht gestattet werden, sondern . . . . ?

Es wäre Verwegenheit von unserer Seite dieß bestimmen zu wollen; wir wissen nur, was nicht sein kann. Kein Staatsmann ist weise oder mächtig genug, diese Regierungform aus dem Stegreif zu bestimmen; sie wird das Werk der Zeit sein.

Am Anfang unserer Skizzen würdigten wir die im October-Diplom enthaltene Idee des Reichsraths insoferne, daß er dem, in der Autonomie des Landes wurzelnden, auch in der Vergangenheit oft angewendeten Modus der Landescommissionen am nächsten steht.

Ist aber ein solches Berührungsmittel zweckmäßig, welches, aus den Wahlen der Landtage hervorgehend, nothwendigerweise eine Partei=färbung an sich tragen und jedenfalls viele solche Elemente enthalten wird, die für die Regierungskunst keinen Sinn haben, in die unmittelbaren Angelegenheiten der Regierung nicht eingeweiht sind? Und hegt endlich Ungarn nicht auch einem solchen gemeinschaftlichen Organe gegenüber unüberwindliche Befürchtungen?

Sollte es nicht möglich sein die erforderliche Gruppirung der Ministerien diesseits und jenseits der Leitha, ihre gegenseitigen Ver=hältnisse, die Art ihrer Berührung, ihren Wirkungskreis und ihre Ver=antwortlichkeit bezüglich der gesammtstaatlichen und der Landes-Angelegen=heiten so zu bestimmen und festzustellen, daß sowohl der ungehinderte Gang der gesammtstaatlichen Angelegenheiten, als auch die innere Auto=nomie des Landes gesichert wäre?

Wir können uns in die detaillirte Erörterung dieser Fragen nicht einlassen. Wir machen nur die Bemerkung, daß es schwer ist, die gehörigen Formen dieser Institutionen aufzufinden; wir sind aber über=zeugt, daß wenn nur Vertrauen und guter Wille vorhanden, nicht blos ein Weg zum Ziele führen würde. Vieles ist in der Praxis ausführ=bar und zweckmäßig, was in der Theorie unausführbar scheint. Jetzt dagegen liegt das Uebel darin, daß man die Anwendung eines solchen Mittels forcirt, welches in der Theorie sehr einfach und leicht zu sein scheint, praktisch aber unausführbar ist.

* * *

Insoferne weichen wir also von den Schlußfolgerungen der Adresse ab, obschon das Grundprincip derselben auch das unsere ist.

Aus diesem Grunde können wir die folgenden Sätze der ersten Adresse nicht unbesprochen lassen:

„Finanz= und Creditangelegenheiten, Kriegsangelegenheiten, Zölle und Handel, diese wesentlichsten Fragen in dem politischen Leben einer Nation, werden einem gemeinschaftlichen Reichsrath untergeordnet, wo über dieselben auch hinsichtlich Ungarns eine in ihrer Mehrzahl fremde Gewalt nicht vom ungarischen Gesichtspunkt aus, nicht nach ungarischen

Interessen verfügen würde. .... Die deutschen Interessen, welche die österreichischen Provinzen zu vertheidigen und zu fördern verpflichtet sind, sind für uns fremde Interessen. .... Deutschland kann in seinem eigenen Interesse einen Krieg führen, seine Grenzen können angegriffen werden, und Oesterreich ist verpflichtet an diesem Kriege Theil zu nehmen .... Aber i h r Krieg ist nicht u n s e r Krieg, i h r e Interessen sind nicht u n s e r e Interessen; sie stehen uns nicht zur Seite, sie werden unsere angegriffenen Grenzen nicht vertheidigen, denn wir sind nicht Mitglieder des deutschen Bundes."

.... Es war der tödtende Buchstabe des October-Diploms, daß es das Recht der Staatssteuer- und der Recrutenbewilligung dem Lande einfach nahm und dasselbe kurzweg dem Reichsrathe übertrug. Es war dieß ein um so größerer Fehler, da der Fortbestand des Reiches eine solche Schmälerung der Rechte Ungarns nicht nothwendig machte, wie dieß die Geschichte dreier Jahrhunderte beweist. Die ungarische Nation hat für den gemeinschaftlichen Thron weder mit ihrem Gut, noch mit ihrem Blut gegeizt. Ein noch größerer Fehler war es, daß das königliche Rescript, indem es der Opfer erwähnt, welche die Nation während der französischen Kriege brachte — Opfer, welche der Nation nicht durch ein Machtwort abgerungen wurden, sondern welche sie auf constitutionellem Wege bewilligte, — die damalige Loyalität der Nation jetzt als Waffe gegen dieselbe benützt, und, weil die Nation damals ihr Recht nicht mißbrauchte, die Folgerung zieht, daß sie gar kein Recht besessen habe. Und wie, wenn die Nation damals ihr Recht mißbraucht hätte? Dann würde man wahrscheinlich sagen, daß sie es deßhalb verlor, weil es den Gesammtstaat gefährdet!

Hingegen halten wir es für eine engherzige Auffassung, daß „unsere Interessen nicht die Interessen der übrigen Länder, daß unsere Kriege fremde Kriege sind, und daß wir einander nicht helfen." Wenn dem so ist, dann gibt es keinen Staat Oesterreich, sondern nur einen negativen Staatsverband, welcher Alles in Allem darin besteht, daß wir einander nichts Uebles zufügen; daß wir nicht Feinde, aber auch nicht Bundesgenossen sind. Wohl ist unter diesem Passus Deutschland zu verstehen; er bezieht sich aber doch mittelbar auch auf die österreichischen Länder, welche zum deutschen Bund gehören.

Uns scheint es aber, daß wir die Interessen nicht nur der österreichischen, sondern auch der deutschen Länder vertheidigten und vertheidigen, sie dagegen die unseren vertheidigen. Wenn nicht so viel ungarisches Blut alle Schlachtfelder Europa's getränkt hätte, so bestünde heute kein österreichischer Staat und vielleicht kein Deutschland. Wenn nicht Deutsche, Böhmen und Mähren mit uns bis Belgrad gekämpft hätten, so wäre Ungarn vielleicht auch heute noch eine elende türkische Provinz. Der Böhme, der das Banat zurück erobern half, verblutete dort, oder starb dort am Fieber und an der Cholera nicht für fremde Interessen; denn Oesterreich ist ohne Ungarn keine Großmacht, Böhmen aber verdankt diesem Staatsverband seine Blüte. Der Ungar, der von Raab bis Paris, in Italien und in Deutschland gegen die Franzosen kämpfte, focht nicht für fremde Interessen; wenn Napoleon I. Oesterreich vernichtet hätte, wenn der Plan des östlichen und westlichen Cäsarismus zur Ausführung gelangt wäre, wo wäre dann heute Ungarn? Von Wem würde es seine Constitution und die Erfüllung des bilateralen Vertrages der pragmatischen Sanction fordern?

Die Länder diesseits und jenseits der Leitha können abwechselnd für ihre gegenseitigen Rechte kämpfen und Opfer bringen; der Sieg und die Macht sind gemeinschaftlich, der Gewinnst, welchen die gemeinschaftliche Macht bietet, nämlich die Sicherheit der Rechte und der Existenz eines jeden Theiles ist gemeinschaftlich. Und durch Oesterreich wird dasselbe Verhältniß auch mit Deutschland mittelbar begründet, und zwischen Deutschland und Ungarn eine Interessen-Gemeinschaft hergestellt.

In Wahrheit sind auch jene Sätze nicht so zu verstehen, als könnte der Kaiser von Oesterreich Krieg führen, und das Königreich Ungarn würde ihm keine Hilfe leisten. Wir leisteten sie bisher und werden sie auch ferner leisten. Wozu aber dann diese entfremdende Lehre von den fremden Interessen? Unsere Interessen sind dieselben, wir müssen nur die Verwaltung derselben in ein System bringen. Oesterreich wird weniger Kriege zu führen haben, wenn ihm der Beistand Ungarns in Vorhinein gesichert ist. Es ist wahr, daß die übrigen Provinzen, wenn wir uns mit ihnen in einer gemeinschaftlichen Einrichtung vereinigen, einigermaßen in unsere Angelegenheiten dareinsprechen werden; dafür werden aber auch wir in ihre Angelegenheiten dareinsprechen und uns in dieselben einmischen. Es ist dieß ein höherer politischer Gesichtspunkt, welchen wir schon an einer andern Stelle der Aufmerksamkeit zu empfehlen bemüht waren.

Uebrigens wird das Mißverständniß, welches die oben angeführten, jede Tragweite entbehrenden Sätze der ersten Adresse hervorrufen könnten, durch die zweite Adresse vollkommen beseitigt, indem sie die Regierungsangelegenheiten detaillirt, und nachweist, daß jenes Gesetz von 1848, welches ein Ministerium errichtete, die Großmachtstellung des Reiches nicht gefährde und für die Leitung der gemeinschaftlichen Reichsangelegen= heiten kein Hinderniß sei.

Die zweite Adresse ist in dieser Hinsicht unschätzbar und wurde weder von den Völkern, noch von der Regierung genug gewürdigt.

Wer unbefangen jenen Theil der zweiten Adresse studirt, welcher über die staatsrechtlichen Artikel der 1848er Gesetze, besonders über die Regierung, über das verantwortliche Ministerium spricht, der wird zu dem Resultat gelangen, daß jene Gesetze oben und unten ver= kannt, ja gar nicht gekannt werden.

Oben sind sie ein Gegenstand des Schreckens, unten ein schönes Ideal; dort bedeuten sie die Revolution, hier die vollkommene Selbst= ständigkeit, die Unabhängigkeit Ungarns. Jene, die diese Gesetze hassen, und Jene, die für sie schwärmen, täuschen sich gleichmäßig. S o w o h l Jene, als Diese betrachten das Jahr 1848 durch die Brille des Jahres 1849.

Die 1848er Gesetze enthalten jedoch jenen Zustand nicht, welcher sich unter den Verhältnissen jener unglücklichen zwei Jahre entwickelte. Die 1848er Gesetze bilden ein unvollendetes Werk. Unter dem Einfluß der Reibungen der Nationalitäten, des in ganz Europa herrschenden revolutionären Wahnsinnes, der Verstandlosigkeit und Kopf= losigkeit der damaligen Wiener Regierung, und später der Reaction und des Krieges bildeten sich diese Gesetze zu dem heraus, was sie wurden, nämlich zum Symbol der Losreißung Ungarns.

Es ist dieß aber in den fraglichen Gesetzen nicht enthalten. Kossuth ließ achtzig Millionen Papiergeld drucken; die Landesvertheidigungs= Commission organisirte eine Armee gegen den Kaiser von Oesterreich; aber die ungesetzliche, revolutionäre Bevollmächtigung zu diesen Hand= lungen kann nicht in den 1848er Gesetzen, sondern nur in den außer= ordentlichen Verhältnissen gefunden werden.

Das 1848er Ministerium ist im Sinne des Gesetzes nichts an= deres, als die zeitgemäße Formulirung der durch den X. G. A. v. 1790 ausgesprochenen selbstständigen inneren Verwaltung. Das Finanz=Mini= sterium ist nichts anderes als die königliche Kammer, welche sich blos auf die Landescasse bezieht; das Landesvertheidigungs=Ministerium be= schränkt sich, wie es schon sein Name bezeichnet, blos auf die innere

Administration; es theilt die Armee nicht und schränkt auch die Rechte des Monarchen als obersten Kriegsherrn nicht ein.

Es ist dieß nicht unsere individuelle Ansicht, sondern, wie gesagt der durch den 1861er Landtag bezeichnete Sachverhalt. Betrachten wir die auswärtigen Angelegenheiten!

Es unterliegt keinem Zweifel, daß die auswärtigen Angelegenheiten des Reiches, die Berührungen desselben mit den übrigen Mächten, eine gemeinsame Angelegenheit der ganzen Monarchie, respective ein reservirtes Recht des Monarchen sind, und daß die Leitung derselben jedenfalls eine einheitliche sein muß. Unsere Gegner sagen: Ungarn wird auf Grund= lage der 1848er Gesetze einen besonderen Staat bilden. Was sagt der ungarische Landtag über diesen Gegenstand?

„Es gibt in unserem Vaterlande auch solche fürstliche Rechte, welche die Verfassung auf die Person des Königs selbst übertragen hat; weil aber der König von Ungarn gleichzeitig auch der Beherrscher der Erbländer ist, so ist es natürlich, daß derartige Rechte sowohl in Bezug auf Ungarn als auch bezüglich der Erbländer derselbe Fürst ausübt.

Ein solches fürstliches Prärogativ ist jenes Recht des Königs von Ungarn, kraft dessen er die Beziehungen zu den auswärtigen Mächten oder die auswärtigen Angelegenheiten mit seiner Allerhöchsten königlichen Macht entscheidet. Unsere Gesetze, namentlich die Gesetz=Artikel II vom Jahre 1608 und IV vom Jahre 1681 haben zwar bedungen, daß die Fragen des Krieges und des Friedens, besonders bezüglich der Türkei, unter dem Einflusse Ungarns verhandelt werden, und der Krieg in Ungarn und den damit verbundenen Theilen ohne Wissen und Willen des Landes nicht begonnen, daß die Punkte des Friedensschlusses dem Reichstag mitgetheilt, daß bei der h. Pforte nebst dem kaiserlichen Re= sidenten auch ein ungarischer Resident gehalten werde, der mit dem kaiserlichen Residenten gleich bevollmächtigt sei; und mehrere unserer Gesetze, besonders 1723: CIV, 1741: XI, und 1790: XVII, enthalten die Bedingung, daß die Ungarn auch von der Verhandlung der aus= wärtigen Angelegenheiten nicht ausgeschlossen, und bei ausländischen Ge= sandtschaften auch Ungarn verwendet werden sollen. Die oberste Leitung und Erledigung der auswärtigen Angelegenheiten indeß war in die Hände des Monarchen selbst gelegt, und indem das Land seine höchste hierauf bezügliche Garantie in sein Recht der Steuer= und Recrutenbewilligung setzte, wollte es nur, daß bei der Behandlung der auswärtigen Angelegen= heiten auch die Ungarn Einfluß haben sollen. Dieses Princip befolgte bezüglich der auswärtigen Angelegenheiten auch der 1847/8er Landtag, indem er das erwähnte königliche Recht ehrend und in seiner vollen Integrität aufrechthaltend, kein besonderes ungarisches Ministerium der auswärtigen Angelegenheiten errichtete, und für genügend erachtete, daß durch den an der Seite der Person Sr. Majestät befindlichen Minister jener Einfluß gewahrt werde, welchen das Land den oben aufgezählten Gesetzen gemäß beanspruchen kann."

Hat aber Ungarn seine alten gesetzlichen Rechte überschritten, indem es den 1848er Gesetzen gemäß ein Landesvertheidigungs = Ministerium errichtete? wurde dadurch den Rechten Sr. Majestät als obersten Kriegs= herrn ein Hinderniß bereitet? wurde dadurch die Armee getheilt? Auf alle diese Fragen antwortet die Adresse in den folgenden Zeilen:

„Das allerhöchste königliche Rescript erwähnt ferner das Heer und dessen Gemeinsamkeit. Es ist unzweifelhaft, daß das ungarische Heer mit den Truppen der übrigen Provinzen gemeinschaftlich gegen die Feinde des Vaterlandes und des Monarchen kämpfte; aber es war stets ein wesentlicher Unterschied zwischen Ungarn und den Erbprovinzen in Bezug auf Alles, was das Militär betrifft. Ungarn bestimmt, ohne allen Einfluß der Erbprovinzen und ihrer Regierung, selbstständig die Zahl des ungarischen Militärs, wie dieß zahlreiche Gesetze, namentlich der 2. Artikel 1802 beweisen. Auf dem Landtag wurde die Art der Sustentation des ungarischen Heeres bestimmt, und zwar oft mit wesent= lichen Abweichungen von dem in den Erbprovinzen eingeführten System; die zur Ergänzung des Truppenstandes nöthigen Recruten wurden vom Landtage bewilligt, und bei der Bewilligung derselben wurden nur die in den ungarischen Regimentern entstandenen Lücken berücksichtigt, und die Bewilligung geschah zur Ergänzung der ungarischen Regimenter; aber auf die bei dem Militär der übrigen Provinzen befindlichen Lücken wurde niemals Rücksicht genommen. Auf dem Landtage wurde die Art, die Bedingungen der Recrutenstellung, so wie auch die Capitulationszeit bestimmt, ohne Rücksicht darauf, in welcher Weise dieß in den übrigen Provinzen festgesetzt wurde. Und bei der Recrutenbewilligung wurde nicht nur das in Betracht gezogen, wie viel von der Vollzähligkeit der ungarischen Regimenter fehle, sondern der Landtag verlangte auch, daß obschwebende auswärtige Umstände dargelegt werden, und nach dem Verhältnisse des diesem gemäß erkannten Bedürfnisses normirte der Land= tag seine Bewilligung. Die Richtigkeit dessen beweisen unsere Gesetze, von welchen es genügen wird, den 1. §. des II. Artikels 1840 zu er=

wähnen, welcher wie folgt lautet: „Die Stände bewilligen, nachdem sie in Folge ihres im Sinne der Gesetze begründeten Verlangens, von den in den auswärtigen Angelegenheiten obschwebenden Umständen und von dem gegenwärtigen Stande der ungarischen Regimenter in Kenntniß gesetzt wurden, in Folge der Enthüllungen in Betreff des Bedürfnisses, als Subsidien zur Deckung desselben, und ohne jede hieraus zu folgernde Consequenz zu den ungarischen Regimentern, freiwillig achtundbreißigtausend Recruten unter folgenden Bedingungen u. s. w." . . .

Unsere älteren Gesetze verfügen auch besonders, daß das fremde Militär aus dem Lande entfernt, daß das ungarische Militär zurückgebracht, daß in den ungarischen Festungen ungarische Commandanten angestellt werden und daß die Oberfeldherrnschaft der ungarischen Truppen dem Palatin des Landes zukomme. Auch über die Verpflegung und Kasernirung des Militärs verfügte immer der ungarische königl. Statthalterei-Rath, und mehrmals, namentlich 1790 und 1840, wurden Landtags-Commissionen ernannt zur Ausarbeitung bezüglicher stehender Reglements. Aus dem Allen geht unzweifelhaft hervor, daß Ungarn auch Betreff des Militärs sowohl in staatsrechtlicher als auch in administrativer Beziehung immer constitutionelle Selbstständigkeit besaß, und daß auch jener Theil des III. Artikels 1848, welcher die ungarischen Militärangelegenheiten in administrativer Beziehung ohne Verletzung der fürstlichen Gewalt des ungarischen Königs dem verantwortlichen Ministerium anvertraute, im Sinne unserer schon früher bestandenen Gesetze creirt wurde."

Der citirte §. des VIII. Ges. Art. von 1848 lautet aber folgendermaßen:

„Ueber die Verwendung der ungarischen Armee außerhalb der Grenzen des Landes, so wie hinsichtlich der Ernennungen zu Militärstellen wird Se. Majestät unter Gegenzeichnung des laut des 13. §. fortwährend bei der königlichen Person Sr. Majestät befindlichen verantwortlichen ungarischen Ministers verfügen."

Bezüglich des Finanz-Ministeriums aber entwickelt die Adresse die Rechte des Landes ausführlich:

„Was das Finanzwesen betrifft, so gibt es kaum einen Gegenstand, bei dem man so viele Gesetze aufweisen könnte zum Beweise dessen, daß das Land auch in dieser Beziehung stets bestrebt war, seine Selbstständigkeit und Unabhängigkeit zu wahren. Die Wiener Kammer liebte es, sich unberechtigter Weise in die Finanz-Angelegenheiten Un-

garns einzumengen; aber das Land wies jede solche Einmischung ent=
schieden zurück und sprach die Unabhängigkeit seines Finanzwesens auch
mehrmals durch Gesetze aus. Es genüge unter den vielen nur einiger
zu erwähnen: Der V. Artikel 1625 sagt: daß „der Schatzmeister des
Landes gewählt werde, und in keinerlei Abhängigkeit von der öster=
reichischen oder der Wiener Kammer sei, und daß andere Provinzen
sich in die Einkünfte Ungarns durchaus nicht einmengen sollen;" — der
XVI. Artikel 1723 bekräftigt die Anordnungen des obigen Gesetzes auf's
Neue; — der XIV. Artikel 1741 verordnete, daß „die ungarische Kam=
mer in ihrer gesetzlichen Unabhängigkeit erhalten werde, daß sie ihre
Zuschriften unmittelbar an Se. Majestät sende, daß die Rescripte auf
dieselben nur durch Se. Majestät erlassen werden, und daß Alles, was
in Ungarn und den mit ihm verbundenen Theilen das Aerar betrifft,
und somit auch der Salz= und Bergbau, zum Ressort der ungarischen
Kammer gehören. Die Verwaltung der Landeseinkünfte war daher dem
Gesetze gemäß selbstständig und von der Verwaltung der übrigen Pro=
vinzen unabhängig. Auch die Festsetzung der Landessteuer geschah, wie
wir oben auseinandersetzten, durch den Landtag und ohne allen Einfluß
der Verwaltung der Erbprovinzen.

Wir erwähnen noch eines zum Beweise unserer dießbezüglichen
constitutionellen Selbstständigkeit. 1811, als der Werth des außer=
ordentlich vermehrten Papiergeldes auf ein Fünftel devalvirt und zur
Einlösung desselben ein neues Papiergeld unter dem Namen „Schein=
zettel" ausgegeben wurde, forderte Se. Majestät den ungarischen Land=
tag auf, daß derselbe zur Garantirung des Werthes dieser Scheinzettel
und zu deren periodischer Einlösung hilfreiche Hand biete. Seine Ma=
jestät schickte auch Commissäre, welche die Finanzverhältnisse des Staates
und alle Umstände des dringenden Bedürfnisses einer durch den Landtag
zu wählenden Commission darlegen und den Plan angeben sollten, nach
welchem dem Uebel abgeholfen werden könnte. Diese Commissäre voll=
führten ihren Auftrag und gaben den Plan an, welcher darin bestand,
daß von 211 Millionen Gulden Scheinzettel das Land 100 Millionen
auf sich nehme und für einen sicheren Fond zur Einlösung derselben
sorge. Die Stände des Landes nahmen diesen Gegenstand in Berathung
und kamen überein, daß sie weder die 100 Millionen auf sich nehmen,
noch sich in die Creirung irgend eines Fondes einlassen.

Wenn Ungarn nicht selbstständig und unabhängig gewesen wäre,
so hätte Se. Majestät Ungarn nicht besonders aufgefordert, einen Theil

dieser Staatsschuld zu übernehmen, und das Land hätte die Uebernahme nicht verweigert.

Aber praktisch wird durch dieses klare Beispiel auch noch das bewiesen, was ohnehin theoretisch aus dem Princip des Constitutionalismus folgt, daß jene Staatsschulden, welche ohne Wissen und directe Einwilligung des Landes, ja zum großen Theile auch nicht im Interesse des Landes gemacht wurden, Ungarn von Rechtswegen gar nichts angehen. Das erwähnen wir jedoch nicht darum, weil wir etwa die in unserer ersten Abresse abgegebene Erklärung, daß wir gegen die constitutionellen Völker der Erbprovinzen nicht feindlich aufzutreten wünschen, ändern wollen; wir sind bereit, das was wir thun dürfen und was wir ohne Verletzung unserer Selbstständigkeit und unserer constitutionellen Rechte thun können, auch über das Maß der strengen, vom Gesetz vorgeschriebenen Pflicht hinaus, auf Grund der Billigkeit, aus politischen Rücksichten zu thun, damit unter den schweren Lasten, welche das verkehrte Verfahren des bisher bestandenen absoluten Systems anhäufte, nicht ihr Wohlstand und mit diesem auch der unsere zu Grunde gehe, und damit die schädlichen Folgen der verflossenen Zeiten von ihnen und von uns abgewendet werden. Ja, wir wiederholen das auf's Neue, und eben so wiederholen wir, daß wir nur als selbstständiges, unabhängiges, freies Land mit ihnen auch in dieser Beziehung in Berührung kommen wollen. Aber wenn unsere politischen Rechte nicht in Rücksicht gezogen werden; wenn unsere gesetzliche Selbstständigkeit angegriffen wird; wenn man uns anstatt unserer durch Grundverträge garantirten Verfassung eine andere octroyirte Verfassung aufbringen will: so werden wir vor Gott und der Welt gerechtfertigt sein, wenn wir niemals freiwillig in die Uebernahme solcher Lasten und Pflichten einwilligen, an welchen Theil zu nehmen wir nach Gesetz und Gerechtigkeit nicht verpflichtet sind."

Es ist hier nicht davon die Rede, daß der Landtag keine gemeinschaftlichen Finanzangelegenheiten anerkenne; der III. Ges. Art. von 1848 selbst spricht ja nur von Landes-Finanzangelegenheiten, und sagt nicht, daß sich Ungarn bezüglich der Finanzangelegenheiten von Oesterreich trenne, indem es keine Staatsschulden oder nur so und so viel Staatsschulden übernehme. Der Landtag von 1861 hat für die Erledigung dieser durch den Landtag von 1848 offen gelassenen Frage sehr tactvoll das Feld frei gelassen und zur Ausgleichung Stützpunkte geboten.

Diese drei Gegenstände sind es einzig, welche par excellence Ge=
sammtstaats = Angelegenheiten genannt werden können. Jene Einheit,
welche z. B. in der Handelspolitik nothwendig ist, die wünschenswerthe
Uebereinstimmung bezüglich der Communicationsmittel, besonders der
Eisenbahnnetze und andere dergleichen Angelegenheiten sind nur Fragen
zweiten Ranges.

Jene Artikel der 1848er Gesetze, welche die verschrobene Stellung
des Palatin=Königs und des König=Palatins, des unverletzlichen Pala=
tins und des verantwortlichen Ministerpräsidenten = Palatins bezeichnen,
enthalten die ungereimtesten Verfügungen und geben den meisten Grund
zu Verdächtigungen. Es sind dieß jene Gesetzartikel, welche selbst von
den eifrigsten Achtundvierzigern als eine aufgegebene Position betrachtet
werden, die nicht von einer einzigen Stimme vertheidigt wurden, gegen
deren Revision, respective gegen deren Aufhebung sich im Lande nicht
eine einzige Stimme erhob, und ebenso charakteristisch ist es, daß die
Adresse des Palatins, als königlichen Statthalters, gar nicht
gedenkt.

Zufolge der zweiten Adresse ist es daher dem Geiste derselben und
den darin enthaltenen Geständnissen gemäß, zur Wahrung der Interessen
des Gesammtstaates und der unverletzlichen Rechte des Monarchen, re=
spective zur Ausgleichung mit der ungarischen Constitution, gar nicht
nöthig — mit Ausnahme der vom Palatin handelnden Gesetzartikel,
— die Gesetze von 1848 zu revidiren, sondern es ist nur
nöthig sie zu vollziehen.

Die 1848er Gesetze stellen nur Principien auf, die Ausführung
derselben ist aber nicht formulirt. Die Durchführung, die Activirung
der Ministerien würde jener Punkt sein, welcher den Stoff zu den fer=
neren Ausgleichs = Unterhandlungen böte; damals würde es entschieden
werden, welchen Wirkungskreis z. B. der Kriegsminister haben sollte,
welcher organische Zusammenhang zwischen der Landesregierung und den
gemeinschaftlichen Angelegenheiten des Staates zu bestehen hätte und
inwiefern diese dem unmittelbaren Einflusse des Monarchen unterstünden?
Es sind dieß Fragen, welche im Jahre 1848 nur dem Fatum überlassen
und durch die Ereignisse gelöst wurden.

Diese Fragen würden den Gegenstand der Unterhandlungen bilden,
und in welcher Richtung sie entschieden würden, kann beinahe mit Ge=
wißheit nach all' dem gefolgert werden, was der Reichstag von 1861
in seiner zweiten Adresse hinsichtlich des Begriffes, des Wirkungskreises

und des Charakters des Ministeriums zugestand, annahm und Sr. Ma=
jestät gegenüber aussprach.

Hinsichtlich dieser Fragen würde der Entschluß des auf constitu=
tionellem Boden stehenden Monarchen von entscheidendem Einflusse sein,
nicht blos, weil nach den Worten der Adresse „Se. Majestät die Mi=
nister ernennt,“ sondern aus dem einfachen Grunde, weil die Macht in
seinen Händen liegt. Es will jetzt nicht die Revolution etwas gewaltsam
erpressen, sondern das unbewaffnete Volk, welches jedoch seine Rechte
in loyaler Weise auszuüben wünscht, würde jetzt vertrauensvoll dem
Monarchen gegenüberstehen.

Die detaillirte Erörterung all' dieser Angelegenheiten gehört nicht
hieher, wie es auch außerhalb des Kreises dieser Blätter liegt, alle jene
in der Adresse zerstreut vorkommenden Sätze hervorzuheben, welche un=
bezweifelbare Zeichen des Wunsches nach einem billigen Ausgleich sind.

Auch aus dem bisher Gesagten ist es deutlich geworden, daß un=
serer Ansicht nach die beiden Adressen, besonders aber die zweite, für
erfolgreiche Unterhandlungen auf constitutionellem Boden unverkennbare,
ja sehr starke Stützpunkte bieten, welche einer um so größeren Aufmerk=
samkeit werth sind, weil jener Landtag, von welchem sie ausgingen, nach
den oft geschilderten Ereignissen der vorhergegangenen zehn Jahre und
nach dem Erscheinen des Februar=Patentes weder zu großem Vertrauen
berechtigt, noch nach dem ersten Rescript durch die Wahrscheinlichkeit des
Erfolges zur Bereitwilligkeit gestimmt sein konnte.

Indem wir den Charakter unserer Nation und die Geschichte
kennen, dürfen wir ohne heißblütigen Optimismus die Behauptung auf=
stellen, daß sich in der Adresse ein bei Weitem größerer Grad von
Schmiegsamkeit und Billigkeit gegen den Gesammtstaat kundgegeben
hätte, wenn nicht die leider sehr gegründeten und noch in frischem An=
denken stehenden Ursachen zu der folgenden schmerzlichen Erklärung
existirt hätten:

„Nicht deßhalb wird die vollständige Wiederherstellung der unga=
rischen Constitution verweigert, nicht deßhalb wird uns das unbezweifelte,
auch praktisch immer in Geltung gewesene Recht der Steuer= und Recruten=
bewilligung genommen, weil sie die Verwaltung des Staates hemmen
würden und mit der Großmachtstellung unvereinbar wären. Oesterreich war
auch damals eine Großmacht, als Ungarn auf seinen eigenen Landtagen
Geld und Soldaten bewilligte; es war eine solche Macht, welche eine
lange, lange Reihe von Unglücksfällen nicht im Stande war zu brechen.

Der wahre Gruud des gegen uns gerichteten Schlages besteht haupt=
sächlich barin, baß unsere conftitutionelle Selbstständigkeit, unsere Ge=
setze mit jener Idee ber centralifirten Einheit unvereinbar sind, welche
aus dem beseitigten absolutiftischen System auch auf das Feld bes Con=
ftitutionalismus herübergebracht wurde unb leiber auch jetzt noch als lei=
tenbes Princip unb als Ausgangspunkt betrachtet wird."

XV.

Das Oberhaus und die conservativen Elemente.

> Die kleinen unb großen ehrgeizigen Perfön-
> lichfeiten wahrten fich sorgfältig für bie Zufunft,
> als wenn man rurch bie Aufopferung ber Gegen-
> wart ber Zufunft bienen könnte.
>
> B. Sigmunb Kemény.

Wir haben bie seit bem 20. October eingetretene politische Bewe=
gung bis zur Auflösung bes Landtages verfolgt.

Der hierauf erfolgte Uebergang von einigen Monaten ist schmerz=
lichen Anbenkens. Wir gingen bem „Unbekannten" entgegen. Nach
ber Auflösung bes Landtages fühlte es bie Nation, baß sie wieber Alles
verloren habe. Die Comitats=Corporationen banften nach einanber ab,
unb wenn sie nicht abbankten, so wurden sie aufgelöst.

Als nachträglich Viele bie Bemerkung machten, baß sich in unserem
Verfahren während ber jüngst abgelaufenen Zeit nicht eine besonbere
Klugheit manifeftirt hatte, — als nachträglich Viele einsahen, baß bie
Regierung, welche sie für ohnmächtig gehalten, unb welche sie zehn Monate
lang verspottet hatten, auch ohne sie, ja wenn nöthig selbst trotz ihrer
Gegnerschaft bestehen konnte: ba wurden sie nachbenklich. Diejenigen,
welche bie Comitate gerne gerettet hätten, unterorbneten sich ben Gemäßig=
teu unb waren auch zu Concessionen bereit, wie z. B. bazu, baß man
sich ber Steuereintreibung unb ber Recrutenaushebung nicht wiberfetze,
sonbern sich bem gegenüber passiv verhalte u. s. w.; — Andere, welche
keine Rettung aus ber Sackgasse sahen, veranftalteten für bie Comitate
prächtige Begräbnißfeierlichkeiten, unb legten sie in jenes Grab, welches
ihre Weisheit vorlängst gegraben hatte.

Der Eine ärgerte sich über die Hofkanzlei, weil sie die Comitate auflöste, wo diese gerade eine nachgiebige Stimmung an den Tag legten; der Andere ärgerte sich über die Comitate, welche sich aus freiem Willen auflösten.

Beide waren ungerecht.

Nachdem die Comitate die 1848er Gesetze als ihren Standpunkt proclamirt hatten, war ihre Stellung nach der Auflösung des Land=tages unhaltbar; denn nachdem die Regierung dem Landtag die Basis von 1848 versagt hatte, war es nicht denkbar, daß sie die Comitate auf dieser Basis dulde.

Ja nach der Auflösung des Landtages mußten die Comitate aus eigenem Antrieb zurücktreten. Die Vorwürfe dürfen weder Diejenigen, die den Selbstmord der Comitate unmittelbar hervorriefen, noch die Hof=kanzlei treffen; die Nothwendigkeit der Auflösung wurzelte eben in der Lage, in welche die von uns ausführlich geschilderte Comitatspolitik die Comitate gebracht hatte.

Wenn die Comitate ihren provisorischen Wirkungskreis, den ihnen das October=Diplom gab, nicht überschritten hätten, so wären sie auch nach der Auflösung des Landtages dort geblieben, wo sie waren; zwar in einer unvollkommenen Selbstständigkeit, das ist wahr, und als Vollstrecker vieler unangenehmer Regierungs=Verordnungen, aber sie wären doch ge=blieben als ein starker Bruchtheil des nationalen öffentlichen Lebens. Unsere Weisen sagen wohl: „Es war dieß Alles schon vor dem 20. Oc=tober abgemacht, man hätte die Comitate auf jeden Fall aufgelöst"; wir fragen aber: weßhalb? wenn keine Ursache dazu vorhanden war?

Dieser schlimme Lage wäre gar nicht eingetreten, wenn die Co=mitate nicht über das October=Diplom hinausgegangen wären und wenn sie nicht factisch und in der bekannten Weise das Feld in Besitz genom=men hätten; — denn in diesem Falle hätte sich die ganze Situation verändert; Se. Majestät hätte das Vertrauen zum Ausgleich nicht ver=loren, und wenn er sich mit dem ersten Landtag nicht hätte einigen können, so hätte er einen anderen einberufen; die öffentliche Ordnung wäre aber ungestört, die Administration unberührt geblieben, die Constitution vom 26. Februar wäre anders ausgefallen und die Dinge hätten sich, langsam vielleicht, aber glücklich entwickelt.

Wir haben dieß Alles ausführlicher dort entwickelt, wo wir von der Comitatspolitik sprachen, und wir mußten es hier nur deßhalb be=

rühren, um zu der Frage übergehen zu können, wie es gekommen sei, daß die beschränkten Ansichten der Comitate, die Parteitactik derselben und die politische Tactlosigkeit auch auf das Feld des Landtages über= tragen wurden und dort das Uebergewicht erlangten? Da Nationen keine Drahtpuppen sind, welche eine einzige Hand auf dem Marionettentheater nach Belieben tanzen läßt, so ist es begreiflich, daß das durch zehn Jahre unterdrückte allgemeine Nationalgefühl in den Comitaten ohne Zügel und Disciplin losbrach. Wie kam es aber, daß auch der Landtag kein so klares Bewußtsein seines eigenen politischen Zieles besaß, daß er die Leidenschaften gezügelt und disciplinirt hätte, während es doch nothwendig ist, daß der Landtag der Mittelpunkt und der Repräsentant der politi= schen Intelligenz der Nation sei??

Weil die Beschlußpartei das Uebergewicht erlangt hatte! Viele glauben, daß Franz Deák im Stande gewesen wäre, dem vorzubeu= gen; daß die Beschlußpartei nicht in die Majorität gekommen wäre, wenn er in den Tagen vor der Eröffnung des Landtages an den Con= ferenzen der Abgeordneten thätigen Antheil genommen, die im Finstern Tappenden aufgeklärt und die Schwankenden gewonnen hätte. Hielt er es nicht für zweckmäßig seine Kraft in Vorpostengefechten zu verschwen= den? Oder wollte er keine Pression ausüben? Oder wollte er der Führer= rolle ausweichen? Oder stimmte ihn die Voraussicht der Resultatlosig= keit des Landtages zu dieser stoischen Gleichgiltigkeit? Oder schrieb er dieser Parteibildung keine so gefährliche Tragweite zu? Oder war es dieß Alles zusammen?

Und woher kam es, daß während des Landtages anerkannt nüchtern denkende Politiker nur die Schleppträger der Phrasendrechsler waren, und daß die den vermittelnden Ansichten zugethanen Männer selbst die Opposition des Schweigens den Mißgriffen nicht entgegen zu setzen wag= ten, und daß der Verstand keine ihm besser entsprechende Rolle fand, als dem Unverstand zum Echo zu dienen?

Die Adreßdebatten beweisen es, daß die alten und die jungen, vom Lande anerkannten Capacitäten der Adreßpartei ohne Unterschied alle angegriffenen Punkte der ursprünglichen Fassung unvertheidigt ließen und Nichts thaten, Nichts sagten, um die Solidarität für alle Auftritte, welche die Ausgleichung compromittirten, von sich zu weisen.

Die Tagespresse aber, welche vom Publicum abhängt, hinkte in dem Gefühle, daß sie nicht fähig sei die öffentliche Meinung vorzubereiten, und gezwungen sei ihr zu folgen, nur widerwillig hinter der weiter vorgeschrittenen öffentlichen Stimmung einher; sie ging nicht mit ihr, sie hielt sie aber auch nicht zurück. Die October = Regierungsmänner schwiegen während der Dauer des Landtages gleich Todten, und ihr amtliches Organ wich der Polemik aus, indem es nach oben Nichts sah, was es unterstützen solle, wohl aber Vieles, was es nicht vertheidi= gen konnte.

In dieser Zerfahrenheit der conservativen Elemente sprach Niemand, wie er fühlte, that Niemand seine Pflicht; eine Ausnahme bildete nur ein einziges Blatt, der „Pesti Hirnök.“

Die Organisation der nüchternen, conservativen Elemente und das auf diese Weise zu erreichende Zustandekommen einer compacten Ver= mittlungspartei war das brennende Bedürfniß des Landes. Da diese fehlte, so erhob Jedermann, wenn er auch Muth besaß, allein stehend und auf sich selbst beschränkt vergebens seine Stimme; sie verhallte im lärmenden Chor; — wer aber nicht sehr muthig war, der schwieg.

In anderen Ländern bildet das Oberhaus gleichsam den Mittel= punkt, den Führer der conservativen Elemente. Auch bei uns wäre es dieß in regelmäßigen Zeitverhältnissen und würde seiner mäßigenden Rolle Genüge leisten, welche der Beruf des Oberhauses, als einer constitutio= nellen Institution, ist, wenn es nicht zwecklos sein soll. In außerordent= lichen, aufgeregten Zeiten aber ist es eine wirkungslose und auch nicht für sie berechnete Institution. Besonders der eine ergänzende Theil des Oberhauses (der erste Stand), die hohe Geistlichkeit, bildet zum Wohl der menschlichen Gesellschaft ein vorzüglich conservatives Element. Die Stellung der Kirche ist aber in unseren Tagen und besonders in unserem Vaterlande eine schwierige. Je patriotischer, je gemäßigter sie ist, um so weniger ist sie zur Initiative geeignet. Auf dem Feld der Politik steht heute der Grundsatz: „Ecclesia praecedit“ nicht mehr. Die Masse fürchtet, daß die Geistlichkeit einen zu weit gehenden Einfluß erlangt, und die religiösen Politiker befürchten, daß sie, während sie auf politi= schem Gebiet nützen wollen, der Religion schaden, indem sie Gereiztheit gegen sich erwecken.

Der „Magnat“ aber ist ein sehr specifisches Etwas; denn obschon er durch vielfache Bande mit dem mittleren Adel und mittelbar mit den übrigen Ständen verbunden ist; obschon sich in unserem Vaterlande die Parteien nicht mehr nach Ständen, sondern nach den politischen Anschau= ungen bilden und bei jeder Parteischattirung Magnaten zu finden sind: so ist es dennoch gewiß, daß wenn sie die Initiative zur Organisation

einer conservativen Partei ergreifen würden, diese Partei die Magnaten=
Partei genannt werden würde.

Dennoch gab es einen Augenblick, wo sich die Augen auf das
Oberhaus richteten, wo das Publicum voraussetzte, das Oberhaus werde
eine gewisse Selbstständigkeit an den Tag legen und eine gewisse Initia=
tive ergreifen. Es war dieß damals, als es über die erste Adresse be=
schließen sollte. „Wird das Oberhaus nicht seine Stimme für die ur=
sprüngliche Fassung erheben?" Das Oberhaus that es nicht. Es nahm
einstimmig die Adresse des Unterhauses an. Nach dem ersten königlichen
Rescript stellte das Unterhaus die ursprüngliche Fassung wieder her.
Natürlich nahm das Oberhaus auch das an. Es nahm auch die zweite
Adresse an.

Bei den Debatten vermied es jede tiefere und ernstere Erörterung,
welche auf die schwindelnden Abgründe der hohen patriotischen Hoffnun=
gen hingewiesen hätte. Kaum machte es ein oder zwei an Klugheit er=
innernde leise Andeutungen. Es that mit einem Wort Alles, um sich
still verschwinden zu machen.

Ist aber überhaupt eine solche vermittelnde Partei nothwendig?
Hören wir nicht allenthalben die Behauptung aussprechen, daß die Kraft
der Nation in der Einigkeit liegt, und wie erfreulich es sei, daß es keine
Parteispaltung im Lande gebe? obgleich man, wenn man die Wirklichkeit
mit nüchternen Augen betrachtet, nur die Bemerkung macht, daß, wie
immer bei diesem Hußarenvolk, diejenige Politik für die patriotischeste
gehalten wird, welche die verwegenste ist, daß die Einigkeit aber darin
besteht, daß sich Jedermann dem Verwegensten unterordne und mit bei
Seite geworfenen Zügeln vorwärts stürme, sonst wird er als Vaterlands=
verräther betrachtet! Gerade als ob das Feld der Politik ein Schlacht=
feld wäre.

Wir haben vermittelnde Männer, aber keine vermittelnde Partei.

Und doch ist eine solche Partei nothwendig, welche ihre Absichten
nach beiden Seiten offen eingestehe, und welche durch die Vergangenheit,
durch die Stellung und durch die Namen ihrer Mitglieder im Stande
sei, dem Thron als Garantie zu dienen, damit sich der Thron und die
denselben umgebenden Kreise davon überzeuge, daß es eine Verleumdung
sei die politische Bewegung der Nation damit zu verdächtigen, daß sie
unter der Maske des Gesetzes die Revolution vorbereite; und daß es
eine trügerische Täuschung sei, wenn man behauptet, daß in unserem
Vaterland ein conservativer Parteibruchtheil existire, dessen Bestrebungen

und Wünsche nicht auf der avitischen Constitution stehen, und welche jetzt nur unter dem Druck des Zwanges schweigt.

Es ist nothwendig, daß der Monarch Vertrauen zu dem Gedanken fasse, daß dieses Land ebenso wie es nur durch seine eigenen Söhne regiert werden kann, denselben ebenso sicher anvertraut werden darf. Und wenn sich Se. Majestät heute entschieden auf die vaterländische Rechtsbasis stellen will, wäre er fähig constitutionell zu regieren? Wir haben vermittelnde Männer, und es können auch Minister-Candidaten existiren, zu denen Se. Majestät Zutrauen hegt, aber wo ist ihre Partei? Ist es möglich ohne Partei constitutionell zu regieren, die Initiative zu einer Ausgleichung zu ergreifen?

Es ist ferner eine solche Partei nothwendig, welche es offen bekennt, daß auch die Einmüthigkeit der Nation kein Universalmittel ist, denn es gibt Wünsche, welche die Nation selbst bei der größten Eintracht nicht zu befriedigen im Stande ist; — eine Partei, welche zum Gegengewicht gegen Diejenigen diene, die sich nach einer solchen Anwendung des idealisirten 1848 sehnen, welche der Beherrscher der österreichischen Monarchie nie gestatten wird, welche also nicht zum Ausgleich, sondern zu neuen Kämpfen führt; — eine Partei, welche jenen unverständigen, ehrgeizigen Politikern entgegentrete, welche, die Geschichte der drei letzten, seit der Schlacht von Mohács abgelaufenen Jahrhunderte ignorirend, in den phantastischen Träumen an ein, wie zu den Zeiten des Königs Mathias I. unabhängiges Ungarn schwelgen, und welche den Umstand gar nicht in Betracht ziehen, daß das Land zum dritten Theil nicht ungarisch ist, und sowohl der geistigen als auch der materiellen Prämissen eines selbstständigen Staates ermangelt; — mit einem Worte eine Partei, welche mit zeitgemäßer Anwendung jene Lehren Szécheny i's befolge, welche ihn auf seiner ganzen politischen Laufbahn leiteten, welche er — trotz Allem — bis zu seinem Tode bekannte, und welche bisher durch die Ereignisse gerechtfertigt wurden.

Es ist hier von keiner Trennung, von keiner Spaltung der Nation die Rede, denn wenn sich auch Jemand fände, der das, worüber die Nation auch jetzt einig ist, nämlich das Princip der constitutionellen Rechtscontinuität, läugnen würde, so würde selbst dieß keine Spaltung in der Nation hervorrufen, weil er auf einer solchen Basis keine Partei bilden könnte, sondern er würde allein aus der Nation ausscheiden, welche er verläugnete. Aber das unter dieser Aegide und Maske der Einheit bisher ausgeübte Uebergewicht muß von der einen Parteifchattirung an die andere übertragen und den Eingebungen der nüchternen Einficht und der leidenfchaftslofen Anfchauung, fo wie der praktifchen Politik Geltung verfchafft werden.

Man muß ein Gegengewicht gegen jene idealiftifche Politik oder gegen jenen politifchen Idealismus fchaffen, welcher im Jahre 1848 das Vaterland bis an den Rand des Grabes riß, welcher auch im Jahre 1861 eine Haupturfache der Refultatlofigkeit der Vermittlung war und welcher auch noch im gegenwärtigen Moment die Nation fo befangen hält, daß fie nicht eine Bewegung zu ihrer Rettung zu machen wagt, daß ihre für das politifche Leben berufenften und edelften Söhne und Staatsmänner erftarrt find.

Es ift in unferem Vaterlande fchwer, die Politik der Mäßigung und Klugheit zu befolgen, welche gegen die Popularität oft herausfor= dernd in die Schranken treten muß. Wir find wahrhafte Neger und werden durch die extremften Gefühle hin und her geworfen. Wir müffen entweder lieben oder haffen. Der Mann der Oeffentlichkeit ift entweder ein Abgott, dem wir huldigen, oder ein Vaterlandsverräther. Eine Mitte gibt es nicht.

Ein Széchenyi, der jeden Gedanken feines Geiftes, jeden Schlag feines Herzens feinem angebeteten Vaterlande geweiht hatte, der fich auf fo große Refultate und Opfer berufen konnte, wurde zum Vaterlands= verräther erklärt, als er zum erften Mal dem populären Unverftande eines populären Mannes entgegentrat.

Es ift daher natürlich, daß ein Mann, der eine hohe Stellung, große Einkünfte befitzt und folglich ruhig leben kann, und den es auch im öffentlichen Leben nur einige patriotifch klingende Worte, etwas Sporen= geklingel koftet, um Beifall zu ernten, — es ift natürlich, wiederholen wir, daß ein in einer fo angenehmen Lage befindlicher Mann feine Ruhe nicht gern aufopfert und fich nicht gern in aufregende Kämpfe einlaffen mag, wo die Verdächtigung und der Haß gewiß, der Erfolg aber un= gewiß ift.

Erwägen wir jedoch, daß auf diefem Wege das Vaterland unrett= bar untergeht und mit ihm fpäter die hohe Stellung, das Vermögen, die Exiftenz. Wer da kämpft, der kann fiegen; wer aber freiwillig ent= fagt, der geht unter.

Die October=Regierungsmänner waren in erfter Reihe berufen, auf diefe Centralifirung und Organifirung der confervativen Elemente hin=

zuwirken, und daß sie dieß nicht thaten, ja nicht einmal versuchten, ist unserer Ansicht nach, wenn auch nicht ihre einzige, doch ihre nicht zu entschuldigende Versäumniß.

Als Regierung und auf die Hilfsmittel der Administration gestützt konnten sie gegen die öffentliche Stimmung nicht in die Schranken treten. Aber als Vertrauensmänner hatten sie nach o b e n und, auf ihren makel= losen patriotischen Charakter, auf ihre hohe politische Bildung, so wie auf ihre glänzende sociale Stellung gestützt, auch nach u n t e n tausend Mittel, um die Initiative zu ergreifen und die Richtung anzugeben.

Es war ein drückendes Gefühl, zu sehen, wie so viel Verstand, so viel Patriotismus und Fähigkeit zum Handeln von der ihres politischen Instinctes entkleideten Nation im Stich gelassen wurden; aber noch drücken= der war es, zu sehen, wie sie sich selbst vernichteten, wie sie nicht in der Art der Märtyrer, sondern in der Art Verzagter den Hohn duldeten, der undankbarer Weise ihre patriotischen Verdienste zu Verbrechen stem= pelte, und wie sie die Dinge so gehen ließen, wie sie eben gingen, ohne daß sie dem Lande gesagt hätten, was sie wollen, oder was sie für mög= lich halten?

Wir haben gleichwohl den Schwanengesang der October=Regierung nicht vergessen, unter welchem wir jene geistreiche und würdevolle Rede verstehen, die der gewesene Tavernicus G e o r g v o n M a j l á t h bei der Auflösung des Landtages hielt; ja wir führen sie sogar als eine solche Rede an, welche auch damals von Vielen als das Programm einer neuen Parteibildung betrachtet wurde, und auch wir gern als ein solches Programm begrüßt hätten.

M a j l á t h charakterisirt in dieser Rede zuerst die Stellung der Octobermänner; er sagt, ihre Mission habe mehr einen vertraulichen, als einen officiellen Charakter gehabt. Zur Würdigung des Werkes vom 20. October übergehend, hebt er als das Fundamentalprincip desselben die Ueberzeugung heraus, daß „neben der Anerkennung der historischen Berechtigungen hinsichtlich einiger der höchsten Staatsinteressen nothwen= dig geworden war, dieselben in einem Punkte zu vereinigen." Der Aus= druck dessen war der Reichsrath des 20. October.

M a j l á t h entwickelt ferner die principiellen Unterschiede und Gegen= sätze zwischen dem Diplom und dem Handschreiben vom 20. October, und zwischen dem Patent vom 26. Februar.

Der wichtigste und zu unserem Gegenstande gehörende Theil seiner Rede ist aber jener, wo er mit den Argumenten nüchterner Einsicht nachweist, daß Ungarn die vollkommenste Garantie seiner staatlichen und nationalen Existenz in der Verbindung mit der Dynastie und durch dieselbe mit den übrigen österreichischen Ländern gefunden, und daß das Gefühl dieser Wahrheit die Politik unserer Vorfahren geleitet habe.

„Wir sehen nämlich," — sagt er — „daß wir schon sehr oft dem Scheiden nahe waren und daß die Weisheit unserer Vorfahren das Beisammenbleiben immer wieder für das Zweckmäßigste erachtete, vielleicht instinctmäßig ahnend, daß dieß unser nationales Dasein noch mit der geringsten Gefahr bedroht und daß jenes Element viel zu civilisirt sei, als daß es uns ausrotten sollte, und nicht hinreichend geschickt, um uns in sich aufzusaugen."

„Doch gerade in diesem Verbande ist es nothwendig, daß Ungarn der gebührende Einfluß und das volle Gewicht gewahrt bleibe."

„Nicht allein wegen der historischen Vergangenheit des Landes oder dessen Ausdehnung, nicht deßhalb, weil unser Stamm politisch reifer oder im Verfassungsleben erfahrener ist; — wenn dem auch so wäre, so wäre es mir lieber, wenn dieß Andere von uns sagen würden, — sondern deßhalb, weil in jener polyglotten Masse, welche sich aus den Völkern Oesterreichs bildete, jener Volksstamm, von welchem Ungarn seinen Namen erhielt, der einzige verwandtenlose Stamm ist."

„Unsere Blicke haften vergebens auf dem Auslande, wir müssen hier leben und sterben. Und eben darum sind wir dazu berufen, inmitten dieser Racen, die mehr oder weniger nach außen gravitiren, das conservirende und neutralisirende Element zu bilden; nur eine schlechte Berechnung oder Gewalt können uns von diesem Pfade abwendig machen, den uns der natürliche Lauf der Dinge und der gesunde Menschenverstand vorgezeichnet hat."

„In dieser Beziehung ist es natürlich, daß es nicht der beste Anfang ist, wenn bei einer Nation, die 848 Jahre hindurch ein verfassungsmäßiges Leben geführt hat, die Rechtscontinuität dieses Verfassungslebens in Zweifel gezogen wird. Und ich glaube, daß seit der Negation, die diese Rechtscontinuität in Zweifel gezogen hat, Niemand etwas Anderes erwarten konnte, als jene entschiedene Affirmation, die sich an jeden Buchstaben des Gesetzes klammert."

„Wer etwas Anderes hoffte, kennt nicht dieses Volk, das vielleicht in hundert Meinungsschattirungen zerfällt, wenn es seine Rechte gesichert hält, und über diese Schattirungen mit der großen Hitze seines orientalischen Blutes debattirt, aber zu einem compacten Körper sich gestaltet, sobald es die Rechtsbedingungen seines nationalen oder staatlichen Seins in Frage gestellt sieht."

„Auf diesen Grundlagen ist das Werk der Vermittlung unmöglich."

Indem er ferner darauf hindeutet, daß unsere Nachbarn jenseits der Leitha ihr junges constitutionelles Leben in der nächsten Zukunft dazu benützen dürften, um uns gewaltsam zum Eintreten in ihre Kreise zu nöthigen, gibt er zu, daß sie vielleicht einen momentanen Erfolg errei= chen, doch werden sie die Zukunft des Staates auf keine sichern Grund= lagen basiren.

„Und ich befürchte," — fährt er fort — „daß sich die Zeit ein= stellen wird, wo sie mit dem Gefühle der Reue an den Moment zurück= denken werden, in welchem sie, die Rechte einer freien Nation beseiti= gend, auf den Ruinen derselben ihren eigenen Rechten Geltung verschaffen wollten. Wenn hingegen wir, von dem gesetzlichen Wege abweichend, statt unsere berechtigten Ansprüche geltend zu machen, nach eitlen Träumereien haschen, oder wenn wir, nachdem wir unsere berechtigten Ansprüche zur Geltung gebracht, nicht bestrebt sind, dieselben mit den lebens= kräftig gewordenen Ansprüchen und den durch die Macht der Thatsachen entwickelten Verhältnissen auszugleichen, dann mag es wieder geschehen, daß dieses Land nach langen Wehen glücklich und ruhmvoll wird, aber ich befürchte, daß es nicht mehr Ungarn sein wird. Es wird nicht mehr jenes Ungarn sein, welches der heilige Stephan einst unter seiner Krone vereinigt, nicht jenes Ungarn, welches unsere Ahnen mit ihrem Blute erworben, aber mit ihrer Weisheit erhalten haben."

„Uebrigens setze ich ein ungebrochenes Vertrauen in die Gerechtig= keitsliebe des Königs, und ich halte die Berufung von dem unrichtig verständigten Fürsten an den richtiger zu verständigenden noch immer für möglich. Ich vertraue auf die richtige Auffassung und die von ihrem eigenen Interesse eingegebene Billigkeit der Völker, die mit uns in einem hundertjährigen Verbande stehen. Ich vertraue schließlich auf den guten Genius unserer Nation, welcher dieses Volk stets aus dem Kreise der Verirrungen zu den Gesetzen der Nüchternheit zurückgeführt hat."

In den Grundideen dieser männlichen Eloquenz sehen wir jenes Programm niedergelegt, auf welches wir hindeuten.

Diese ausgezeichnete Rede kam ohne Zweifel zu spät. Es ist mög= lich, daß sie, wenn sie früher gehalten worden, nicht ohne Wirkung geblieben wäre, so aber ging sie in der durch die Auflösung des Land= tages hervorgerufenen Aufregung beinahe spurlos vorüber.

Warum erklärte sich Majláth nicht früher? Wäre es nicht zweck=
mäßiger gewesen, hätte er nicht seine eigene Stellung und jene seiner
Collegen im Lande befestigt, oder wenigstens in das rechte Licht gesetzt,
wenn er früher gesprochen hätte? War die Debatte über die erste Adresse,
welche das Princip der Berührung von Fall zu Fall aufstellte, nicht
eine herausfordernde Gelegenheit, die Nothwendigkeit der Berathung über
die gemeinschaftlichen Reichsangelegenheiten zu motiviren? Wäre es nicht
möglich gewesen, wie dieß Anton Zichy im Unterhause that, auch im
Oberhause die Vortheile der positiven Politik auseinander zu setzen? Und
ist es nicht ein Schaden für das Vaterland, daß jene gründlichen, zweck=
mäßigen und unwiderlegbaren Bemerkungen, mit welchen Majláth das
Verhältniß unserer Nation zu Oesterreich auseinandersetzte, nur post
festum ausgesprochen wurden, als sie auf die Entwickelung der Ereig=
nisse schon keinen Einfluß mehr ausüben konnten?

Es sind dieß nicht blos Fragen der Vergangenheit. Die Bedeu=
tung der Rede Majláth's ist auch noch heute groß. Diese Rede, oder
wenn es so beliebt, dieses Programm kann ein Kettenglied zur glücklichen
Verknüpfung der Vergangenheit mit der Zukunft abgeben; aber nicht von
selbst, sondern nur wenn wir die Sache in die Hand nehmen und vor
der rauhen Arbeit des Zusammenschweißens nicht zurückschrecken.

Wir sehen die Zweifelnden und Verzagenden, welche darauf ant=
worten: „Wozu? Es wird doch keinen Erfolg haben; die Ausgleichung
ist unmöglich; es wäre eine vergebliche Arbeit!"

Wir antworten darauf aber nur:

Fais que tu dois, advienne que pourra!

Thue deine Pflicht, es komme was immer!

XVI.

Nach Auflösung des Landtags.

Der Versuch zum Ausgleich war mißlungen, der Landtag aufgelöst.
Hiemit ward nicht nur die Lösung der staatsrechtlichen Differenzen der
nächsten Zukunft entrückt, auch das innere Verfassungsleben büßte seinen
Halt ein; denn mit der Auflösung des Landtages eilten auch die Mu=
nicipien ihrem Ende zu. Vom 21. August, also von demselben Tage
wie das königl. Rescript zur Landtags=Auflösung, datirt auch ein Rund=

schreiben des ungarischen Hoftanzlers an die Obergespäne, welches die=
selben zur Beachtung und Ausführung der bis dahin von den Comitaten
unberücksichtigt gebliebenen „Instruction" des früheren Hoftanzlers mahnt
und durch seinen Ton nicht undeutlich verräth, daß das britthalb Mo=
nate später eingetretene Provisorium seine Schatten weit voraus warf.
Nachdem nämlich das Rundschreiben an die „feierliche Erklärung Sr.
kaif. kön. Majestät" erinnert: „daß die Verschmelzung der zur Krone
des heil. Stephan gehörigen Länder mit der übrigen Monarchie Seiner
Absicht und Seinem väterlichen Herzen ferne stehe, daß ferner Se. Majestät
die Selbstverwaltung und Unabhängigkeit der inneren Angelegenheiten
Ungarns im Sinne des Gef. Art. 1790: X., folglich sowohl hinsicht=
lich der Personen, als auch hinsichtlich der Form und des Systems
der Regierung aufrecht zu erhalten wünsche," — sagt es im weiteren
Verlaufe:

„Es steht außer Zweifel, daß dem Nichtbefolgen der mit sorg=
fältiger Vorsicht ausgearbeiteten und mit allerh. Bestätigung versehenen
Instruction für die Obergespäne, und dem bei der Bildung der Comitats=
Commissionen befolgten, mit jener Instruction schnurstracks in Wider=
spruch stehenden Modus jener ungeordnete und aufgeregte Zustand haupt=
sächlich zugeschrieben werden muß, an welchem auch jetzt noch mehrere
Comitate in größerem oder geringerem Maße leiden. Die Wahl der
Comitatsbeamten wurde an vielen Orten von der extremen Partei, ohne
Rücksicht auf Befähigung, geleitet. Der Berathungssaal der Commif=
fionen ist an wenigen Orten ausschließlich den gewählten Mitgliedern
und Comitatsbeamten reservirt, sondern er steht den Volksmassen offen.
Auf diese Art ist es natürlich, daß die Fragen nicht unter nüchterner
Berathung und nicht nach dem Gewicht der Gründe entschieden werden,
sondern die wilde Leidenschaftlichkeit der Ruhestörer schreckt die Intelli=
genz zurück, schlägt die freie Meinung zu Boden, und die Willkür ent=
scheidet. Wenn nun jetzt die Comitate unter solchen Verhältnissen die
Rolle der Parlamente übernehmen; wenn sie dieß mit improvisirten po=
litischen Tribunalen und mit einem provocirenden Briefwechsel mit den
übrigen Jurisdictionen verbinden, folglich in gleicher Zeit drei solche
Gewalten ausüben, welche in der gebildeten Welt nirgends vereinigt
gefunden werden; wenn sie dabei sich noch weigern höhere Verordnungen
anzuerkennen: so überlasse ich dem weisen Urtheile Ew. . . . die Ent=
scheidung der Frage, ob es unter solchen Verhältnissen möglich ist, das
Land derartig zu regieren, daß einerseits die ungetrübte gesetzliche Frei=

heit, andererseits die dieselbe garantirende Ordnung aufrecht erhalten werde."

Hierauf geht das Circular zur Commentirung einzelner Punkte jener „Instruction" über und schließt folgendermaßen:

„Mehrere Comitate traten gegen die Steuereinhebung auf das verbrecherische Gebiet des factischen Ungehorsams und Widerstandes, als sie durch ihre Beschlüsse den Comitatsbewohnern die Steuerzahlung ausdrücklich zu verbieten, und diejenigen, welche bei der Einhebung der Steuern hilfreiche Hand bieten, als Landesverräther zu brandmarken sich erfrechten, durch Vertheilung ihrer gedruckten Beschlüsse und durch den persönlichen Einfluß ihrer Beamten das Volk zum Ungehorsam und zur Steuerverweigerung aufwiegelten, die die Steuer = Repartirung betreffenden Schriften nicht allein selbst herauszugeben verweigerten, sondern auch den Vorstehern der Gemeinden auftrugen, dieses Beispiel zu befolgen, und im Allgemeinen sowohl in ihren öffentlichen Sitzungen durch scandalöse Ausbrüche, als auch durch das aufwiegelnde Verfahren ihrer Beamten eine solche Pression auf die einzelnen Bewohner ausübten, daß selbst die friedlichsten Individuen gezwungen waren, durch Verweigerung der Steuern die schweren Kosten der Militär = Execution zu erleiden, nur um sich vor rohen Angriffen und erniedrigender Verfolgung zu bewahren. Es wurde zwar für den aus der Steuerverweigerung für Einzelne entspringenden Schaden Ersatz versprochen, aber nachdem die Comitate hierzu weder Fond, noch Auskunftsmittel, noch gesetzliche Gewalt haben, so ist das gemachte Versprechen nichts Anderes, als eine zur Herabsetzung des Ansehens der Comitate geeignete Täuschung. Sie werden es daher nur natürlich und selbstverständlich finden, daß die Staatsgewalt solche Verwegenheit nicht ferner dulden kann, wenn sie nicht ihre ganze Autorität auf's Spiel setzen und Ungarn in den Abgrund der Zügellosigkeit stürzen will. Bevor daher in dieser Beziehung die stärkeren Mittel zur Anwendung kommen, werden Sie es gewiß als Ihre strenge patriotische Pflicht erkennen, das ganze Gewicht Ihres Einflusses dazu zu verwenden, daß der kostbare Schatz der Comitate, ihre freie Jurisdiction, nicht gefährdet, ihre Beamten vor dem traurigen Schicksal der Empörer und Widerspenstigen bewahrt werden."

Auf die Municipien blieb dieser ernste Mahnruf der Hofkanzlei ohne Eindruck. Sie fühlten allenthalben, daß ihr Bestand precär, ja unhaltbar geworden; demgemäß begannen sie theils sich selbst aufzulösen, theils die Regierung zu prociren, die Auflösung der Municipien zu vollziehen. Die Pester Comitats = Congregation gab schon wenige Tage nach der Auflösung des Landtages, am 26. August, die Erklärung zu Protokoll: „daß der 1861er Landtag den Dank der Nation verdient habe, daß das Comitat den Protest desselben, der der vollkommen getreue Ausdruck des Volkswillens sei, zum seinigen mache, an jedem Buchstaben desselben festhalte und alle in seiner Macht stehenden Mittel anwenden werde, um ihm Erfolg zu verschaffen," und beschloß gleichzeitig mittelst Rundschreibens alle übrigen Comitate zu einem gleichen Vorgehen auf= zufordern. Die Antwort aus Wien ließ nicht lange auf sich warten; am 28. erging ein Intimat des kön. ungarischen Statthaltereirathes an das Comitat des Inhalts:

„Nachdem dieses Comitat den verwegenen Beschluß gefaßt hat, seine Jurisdictionalrechte weit überschreitend, gegen die Auflösung des Landtags zu protestiren und hiedurch die königlichen Rechte anzugreifen, ist dieser kön. Statthalterei auf allerh. Befehl Sr. kais. kön. apostol. Majestät aufgetragen worden, unter Annullirung des erwähnten Be= schlusses die Commissionssitzung dieses Comitats sogleich und ohne den geringsten Verzug zu suspendiren und alle ferneren Verhandlungen und Debatten unter persönlicher Verantwortlichkeit des Präsidenten strenge zu verbieten."

Der Pester Stadtrepräsentanz, die am 28. August dem Beispiele des Comitats gefolgt war, ward in ihrer Sitzung vom 4. September eine analoge Allerh. Entschließung vom 29. August mitgetheilt und ihr zugleich kundgegeben, daß zur Durchführung dieses Befehls, so wie der „in Folge dessen erforderlichen Maßregeln" ein kön. Commissär ernannt worden sei. Während nun die Pester Comitats=Commission dem Befehle zur Suspension, um die Worte der amtlichen „Wiener Zeitung" zu gebrauchen, „eine Art Verwahrung" entgegenstellte und trotz des Ver= botes eine Sitzung auf den 30. September anberaumte, beschloß der städtische Magistrat am 5. September eine „Repräsentation" mit der Bitte an Se. Majestät: „die Rehabilitirung unseres zufolge Allerh. Entschließung suspendirten Repräsentantenkörpers, als des wesentlichsten Bestandtheils dieser Stadtbehörde, allergnädigst anzuordnen und dieser neuen Verletzung unserer Constitution Abhilfe zu gewähren."

Das Szabolcser Comitat stimmte in seiner Sitzung vom 2. Sep= tember nicht nur dem Beschlusse des Pester Comitates bezüglich der Auflösung des Landtags bei, es erklärte noch außerdem: „Nachdem die gesetzliche Congregation des Pester Comitates durch die nun und nimmer=

mehr anzuerkennende, weil durch sanctionirte Gesetze außer Thätigkeit gesetzte kön. Statthalterei zu Ofen suspendirt wurde, legt das Comitat gegen dieses, so wie auch gegen ein etwa noch erfolgendes ungesetzliches Einschreiten feierlichen Protest ein." — Die drei erwähnten Municipien hatten zahlreiche Nachfolger, doch gab es auch solche, die sich den Protest des Landtags nicht direct aneigneten. Das Graner Comitat ging hier voran. In seiner Eröffnungsrede an die Graner Congregation am 2. September sagte der Fürst = Primas von der Auflösung des Landtags:

„Das Ziel der Bestrebungen des Landtags konnte kein anderes, als die Wiederherstellung und Festigung der von unseren Vorfahren er= erbten und während der Jahrhunderte gleich einer heiligen Reliquie in Ehren gehaltenen Verfassung sein. Zur Erreichung dieses loyalen Zieles betrat der Landtag keinen anderen Boden, als die historische Rechtsbasis, die auch das kön. Diplom vom 20. October anerkannte, und so bediente er sich auch keines anderen Mittels, als der sanctionirten Gesetze. . . . Im Allgemeinen kann behauptet werden, daß die Ausgleichung und gegenseitige Verständigung an der Feststellung jenes Modus gescheitert ist, welcher in Zukunft als Bürgschaft für die Sicherung der gemein= samen Interessen der Monarchie dienen soll. Der ungarische Landtag hat innerhalb der Grenzen der gesetzlichen Autonomie seine Bereitwillig= keit freiwillig angeboten. Es wurde jedoch zu diesem Zwecke ohne Mit= wirkung unserer vaterländischen Legislative, ja mit Umgehung derselben, in Wien eine solche centrale Reichsinstitution errichtet, welche Ungarn ohne Aufopferung seiner wichtigsten Grundrechte und seiner, auch durch den Ges. Art. 1790/91 : X. garantirten Selbstständigkeit nicht annehmen und nicht als gesetzlich anerkennen kann, und so nahmen wir denn die Auflösung des resultatlosen Landtags wohl mit schmerzlichem Gefühl und betroffen, aber mit ruhiger Hingebung auf."

Der Beschluß, den hierauf das Comitat einstimmig zu Protokoll gab, lautet: „Nachdem das ganze Verfahren und jeder Beschluß des Landtags der Ausfluß des Gesammtwillens der Nation ist, nachdem er ferner dem gesetzlichen Boden strenge und würdevoll treu geblieben und sämmtliche Rechte der Nation wie der Nationalitäten vertheidigte, hat er sich die Achtung und den Dank der Nation in vollem Maße verdient."

— Auch die Ofener Stadtrepräsentanz hielt es in ihrer Sitzung vom 13. September für räthlicher, dem Proteste gegen die Landtags=Auflösung nicht direct beizutreten, allerdings unter dem ausdrücklichen Bemerken,

daß die Landtagsbeschlüsse, als an und für sich der Ausdruck der öffent=
lichen Meinung des ganzen Landes, burchaus keiner nachträglichen Zu=
stimmung der Municipien bebürften.

Der Widerstand, den die Pester Comitats = Commission dem ihre
Suspension anordnenden Befehle entgegengesetzt hatte, machte, daß man
in Wien ihre völlige Auflösung beschloß. Der kön. ungar. Statthaltereirath
glaubte zwar widerrathen zu müssen und richtete beßhalb am 29. August
im Wege der Hofkanzlei eine Repräsentation an Se. Majestät, in der
er die Hoffnung aussprach, „daß es unter Beibehaltung der con=
stitutionellen Formen mit der Zeit gelingen werde, die Rechte
Sr. Majestät mit den Forderungen des Landes in Einklang zu bringen;"
in Wien beharrte man jedoch beim Beschlusse der Auflösung. In dem
auf Befehl Sr. Majestät an den kön. ungar. Statthaltereirath herab=
gesandten allerh. Rescript vom 31. August heißt es:

„Se. kais. kön. apost. Majestät hat den starken und festen Willen,
daß die durch das Diplom vom 20. October bekräftigten constitutio=
nellen Rechte Ungarns unverletzt aufrecht erhalten werden sollen; allein
eben so stark und fest ist der allerhöchste Entschluß, welchem zufolge der
gegenwärtige ordnungswidrige Zustand nicht länger gebuldet werden kann
und es nothwendig ist, den Gehorsam und die gesetzliche Autorität wieder=
herzustellen, damit Ungarn mit constitutionellen Formen regiert und den
durch fortwährende Reizung und Agitation gequälten friedlichen Bürgern
die Ruhe und Sicherheit wiedergegeben werden können, die sie mit Recht
fordern dürfen. Und eben weil der, aus der Kenntniß der staatsrecht=
lichen Verhältnisse und Gepflogenheiten des Landes geschöpften Erfahrung
gemäß es sehr wahrscheinlich war, daß, nachdem das Pester Comitat,
seinen gesetzlichen Wirkungskreis überschreitend, offenbar königliche Rechte
angriff, das schlechte Beispiel bei den meisten Jurisdictionen des Landes
Nachahmung finden werde: war es nothwendig, die Neigung zu diesem
verwerflichen Verfahren wenigstens bei den besser gesinnten, friedlichen
Comitaten durch energisches Auftreten abzuschwächen."

Eine Hofkanzlei = Verordnung vom 3. September an den Ober=
gespan=Stellvertreter Grafen Stefan Károlyi lautete demzufolge dahin:

„Nachdem die Commission der vereinigten Comitate Pest, Pilis und
Solt die, in Bezug auf die Auflösung des Landtags unzweifelhaften kön.
Rechte Sr. kais. kön. apostol. Majestät angegriffen, aber auch dabei nicht
stehen geblieben, sondern die anderen Jurisdictionen durch Rundschreiben

zu einem gleichen Verfahren aufgefordert hat, und überdieß dafür bekannt ist, daß sie die gesetzliche Unterordnung nicht anerkennt und unter Be= nützung ihrer Lage im Mittelpunkte des Landes, durch das schädliche Beispiel ihres Ungehorsams auf das ganze Land in ausschreitender Richtung zu wirken bemüht ist, und noch jüngst gelegenheitlich der Ver= öffentlichung der von der kön. ungarischen Statthalterei mitgetheilten Verordnung ihr bisheriges incorrectes Verfahren fortsetzte, — war Se. kais. kön. apostol. Majestät gezwungen, die genannte Commission b e f i= n i t i v aufzulösen, und sowohl behufs der auszuführenden Untersuchung bezüglich des am 26. August in der Sitzung der Comitats=Commission gefaßten Beschlusses, als auch behufs der neuen Constituirung der Commission, den Ministerialrath und Finanz=Procurator Bartholomäus G o m b o s, in der Qualität eines kön. Commissärs zu entsenden. Es ist nicht die Absicht Sr. kais. kön. apostol. Majestät, die althergebrachte Comitats=Institution, als mehrhundertjährige Grundlage unserer gesetz= lichen Freiheit und unseres Fortbestandes zu schwächen, aber Er ist ge= nöthigt, die gesetzliche Ordnung und den Gehorsam wieder herzustellen, ohne welche die Comitate dem Zwecke ihrer Organisation nicht ent= sprechen können."

Am Schlusse erklärte die Verordnung noch, daß durch diese allerh. Bestimmungen das Amt des Obergespans nicht aufgehoben, sondern blos die Thätigkeit desselben provisorisch suspendirt werde. — War in solcher Weise die Auflösung beschlossen, so durfte auch die für den 30. Sept. festgesetzte Berathung der Comitats=Commission nicht geduldet werden; die betreffende Präsidial=Zuschrift des königl. ungarischen Statthalterei= rathes ging dem ersten Vicegespan, Paul N h á r h, am 24. zu. Am 29. Vormittag versammelte sich der Beamtenkörper zu einer Conferenz, und gab seine Resignation zu Protokoll; und als Nachmittags etwa zwanzig Mitglieder der Comitats=Commission zu einer Vorconferenz zu= sammengetreten waren, erschien ein kais. kön. Offizier im Sitzungssaale und machte die Mittheilung, daß das Comitatshaus auf Befehl der Militärbehörde durch eine Truppenabtheilung besetzt sei, und daß die beabsichtigte Berathung nicht stattfinden dürfe, worauf N h á r h die Sitzung aufhob. Die militärische Besetzung dauerte auch am nächsten Tage fort; gegen Mittag überreichten der Obergespan=Stellvertreter und der erste Vicegespan ihre eigene Demission und die des gesammten Be= amtenkörpers dem Statthaltereirath.

Mit geringen unwesentlichen Abweichungen trugen sich die Dinge in mehreren anderen Municipien zu; einer Verordnung der Hofkanzlei zufolge mußten die Protokolle den königlichen Commissären vorgelegt werden, und zwar behufs der Streichung desjenigen, was auf die Aneignung des Protestes gegen die Auflösung des Landtags Bezug hatte. Als in der Plenarsitzung des Stadtmagistrats vom 29. October der kön. Commissär erschien und daran erinnerte, daß er bereits früher die Vorlage des Protokolls vom 4. September behufs der angeordneten Löschung gewisser unzukömmlicher Stellen in demselben, vom Magistrate verlangt, dieser jedoch dem Verlangen nicht entsprochen habe, richtete der Bürgermeister die Frage an ihn, ob er sich zum Vollzuge dieses Verlangens auf die bewaffnete Macht berufe, und im Weigerungsfalle dieselbe in Anspruch nehmen werde. Auf die erfolgte Bejahung ließ der Bürgermeister das verlangte Protokoll vorlegen, und der kön. Commissär vollzog die Löschung mehrerer Stellen.

Suspensionen und Auflösungen blieben indeß nicht lange auf einzelne Municipien beschränkt, in kurzer Zeit treten sie als allgemeine Maßregel auf. In einem Schreiben des Grafen F o r g á ch vom 14. October an die Obergespäne werden diese an den, von der vorjährigen „Instruction" anbefohlenen Eid erinnert und um die sofortige Mittheilung ersucht, in welcher Weise sie dieser Pflicht entsprochen, im Falle sie aber die vorgeschriebene Formel nicht beibehalten, die bei der Eidesablegung benutzte Formel in ganzer Ausdehnung einzusenden. Das war eine Kriegserklärung gegen sämmtliche Municipalbehörden, die ohne Ausnahme im Sinne der 1848er Gesetze und auf die 1848er Gesetze beeidet wurden. Am 18. October ergeht an dieselben Adressen folgendes Rundschreiben:

„Hochgeborner Herr Obergespan! Wie es auch Ew. Hochgeboren bekannt ist, werden den vom 20. October l. J. datirten allerhöchsten Entschließungen Sr. Majestät gemäß die auf die gemeinschaftlichen Interessen der ganzen Monarchie bezüglichen M i l i t ä r- u n d S t e u e r - a n g e l e g e n h e i t e n zu jenen Gegenständen gezählt, in Betreff welcher bis zu weiterer Verfügung der Gesetzgebung die bisher bestandenen Maßregeln ihre Geltung beibehalten. — Nachdem in Folge dessen der allerhöchste Befehl Sr. kais. kön. apostol. Majestät in Betreff der nächsten ordentlichen Recrutenstellung zu mir herabgelangt, und zu der erfolgreichen und gerechten Vollstreckung dieser Angelegenheit die Mitwirkung der Comitate und besonders der Obergespäne, welche den erwähnten

allerh. Beschlüssen gemäß auch nicht verweigert werden kann, unentbehr=
lich ist: so fordere ich Ew. Hochgeboren auf, sich mit umgehender Post
entschieden zu erklären, welche Aussicht Ew. Hochgeboren in Betreff
der Vollziehung der Recrutirung in dem Ihrer Leitung anvertrauten
Comitate durch die Comitatsbeamten haben, und falls das Comitat die
Mitwirkung verweigert, inwiefern Se. kaif. kön. apostol. Majestät auf
Ihre Bereitwilligkeit rechnen kann, das Stellen der Recruten that=
sächlich zu befördern, und namentlich welche Schritte Ew. Hochgeboren
zur Erreichung dieses Zweckes sowohl vorzuschlagen, als auch auszuführen
beabsichtigen. — Bei dieser Gelegenheit kann ich nicht umhin, die Auf=
merksamkeit Ew. Hochgeboren zugleich darauf hinzulenken, daß die Ein=
treibung der Steuer mittelst Militärgewalt, wie dieß auch Ew. Hoch=
geboren einsehen werden, nicht beständig fortdauern kann; die Aufhebung
dieses widerwärtigen Zustandes kann indeß gleichfalls nur durch die
Mitwirkung der Comitate und Obergespäne erreicht werden. Ich fordere
daher Ew. Hochgeboren auf, die erwähnte Erklärung auch auf die Schritte
ausdehnen zu wollen, welche von dem Ihrer Leitung anvertrauten Comi=
tat zur Erreichung dieses Zieles erwartet werden können.

Wien, 18. October 1861.

Graf Anton F o r g á ch."

Gleichzeitig erschien ein kaiserliches Patent, welches unter Be=
rufung auf den 10. Paragraph der Februarverfassung anordnete, daß
bezüglich der directen Steuern für das Jahr 1862 in der ganzen
Monarchie jene Bestimmungen in Anwendung kommen, welche für das
Verwaltungsjahr 1861 maßgebend waren. Und ebenfalls vom 18. Oct.
datirt eine Kundmachung der kaif. kön. Finanz=Landesdirections=Abthei=
lung für das Großwardein=Ofener Verwaltungsgebiet, welche die Ge=
meinden, Corporationen und Steuerpflichtigen auffordert, ihren bezüg=
lichen Verpflichtungen nachzukommen und mit der Mahnung schließt:

„Insbesondere wird den G e m e i n d e n und C o r p o r a t i o n e n
die ihnen nach den bestehenden Steuergesetzen und Vorschriften obliegende
M i t w i r k u n g bei der B e m e s s u n g, A u s s c h r e i b u n g und E i n=
b r i n g u n g der Steuern mit dem Beifügen in Erinnerung gebracht,
daß jene Steuerbeträge, welche in Folge der Unterlassung dieser Mit=
wirkung nicht eingebracht werden sollten, aus dem Einkommen und
Vermögen der G e m e i n d e n und C o r p o r a t i o n e n einzutreiben
sein werden "

Was die Obergespäne auf das Schreiben des Hofkanzlers bezüg=
lich der Eidesformel geantwortet haben, ist nirgends zur Oeffentlichkeit
gelangt; allerdings aber ein Schreiben des Fürsten=Primas, als
Antwort auf die vom Hofkanzler hinsichtlich der Steuer= und Recruten=
Angelegenheit an sämmtliche Obergespäne ergangene Aufforderung. Diese
Antwort hat durch ihre entschiedene Sprache ungemeines Aufsehen erregt,
und dadurch, daß sie gleichzeitig, ja vielleicht noch bevor sie an die
Adresse gelangte, in den Zeitungen veröffentlicht wurde, die Regierung
empfindlich berührt, und hatte zur Folge, daß der Fürst=Primas vom
Kaiser nach Wien gerufen wurde, und am 3. November konnte man in
der officiellen „Wiener Zeitung" lesen:

„Se. kais. kön. apostol. Majestät haben den Primas von Ungarn,
Cardinal Scitovsky, am Donnerstag den 31. October d. J. in
einer Audienz zu empfangen geruht und demselben hiebei sowohl über
den Inhalt als über die Veröffentlichung seines in der Eigenschaft
als Obergespan des Graner Comitates unterm 24. October an die
ungarische Hofkanzlei gerichteten Schreibens das allerhöchste Mißfallen
ausgedrückt."

Bald darauf erhielt der Cardinal in seiner Obergespanwürde den
Grafen August Forgách zum Nachfolger. Gleich der Antwort des
Fürst=Primas lauteten wahrscheinlich auch die Antwortschreiben der
anderen Obergespäne hinsichtlich der Steuer= und Recrutenfrage ab=
schlägig; doch gelangten dieselben nicht zur Veröffentlichung.

Der kön. ungar. Statthaltereirath machte noch einen letzten
Annäherungsversuch. Die betreffende, in der Dicasterial=Sitzung vom
16. October berathene und am 27. October Sr. Majestät überreichte
Repräsentation analysirt zunächst die Art der Reconstituirung dieses
höchsten ungarischen Dicasteriums und fährt dann im Wesentlichen fol=
gendermaßen fort:

„Der getreue kön. Statthaltereirath, dem allerh. Vertrauen Ew.
kais. und apost. kön. Majestät huldigend, beeilte sich, die Leitung der
inneren Verwaltung des Landes zu übernehmen. Er that dieß im Gefühl
seiner unerschütterlichen Treue gegen Ew. kais. und apostol. kön. Majestät
und seiner Liebe zum Vaterlande und in der glühenden Hoffnung, daß,
nachdem alle jene Fragen, welche dem Inhalte der am 20. October
v. J. erlassenen allerh. kön. Entschließung gemäß in der Schwebe ge=
lassen wurden, eine mit der Würde der Krone und mit den gesetzlichen
Wünschen des Landes gleichmäßig vereinbare definitive Lösung erlangt

haben würden, jener Tag, an welchem der Fürst-Primas unseres Landes die Krone des heiligen Stefan auf das gesalbte Haupt Ew. kaif. und apostol. kön. Majestät setzen würde, der Tag der gänzlichen Aussöhnung und der vollständigen Erneuerung jenes herzlichen Verhältnisses sein werde, welches zwischen dem gesetzlichen Monarchen und der ungarischen Nation sammt den mit ihr vereinten Nationen immer bestand und zu ihrer gegenseitigen Wohlfahrt beitrug, und daß an demselben Tage zugleich jenes Verhältniß definitiv festgestellt und geregelt werden würde, welches das Land kraft des Bandes der pragmatischen Sanction, die eine neue Weihe erhalten sollte, mit den übrigen Ländern und Völkern der Monarchie unauflösbar verbindet. Dieses Verhältniß naturgemäß und dauernd zu gestalten, bildete die Sorge der ungarischen Regierung Ew. kaif. und apostol. kön. Majestät, und indem dieses getreue königl. Regierungs-Dicasterium seinem abgelegten Eide treu, unter dem Schutze der die Unabhängigkeit und Selbstverwaltung des Landes garantirenden GG. AA. 1790: X , 1715: III. und 1741: VIII. die Beobachtung der Gesetze überwachte, fühlte es sich zugleich verpflichtet, alle seine Bestrebungen dahin zu richten, daß es die hie und da auftauchende Gereiztheit der Gemüther beschwichtige, damit das erforderliche Vertrauen zwischen dem Lande und dem Monarchen je festere Wurzeln schlage, und der Weg zur Erreichung jenes Zieles, welches Ew. kaif. und apostol. kön. Majestät in der am 20. October v. J. erlassenen allerh. kön. Entschließung allerg. aufzustecken geruhten, sorgfältig geebnet werde. — Dieses ernste Streben der ungarischen Regierung fand bei den meisten Jurisdictionen des Landes keine Unterstützung, und statt nüchterner Berathung und Erwägung wurde die gesetzliche Stellung der Hofkanzlei und des kön. ungarischen Statthaltereiraths Ew. kaif. und apostol. kön. Majestät in Zweifel gezogen. Obschon jedoch die Comitats- und städtischen Commissionen den Boden der 1848er Gesetze betretend, diesen Gesetzen factische Geltung zu verschaffen bemüht waren und hiedurch dem regelmäßigen Fortgange der Administration große Hindernisse in den Weg stellten, hat dieses treue kön. Dicasterium seine Hoffnung nicht aufgegeben, denn es war der Meinung, daß die durch die eilfjährige absolute Regierung erzeugte Aufregung der Gemüther einer kälteren Ueberlegung Platz machen werde, es glaubte dieß um so zuversichtlicher, je mehr es von dem entschiedenen Wunsche Ew. kaif. und apostol. kön. Majestät überzeugt war, die nach den Ereignissen von 1848 unvermeidlich gewordene definitive Regelung der bezüglich der Jurisdictionen des Landes erfolgten proviſoriſchen Beſtimmungen im Wege der Geſetzgebung zu bewerkſtelligen. Zur Eindämmung der nachſichtig beurtheilten erſten Ausſchreitungen des öffentlichen Municipallebens wirkte Ew. kaiſ. und apoſtol. kön. Majeſtät unterm 16. Januar l. J. erlaſſenes kön. Reſcript wohlthätig; denn in Folge davon begann der regelmäßige Gang der adminiſtrativen Ver= waltung ſich zu kräftigen, in mehreren Comitaten machten die Unſchlüſſig= keit der Feſtigkeit, die Ausſchreitungen der kältern Ueberlegung Platz, was die Hoffnung auftommen ließ, daß das Vertrauen in die Allerhöchſte Perſon und in die Regierung Ew. Majeſtät ſich immer mehr ſtärken und bis zum in Ausſicht geſtellten Landtag die Beruhigung der Gemüther und die Mäßigung der Anſichten ſoweit vorgeſchritten ſein werden, daß ſie eine erfolgreiche Ausgleichung der, der Löſung harrenden ſtaatsrechtlichen Fragen reſultiren würden, was unzweifelhaft auch für den ungehinderten Fortgang der Landesabminiſtration den Weg beſtens gebahnt hätte. Wie ſehr nun dieſes gegenüber der unabhängigen Regierung des Landes ſich entwickelnde Vertrauen durch die nach dem 26. Februar ſtetig anwachſen= den Beſorgniſſe erſchüttert wurde, und welchen Einfluß dieſelben auf den ganzen Verlauf des bald darauf eröffneten Landtages übten, iſt Ew. kaiſ. und apoſtol. kön. Majeſtät weislich bekannt. Dieſer ungünſtige Ein= fluß blieb allerdings auch auf die Zweige der inneren Verwaltung nicht ohne Folgen, inſofern die, aus Anlaß des vorerwähnten allerh. königl. Reſcriptes ſich zeigende Willfährigkeit bezüglich der Unterbreitung des Budgets Seitens der Comitate immer mehr zu ſchwinden begann: den= noch unterbreiteten mehrere Comitate, indem ſie von der Ausſchreibung und Eintreibung der zur Deckung der Comitatsauslagen erforderlichen Geldbeträge im Wege der Domeſticalſteuer Umgang nahmen, ihr Budget zur Feſtſtellung desſelben und zur Anweiſung der betreffenden Geld= ſummen dieſem königlichen ungariſchen Statthaltereirathe. Auf welche Hinderniſſe jedoch dieſe treuergebene kön. Regierungsbehörde in ihren Verfügungen bezüglich der Anweiſung der Comitatsausgaben bei den Finanzbehörden und deren Organen geſtoßen, — dieß hat dieſelbe in ihrer unterm 17. April d. J. an Ew. kaiſ. und apoſtol. kön. Majeſtät gerichteten unterthänigſten Repräſentation ausführlich vorzutragen ſich erlaubt. Abgeſehen davon, daß die, trotz der von dieſer Stelle erfolgten Anweiſung, von den betreffenden Caſſen verweigerte Auszahlung der zur Deckung der Comitatsauslagen erforderlichen Geldbeträge die Comitate nothwendigerweiſe in die zwingende Lage verſetzt hat, daß ſie, dem allerh. Befehle entgegen, die Ausſchreibung der Domeſticalſteuer zu beſchließen ge=

nöthigt waren: hat dieses Verfahren der Finanzorgane bedeutenden Anlaß zur Nährung des Mißtrauens gegen den kön. ungarischen Statthaltereirath geboten, obschon gerade jene Organe im Interesse der allerh. Absichten Ew. Majestät zur Unterstützung dieser treuergebenen Regierungsbehörde und Consolidirung ihres gesetzlichen Ansehens berufen waren. — In viel höherem Grade noch mußte das Mißtrauen im Lande in Folge jener allerh. Verfügung zunehmen, zufolge welcher Ew. kais. und apostol. kön. Majestät ohne Anhörung Ihres getreuen kön. ungarischen Statthaltereirathes die Abhaltung einer aus den serbischen Bewohnern des früheren serbisch=banater Verwaltungsgebietes zu constituirenden serbischen National= versammlung zu gestatten geruhten, und welche allerh. Verfügung nicht wegen ihres Inhaltes, sondern wegen der Art ihres Entstehens dieses getreue kön. Dicasterium ermuthigte, seine Besorgnisse vor Ew. kais. und apostol. kön. Majestät in der vom 13. März d. J., Z. 15.410, datirten Repräsentation in unterthäniger Huldigung auszusprechen. Das Gefühl seiner Pflicht veranlaßte ferner diesen getreuen Statthaltereirath in seiner am 22. Mai d. J. gemachten Unterbreitung auch dagegen in tiefster Ehrfurcht Einsprache zu erheben, daß Ew. kaiserl. und apostol. königl. Majestät mit allerh. Entschließung vom 15. Mai d. J. alle in diesem Lande angestellten kais. kön. Civilbeamten und Staatsdiener, sowie die in diesem Lande stationirten kaiserl. königl. Finanzwachmannschaften bis zur weitern Verfügung unter Militärjurisdiction zu stellen, folglich in Criminal= und Civilrechtsangelegenheiten den Ofener und Temesvarer Oberkriegscommandanten, beziehungsweise den dortigen Militärgerichts= barkeiten zu unterordnen geruhten."

„Allerdurchlauchtigster Kaiser und apostol. König! Der G. A. Cl. vom Jahre 1723 ordnet es deutlich an, daß der ungarische kön Statt= haltereirath von jedem Hofdicasterium unabhängig sei und lediglich und unmittelbar die Befehle von Ew. kais. und apostol. kön. Majestät empfange. Die GG. AA. 1662: IV. und 1741: XI. sagen, daß Ew. kais. und apostol. kön. Majestät in ungarischen Angelegenheiten nur den Rath ungarischer Räthe einzuholen geruhen mögen. Nach den GG. AA. LI. und LXXXIII. von 1723 dürfen alle im Lande befindlichen Beamten ohne Unterschied nur unter den Landesgesetzen stehen. Der G. A. 1723: Cl. verbietet dem kön. ungarischen Statthaltereirath den Vollzug von, den Landesgesetzen entgegenstehenden Verordnungen. Die Umgehung solch' klarer, auf die unabhängige innere Verwaltung des Landes bezüglicher und auch mit den am 20. October v. J. erfolgten allerh. kön. Ent=

schließungen Ew. Majestät in engem Zusammenhang stehender Gesetze, die Einmischung der Finanzbehörden in die gesetzlichen Verfügungen dieses getreuen kön. ungarischen Statthaltereiraths, die factische Verhinderung ihres Vollzuges, die Stellung der Beamten und des Dienstpersonales unter Militärjurisdiction, ferner die Verfügungen der Militärbehörden in solchen Angelegenheiten, welche allein und ausschließlich die Anord= nungen der Civilbehörde erheischen, erschütterten nicht nur vollständig das Vertrauen in die wahrhaft constitutionelle Regierung, sondern veranlaßten auch die Jurisdictionen des Landes zum festen Glauben, um nicht zu sagen, zur Ueberzeugung, daß dieser gehorsame kön. ungarische Statt= haltereirath im Ausfluß des allerh. Willens Ew. kaif. und apostol. kön. Majestät, gegen den Sinn der GG. AA. CII. von 1723 und X. von 1790 und mit Umgehung derselben, den Grundsätzen des absoluten Regierungs= systems huldige. Dieser gehorsame kön. ungarische Statthaltereirath würde sich gegen die allerh. Person Ew. Majestät und gegen die dem Vater= land schuldige Treue versündigen, wenn er nicht anerkennen würde, daß ein hervorragender Theil der Bewohner des Landes, von der Anhäng= lichkeit an die glorreiche Person und den Thron Ew. Majestät durch= drungen, den friedlichen Ausgleich der ihrer Lösung harrenden staats= rechtlichen Fragen heiß ersehnt, diesen Wunsch jedoch von der Idee der, auf den Fundamentalgesetzen des Landes beruhenden Rechte und einer unabhängigen Regierung nicht zu trennen vermag. Aber auch die Besser= gesinnten mußten in ihrem Glauben an die constitutionelle Regierung erschüttert werden, als sie zu erkennen gezwungen waren, daß zum Nach= theil des ohnehin erschütterten Ansehens und der gesetzlichen Stellung des leitenden kön. Dicasteriums in das vom Gesetz vorgeschriebene Ver= fahren desselben von Seite fremder Behörden solche Eingriffe geschahen, welche mit den Gesetzen unseres Vaterlandes in directem Gegensatz stehen, — indem sie ferner erfahren mußten, daß mit der Ausbreitung eines solchen, mit der Idee eines georbneten Staates nicht verträglichen Dualismus die Existenz einer constitutionellen Regierung immer mehr in den Hintergrund gedrängt ward. Dieser gehorsame kön. ungarische Statt= haltereirath steht nicht an, ja er hält sich im Gefühl seiner unerschütter= lichen Treue für verpflichtet, vor Ew. kaif. und apostol. kön. Majestät offen und aufrichtig zu gestehen, daß er bei so völlig erschüttertem Ver= trauen, trotz seines treuesten und besten Willens, insolange nicht im Stande sein wird, den Erwartungen Ew. Majestät und des Vaterlandes zu entsprechen, bis den gegen seine gesetzliche Autorität und Stellung gerichteten Einmischungen durch die gesetzliche Gewalt Ew. Majestät ein wirksamer Damm entgegengesetzt wird. Er lebt ferner der Ueberzeugung, daß jene Verfügungen, welche in Folge der, nach Auflösung des gesetz= gebenden Körpers von einigen Comitaten und Städten gefaßten Beschlüsse für nöthig erachtet wurden, und bezüglich welcher Verfügungen dieses unterthänig leitende Dicasterium seine Besorgnisse in den allerunter= thänigsten Repräsentationen vom 29. August und 3. October l. J. Ew. kaiserl. und apostol. königl. Majestät auszudrücken sich erlaubte, den er= wünschten Erfolg auf constitutionellem Wege kaum erzielen werden, und daß jeder Versuch, der von der ererbten Landes=Verfassung abweicht, anstatt die Gemüther zu beruhigen und den friedlichen Ausgleich anzu= bahnen, nur die Erregtheit der Gemüther steigern und die Verwicklungen vermehren würde.

„Die Hoffnung, daß der jetzige, auf dem Lande und seinen Be= wohnern, so wie auf der ganzen Monarchie lastende Zustand ein Ende nehme, die gesetzliche Ordnung, gleichwie die Autorität und der Wir= kungskreis des gehorsamen königl. Dicasteriums wieder hergestellt und befestigt werde, concentrirt sich allein in der geheiligten Person Ew. kais. und apostol. kön. Majestät. In Ungarn sind die Obergespäne die Organe der Regierung, sie sind berufen, die Regierungsgewalt in den Comitaten zu repräsentiren, sie müssen zwischen der höchsten Gewalt und den Comitaten das vermittelnde Band bilden. Ferne sei es, ihre Treue und ihre guten Absichten in Zweifel zu ziehen; was aber kann natür= licher sein, als daß Ew Majestät diejenigen kenne, welche die allerh. Person Ew. Majestät in den Comitaten repräsentiren, die von Ew. Majestät mit der Regierungsgewalt bekleidet wurden, — und daß sie andererseits Gelegenheit haben, die allerh. Absichten Ew. Majestät un= mittelbar von Ew. Majestät zu vernehmen. Aus diesem Grunde wagt es auch dieser unerschütterlich getreue kön. ungarische Statthaltereirath, sich an Ew. kaif. kön. apostol. Majestät mit der allerunterthänigsten, ehr= furchtsvollen Bitte zu wenden, Ew. Majestät mögen geruhen, die Ober= gespäne der Comitate um die allerh. Person Ew. Majestät zu versammeln und dieselben mit jener, Ew. Majestät angebornen und die Herzen ge= winnenden kön. Gnade zu verpflichten, welche ein so erhabenes Attribut Ew. Majestät ist. Wenn die Obergespäne der Comitate von den fürst= lichen Lippen Ew. Majestät vernehmen werden, daß Ew. Majestät die Verfassung in Wirklichkeit aufrecht zu erhalten beabsichtigen und nichts Anderes wünschen, als daß die gesetzliche Ordnung, die gesetzliche Ab=

hängigkeit und der gesetzliche Gehorsam wieder hergestellt werde, wenn sie vernehmen werden, daß die väterliche Sorgfalt Ew. Majestät nur die Beglückung des Landes und das allgemeine Wohl zum Ziele hat, — dann werden, dann müssen sie sich gewiß vor dem fürstlichen Worte beugen, und die Apostel jener Lehre werden, der zufolge das Wohl Ew. Majestät zugleich das Wohl des Landes, der Ruhm Ew. Majestät der Ruhm des Landes ist. Aber nicht in dieser Beziehung allein wäre das allerh. Erscheinen Ew. kaif. kön. apostol. Majestät in diesem Vaterlande heilbringend. Es gibt Millionen in diesem Lande, welche entweder auf Irrwege geleitet, oder unwillkürlich von der Fluth der in eine falsche Richtung gebrachten öffentlichen Meinung an den Abgrund der Gefahr gerissen wurden. Was kann diese wieder und auf's allerleichteste, ohne daß eine traurige Periode erfolgen müßte, zur Pflicht zurückführen, was kann dem Gesetze die nöthige Achtung wiedergeben, was kann das er= schütterte Vertrauen hervorzaubern, was die erschütterte Gewalt und Autorität der Dicasterien wieder herstellen, wenn nicht die geheiligte Person Ew. Majestät? Das getreue kön. Dicasterium ist tief überzeugt, daß dieß einzig und allein Ew. Majestät zu bewirken vermögen. Das Erscheinen Ew. Majestät im Kreise dieser getreuen, und wie auf ihre Institutionen eifersüchtigen, eben so leicht zu begeisternden, und durch Gnade, welche die Zierde der Throne ist, so leicht zu gewinnenden Nation wäre ein wahrer Triumph, denn nur in dem ritterlichen Auftreten und im kön. Worte Ew. Majestät liegt der Zauber, welcher im Stande ist, die Ränkesüchtigen zu beschämen und die Gutgesinnten zu ermuthigen... Unzählige werden, wenn sie Ew. Majestät von den Räthen des Landes umgeben sehen werden, sich dem Throne Ew. Majestät nähern, um da Trost und Schutz zu suchen, und von Ew. Majestät scheidend, werden sie den König segnen und ihm danken und seine Macht und Glorie hoch= preisen. Die glänzenden Strahlen der Gnade und Gerechtigkeitsliebe Ew. Majestät werden sich von den Zinnen des alten Buda weithin er= gießen, und im Herzen der Bevölkerung dieses Landes, welche auf ihren tapfern, ritterlichen und gerechten König stolz sein wird, werden die An= wesenheit und das beruhigende kön. Wort Ew. Majestät die nur schlum= mernde, doch nicht erstorbene Begeisterung, welche das glorreiche Zeit= alter des Königs Mathias wiederspiegelt, auf's neue erwecken. Mögen daher Ew. Majestät das Land durch die Allerh. Anwesenheit beglücken und dadurch auch allergnädigst zu bezeugen geruhen, daß Ew. Majestät die GG. AA. 1741: VII., 1791: IX. und 1792: V., welche sich auf ben Aufenthalt des Königs in diesem Lande beziehen, allergnädigst in Ehren halten ... Der treue kön. Statthaltereirath ist von zu großer Pietät und Huldigung gegen Ew. Majestät geheiligte Person erfüllt, er faßt die Herrscherpflichten und Sorgen Ew. Majestät viel zu richtig auf, als daß er eine länger dauernde Anwesenheit Ew. Majestät in Ew. Majestät getreuem Königreiche Ungarn zu hoffen und zu bitten wagen sollte, denn er weiß es sehr wohl, daß sich Ew. Majestät väterliche Sorgen nicht blos auf die Völker dieses Landes, sondern auch auf jene der übrigen Länder der Monarchie ausdehnen: doch möge es diesem kön. Dicasterium gestattet sein, im Gefühle seiner unerschütterlichen Treue Ew. kais. und apostol. kön. Majestät auf den Inhalt der GG. AA. 1567: XXVI. und 1723: IV. allerunterthänigst aufmerksam zu machen, welche die Verfügung enthalten, daß in Abwesenheit des Königs der Statthalter das kön. Ansehen im Lande aufrecht erhalte. Und deßhalb bittet dieser gehorsamste kön. Statthaltereirath Ew. Majestät in tiefster Ehrfurcht, daß Ew. Majestät geruhen möge, dieses Land mit einem, aus der Mitte von Ew. Majestät erhabener Herrscherfamilie, welche so ausgezeichnete und begabte, ja auch die Verhältnisse unseres Landes kennende Erzherzoge besitzt, — zu wählenden kön. Statthalter zu erfreuen und zu beglücken. Das Land ist auf Ew. Majestät durchlauchtige Herrscherfamilie stolz, da mehrere Mitglieder derselben, indem sie die Würde eines Palatins und kön. Statthalters bekleideten, das Land mit begeisterter Ausbauer und mit fester Hand auch unter den schwierigsten Verhältnissen an das Ziel der Zufriedenheit, des Wohlstandes, der Blüthe und Wohlfahrt führten. Das Land hat sich daran gewöhnt, in der hohen Person des aus dem durchlauchtigen kais. kön. Herrscherhause gewählten kön. Statthalters das kön. Ansehen und die gesetzliche Gewalt zu verehren. Der nüchternere Theil der Einwohner des Landes wünscht eine starke und Autorität be= sitzende Regierung; die Verhältnisse fordern ebenfalls eine starke und Autorität besitzende Regierung, und eine mächtige über jeder Partei stehende Regierung erheischen auch die Interessen der Einwohner des Landes, eine solche Regierung, welche im Stande sei, das zwischen Ew. Majestät und dem Lande bestehende gesetzliche Band immer fester zu knüpfen, zu erhalten und dauerhaft zu machen. Wird ein solcher kön. Statthalter an die Spitze der ungarischen Regierung gestellt, so wird dadurch das von allen Seiten erschütterte Ansehen des kön. ungarischen Statthaltereirathes wieder hergestellt, die in allen Zweigen der Regie= rung so unentbehrliche Einheit wieder belebt, und jener gesetzwidrigen

Einmischung, welche dieser getreue kön. ungarische Statthaltereirath zum Nachtheil des friedlichen Ausgleiches so oft zu erfahren genöthigt war, ein Damm entgegengesetzt werden. Das Wirken eines solchen kön. Statt= halters und die demselben vorangehende Allerh. Anwesenheit wird sicher und mit Erfolg den Weg zur möglichstbaldigen erfolgreichen Abhaltung des Landtages ebnen, und rasch wird wieder eine ähnliche Aera herbei= gezaubert sein wie jene war, während welcher die Bewohner dieses Lan= des unter der mehr als fünfzigjährigen Verwaltung Sr. kais. kön. Hoheit des Palatins und Statthalters Josef, ruhmvollen Angedenkens, die Segnungen der gesetzlichen Freiheit, der Zufriedenheit und constitutio= nellen Wohlfahrt ungestört genossen."

Das hier anempfohlene Programm des Statthaltereirathes fiel in den Hauptpunkten mit dem Rathe des Fürst=Primas zusammen, es durfte daher gleichfalls nicht auf Erfolg rechnen. — Von demselben Tage, an welchem es dem Kaiser überreicht wurde, datirt denn auch folgendes Hofkanzlei=Schreiben an alle Ober= und Vicegespäne:

„Ew. . . . . . . Se. kaiserl. königl. apostol. Majestät geruhte laut am heutigen Tage kundgegebenen allerh. mündlichen Befehls, die Abhaltung jeder wie immer genannten öffentlichen Comitats=Versamm= lung bis auf weitere allerh. Verordnung entschieden zu verbieten. Von diesem allerh. Befehle beeile ich mich Ew. . . . . mit der Aufforderung in Kenntniß zu setzen, daß Sie mit Empfangnahme meines gegenwärtigen Berichtes in dem Ihrer Leitung anvertrauten Comitate sogleich die Ab= haltung jeder wie immer benannten und unter welchem Vorwand immer abzuhaltenden öffentlichen Comitats=Versammlung unter der auf Ew. . . . . Person lastenden Verantwortung unbedingt zu verhindern belieben mögen. — Zugleich glaube ich noch bemerken zu müssen, daß, um den Vollzug dieses allerh. Befehls zu sichern, davon auch das Vicegespans=Amt durch mich in Kenntniß gesetzt wurde. Ew. . . . . . ꝛc.

Wien, 27. October 1861.

Graf Forgách m. p."

Anstatt jedoch dieser Aufforderung zu folgen, remonstrirten die Comitats = Versammlungen gegen das Schreiben des Herrn Hofkanzlers in neuen Repräsentationen an Se. Majestät, deren Ende gar nicht ab= zusehen war, bis die Allerh. Handschreiben vom 5. November jedem weiteren Remonstriren der constitutionellen Organe ein Ende machten und einen Ausnahmszustand als Provisorium einführten. Die betreffenden allerh. Handschreiben lauten:

„Lieber Graf Forgách! Die Unbotmäßigkeit des größeren Theils der ungarischen Municipien und die offene, an Empörung grenzende Widersetzlichkeit gegen wie immer geartete, zur Herbeiführung geordneter Zustände erlassene Maßregeln bedroht auf das gefahrvollste den Fort=bestand der öffentlichen Ordnung, ohne daß die Behörden in ihrer der=maligen Einrichtung und die gegenwärtig übliche Anwendung der bestehen=den Strafgesetze des Landes gegen solche, von der großen Mehrzahl Meiner getreuen Unterthanen mißbilligte, äußerst bedauerliche Angriffe hinlänglichen Schutz zu gewähren und den überhandnehmenden Ungehor=sam zu bewältigen vermöchten. — Es ist Meine Herrscherpflicht und Mein unerschütterlicher Wille, diese Ausschreitungen kräftig zu zügeln und durch Herstellung geordneter Verhältnisse den schuldigen Gehorsam, so wie die Autorität der Regierung neu zu befestigen. — Nachdem jedoch die Ausführung der durch die Nothwendigkeit gebotenen außerordentlichen Maßregeln mit der auf die GG. AA. vom Jahre 1723 und 1790 ge=gründeten dermaligen Einrichtung Meines kön. ungar. Statthaltereirathes nicht vereinbarlich ist, — und andererseits die Hoffnung, den Landtag in Meinem Königreiche Ungarn zur verfassungsmäßigen Austragung der in der Schwebe gebliebenen Fragen demnächst wieder einberufen zu können, sich insolange unerfüllbar erweist, bis die Herstellung eines geordneten Verwaltungszustandes hiezu die erwünschte Möglichkeit bietet, — so finde Ich die durch Meine Verfügungen vom 20. Octo=ber v. J. und im Sinne der obenerwähnten Gesetzartikel von Neuem in's Leben gerufene corporative Wirksam=keit Meines kön. ungar. Statthaltereirathes, so wie gleichzeitig auch die Thätigkeit der Municipien des Landes bis zur Herstellung der gestörten öffentlichen Ordnung zeitweilig zu suspendiren und demzufolge die Auflösung sämmtlicher noch bestehenden Comitats= und Districts=Commissionen und der Gemeindevertretungen der königl. Freistädte zu verfügen. — Indem Ich Sie mit der Ausführung dieses Meines Befehles betraue und bezüglich der Aus=wahl der mit der künftigen Leitung der Comitate zu bekleidenden Per=sönlichkeiten, inwieweit Aenderungen nothwendig werden sollten, Ihre weiteren Anträge gewärtige, — haben Sie auch bis dahin Sorge zu tragen, daß die laufenden Geschäfte der Verwaltung in den Comitaten und freien Städten bis zur Einsetzung neuer Organe durch die gegen=wärtigen Magistratualen unter persönlicher Verantwortlichkeit der betref=

fenden Individuen derart fortgeführt werden, daß der öffentliche Dienst keine Unterbrechung erleide. — Meinem Statthalter im Königreiche Ungarn, dessen Ernennung unter Einem erfolgt, werden Mein königl. ungarischer Statthaltereirath, dann die Obergespäne, Abministratoren oder sonstigen Vorsteher der Comitate und die Bürgermeister meiner Landes= hauptstädte Ofen = Pest in allen seinen, die öffentliche Verwaltung des Landes betreffenden Anordnungen Gehorsam zu leisten gehalten sein. — Aus der Beilage werden Sie ferner die Verfügungen entnehmen, welche Ich rücksichtlich der Ueberweisung und der Aburtheilung von bestimmten, gegen den Bestand der öffentlichen Ordnung und gegen die Sicherheit von Personen und Eigenthum gerichteten Vergehen und Verbrechen an die Militärgerichte, an Meinen Kriegsminister gleichzeitig zu er= lassen Mich bewogen gefunden habe. — Gleichwie es aber Meine ernste Absicht ist, die in Meinem Königreiche Ungarn durch beklagenswerthe Ränke gefährdete Ordnung durch die obenerwähnten provisorischen Aus= nahmsmaßregeln je eher wieder hergestellt zu sehen, damit dann die noch schwebenden Fragen auf verfassungsmäßigem Wege gelöst werden können, ebenso spreche Ich es von Neuem aus, daß es Meine u n e r s c h ü t t e r = l i c h e A b s i c h t i s t, d i e M e i n e m K ö n i g r e i c h e U n g a r n i n B e = t r e f f d e r W i e d e r h e r s t e l l u n g s e i n e r V e r f a s s u n g, s e i n e r R e c h t e u n d F r e i h e i t e n, s e i n e s L a n d t a g e s u n d s e i n e r m u n i c i p a l e n E i n r i c h t u n g e n k r a f t M e i n e s D i p l o m e s b o m 20. O c t o b e r b. J. g e w ä h r t e n Z u g e s t ä n b n i s s e a u c h f ü r d i e Z u k u n f t u n g e s c h m ä l e r t u n d u n v e r b r ü c h l i c h a u f r e c h t z u e r h a l t e n.

Wien, den 5. November 1861.

F r a n z J o s e f m. p."

„Lieber Feldmarschall = Lieutenant Graf P á l f f y. Ich ernenne Sie zu Meinem Statthalter in Meinem Königreiche Ungarn.

Wien, den 5. November 1861.

F r a n z J o s e f m. p."

Die B e i l a g e, deren das allerh. Handschreiben an den Grafen F o r g á c h Erwähnung thut, bestimmt im Wesentlichen:

„Vom Tage der Kundmachung dieser Verordnung unterliegen im Königreiche Ungarn die nachbenannten strafbaren Handlungen, auch wenn sie von Civilpersonen begangen werden, der Untersuchung und Bestrafung durch die kais. kön. Militärgerichte nach den, mit den bezüglichen An=

ordnungen des allgemeinen Civil = Strafgesetzes vom 27. Mai 1852 übereinstimmenden Vorschriften des Militär = Straf = Gesetzbuches vom 15. Januar 1855, und zwar: Die Verbrechen des Hochverrathes, der Beleidigung der Majestät und der Mitglieder des kaiserlichen Hauses, und der Störung der öffentlichen Ruhe; die Verbrechen des Aufstandes und Aufruhres; das Verbrechen der öffentlichen Gewaltthätigkeit: durch gewaltsames Handeln gegen eine von der Regierung zur Verhandlung öffentlicher Angelegenheiten berufene Versammlung, gegen ein Gericht oder eine andere öffentliche Behörde, gegen gesetzlich anerkannte Körper= schaften oder Versammlungen, die unter Mitwirkung oder Aufsicht einer öffentlichen Behörde gehalten werden, — durch gewaltsame Handan= legung oder gefährliche Drohung gegen obrigkeitliche Personen in Amts= sachen, — durch boshafte Beschädigungen oder Störungen an Eisen= bahnen und Staatstelegraphen; die Vorschubleistung zu einer bei vorbe= nannten Verbrechen; das Vergehen des Auflaufes, der Theilnahme an geheimen oder verbotenen Gesellschaften, Herabwürdigung der Ver= fügungen der Behörden und Aufwiegelung gegen Staats= oder Gemeinde= Behörden oder gegen einzelne Organe der Regierung, Aufreizung zu Feindseligkeiten gegen Nationalitäten, Religions=Genossenschaften, einzelne Classen oder Stände der bürgerlichen Gesellschaft, öffentliche Herab= würdigung der Einrichtungen der Ehe, der Familie, des Eigenthums, oder Aufforderung zu ungesetzlichen Handlungen oder Rechtfertigung der= selben, Verbreitung falscher beunruhigender Gerüchte oder Vorhersagungen, Sammlungen oder Subscriptionen zur Vereitlung der gesetzlichen Folgen von strafbaren Handlungen, Beleidigung der Wachen oder sonst im öffentlichen Dienste begriffenen Personen, Verletzung von Patenten, Ver= ordnungen und Siegeln der Behörden. — Die Anwendung dieser Be= stimmungen hat auch auf die durch Druckschriften begangenen strafbaren Handlungen stattzufinden. — Der kön. ungarische Hofkanzler und kön. ungarische Statthalter sind ermächtigt, zur Aufrechthaltung der öffent= lichen Ruhe, Ordnung und Sicherheit für den ganzen Umfang des Landes oder für einzelne Bezirke und Orte besondere Anordnungen und Verbote zu erlassen, und gegen die Uebertreter derselben Geldstrafen bis zum Betrage von 500 fl. ö. W. und Freiheitsstrafen bis zum Festungsarrest in der Dauer eines Jahres festzustellen. Die Uebertretung solcher Verbote, insbesondere in Bezug auf den Besitz und das Tragen von Waffen, auf das Absingen revolutionärer Lieder, Tragen von re= volutionären Abzeichen oder Uniformen, politisch aufreizende Demon=

strationen aller Art, Angriffe auf kaif. kön. Soldaten außer Dienst und dergleichen unterliegt der militärgerichtlichen Behandlung. — Alle Staats- und Gemeindebehörden und Organe sind bei strenger Verantwortung ver- pflichtet, die zu ihrer Kenntniß gelangenden strafbaren Handlungen der obbezeichneten Art den Militärgerichten bekannt zu geben, und den Auf- forderungen derselben in Beziehung auf ihre dießfälligen Amtshandlungen ungesäumt zu entsprechen. Jedem der zur Untersuchung und Aburthei- lung der obbezeichneten Verbrechen und Vergehen bestellten Militär- gerichte ist in Ansehung seiner Competenz ein Landesbezirk zugewiesen, und dasselbe untersteht in unmittelbarer Dependenz dem für diesen Be- zirk zur Ausübung der gerichtsherrlichen Rechte berufenen Militär-Com- mandanten. Die oberste Leitung und Ueberwachung der dießfälligen Amtshandlungen wird dem landescommandirenden Generale übertragen. Diese Commandanten sind ermächtigt, in vorkommenden Fällen die Ver- haftung des Beschuldigten und dessen Untersuchung anzuordnen, die Straf- erkenntnisse zu ratificiren und vollziehen zu lassen, oder solche nach Um- ständen zu mildern, sowie die Strafe gänzlich nachzusehen. Es ist ihnen auch das Recht eingeräumt, mit Rücksicht auf die Entfernung des Ortes, wo der Beschuldigte angehalten wurde, zur Untersuchung und Aburtheilung ein Regiments- oder Garnisons-Gericht ihres Dienstberei- ches vorbehaltlich ihrer eigenen Urtheils-Ratification zu delegiren. Fälle des Hochverrathes, der Majestätsbeleidigung, des Aufstandes und Auf- ruhres sind am Sitze des Landes-General-Commandos zu untersuchen und abzuurtheilen. Die Militärgerichte haben wegen der zu ihrer Com- petenz gehörigen strafbaren Handlungen auf die in dem Militär-Straf- gesetze vorgeschriebenen Strafen; auf körperliche Strafen aber nur, in- sofern solche nach dem Gesetze gegen Personen des Civilstandes über- haupt zulässig sind, zu erkennen. Bezüglich des Verfahrens dienen den Militärgerichten die Vorschriften der Militär-Strafproceß-Ordnung zur Richtschnur. War das Verbrechen des Hochverraths Gegenstand der Untersuchung, oder wenn das Urtheil auf die Todes- oder auf eine die Dauer von fünf Jahren übersteigende Freiheitsstrafe ausfällt, so sind die Untersuchungsacten vor Kundmachung des Urtheils von Amtswegen dem allgemeinen Militär-Appellationsgerichte und von diesem der ober- sten Militär-Justizstelle vorzulegen. Im Uebrigen steht dem Beschul- digten gegen ein jedes Straferkenntniß das Recht des Recurses an das Landes-General-Commando, wenn aber das Erkenntniß auf eine höhere als einjährige Freiheitsstrafe lautet, an das Militär-Appellationsgericht zu. Der Recurs ist binnen achtundvierzig Stunden nach Kundmachung des Urtheiles bei dem erkennenden Militärgerichte anzumelden und längstens binnen acht Tagen bei demselben zu überreichen."

Der königl. ungarische Statthaltereirath und die königl. ungarische Curie wurden durch königl. Rescripte vom selben Datum von diesen Anordnungen unterrichtet, der Statthaltereirath wurde zur „Darnach= achtung, beziehungsweise zur allsogleichen Verlautbarung und strengen Vollstreckung derselben" aufgefordert und zugleich verpflichtet, „die auf die politische Abministration des Landes Bezug habenden Anordnungen des Statthalters mit pünktlichem Gehorsam zu erfüllen;" an die Curie wendet sich das Rescript, „insofern dadurch Eure richterliche Competenz eine zeitweilige Abänderung erleidet," und verbürgt den „unerschütter= lichen Willen, diese transitorischen Anordnungen, zu denen Wir, nur durch außerordentliche Nothwendigkeit bewogen, in Folge der zahlreichen Mängel der ungarischen Strafgesetze, unter aufrichtigem Leidwesen unseres väterlichen Herzens gegriffen haben, sobald es die wiederhergestellte Ordnung gestattet, aufzuheben und die richterliche Competenz der kön. Curie in vollem Maße wieder herzustellen."

Von da ab war jeder constitutionelle Widerstand gebrochen. Meh= rere Mitglieder des Statthaltereirathes traten zurück; die Curie suchte zwar in einer Abresse an Se. Majestät die ungarischen Gesetze gegen= über dem Vorwurf der Lückenhaftigkeit zu rechtfertigen, citirte zu diesem Behufe jene älteren Gesetze, welche von den Verbrechen der Majestäts= beleidigung und des Landesverraths handeln, insbesondere den fünften Paragraph des G. A. 1723 : XII., auf Grund dessen jede Art von Verrath der gebührenden Strafe unterzogen werden kann, und sprach die Hoffnung aus, daß „Ew. Majestät sich bewogen fühlen werden, die Erfüllung des allerh. Versprechens hinsichtlich der Wiederherstellung des Rechtskreises dieses Justizkörpers zu beschleunigen." — Motivirung und Hoffnung sind jedoch bis heute ohne Erfolg geblieben. Vielmehr machte ein kön. Rescript vom 11. December derselben königl. Curie die Mit= theilung: daß das (von den ungarischen. constitutionellen Gerichten bis dahin außer Acht gelassene) Stempel= und Gebührengesetz vom 2. Aug. 1850 „unter Aufrechthaltung der in den provisorischen Normen für die Gerichtspflege enthaltenen Bestimmungen in Unserem Königreiche Ungarn fortan vollkommen verbindliche Kraft besitze, und daß dasselbe insbe= sondere in Beziehung sowohl auf die Eingaben der Parteien, als auf

die Ausfertigungen der Gerichte, und die den letztern auferlegten Ver=
pflichtungen zur unabweichlichen Norm und Richtschnur zu dienen habe."

In den Municipien machten die Obergespäne Administratoren und
königlichen Commissären Platz, deren vorzügliche, und unter den ge=
gebenen Verhältnissen nicht leichte Aufgabe es war, an die Stellen der
früheren Beamten, welche nahezu insgesammt resignirt hatten und
kaum so lange fungiren wollten, bis die Ersatzmänner gefunden waren,
neue Beamten zu ernennen. Die Bildung neuer Repräsentanzen ward
bisher nur an wenigen Orten versucht, und auch da erfolglos. — —

Dieß der weitere Verlauf der Begebenheiten, welche gleichsam die
letzten Zuckungen des kaum erwachten constitutionellen Lebens bildeten*).

---

*) Wir verweisen den Leser auf das Buch: „Der ungarische Verfassungs=
streit urkundlich dargestellt" (Staatsarchiv von Aegibi und Klauholb), als eine
ausführliche und urkundliche Darstellung der Verfassungswirren vom 20. October
1860 bis zur Einführung des Provisoriums.

Inhalt.